人·口·发·展·战·略·丛·书

丛书主编　沙　勇

中国新市民公共文化服务体系研究

孙友然　著

南京大学出版社

图书在版编目(CIP)数据

中国新市民公共文化服务体系研究 / 孙友然著. —
南京：南京大学出版社，2018.5
（人口发展战略丛书 / 沙勇主编）
ISBN 978 - 7 - 305 - 20259 - 9

Ⅰ. ①中…　Ⅱ. ①孙…　Ⅲ. ①公共管理－文化工作－
体系建设－研究－中国　Ⅳ. ①G123

中国版本图书馆 CIP 数据核字(2018)第 100797 号

出版发行　南京大学出版社
社　　址　南京市汉口路 22 号　　　邮　　编　210093
出 版 人　金鑫荣

丛 书 名　人口发展战略丛书
丛书主编　沙　勇
书　　名　中国新市民公共文化服务体系研究
著　　者　孙友然
责任编辑　张倩倩　吴　汀　　　　编辑热线　025 - 83593923

照　　排　南京理工大学资产经营有限公司
印　　刷　南京玉河印刷厂
开　　本　787×960　1/16　印张 18.75　字数 316 千
版　　次　2018 年 5 月第 1 版　2018 年 5 月第 1 次印刷
ISBN 978 - 7 - 305 - 20259 - 9
定　　价　68.00 元

网　　址:http://www.njupco.com
官方微博:http://weibo.com/njupco
官方微信:njupress
销售咨询热线:025 - 83594756

《人口发展战略丛书》总序

《人口发展战略丛书》在南京大学出版社的出版，可喜可贺。丛书的主编，南京邮电大学社会与人口学院、人口研究院院长沙勇教授嘱我为丛书的出版写序，我欣然从命。

《人口发展战略丛书》选题十分广泛，从城镇化与碳排放到消费和环境，从农民工到失独风险，从农村老年健康到农村大龄男性，从大运河城市群到流动人口融入，从农村人口市民化到城市贫困人口，等等，反映了南京邮电大学的人口学者们的广阔的研究视角和广泛的研究兴趣，也反映了这套丛书的丰富内涵。

许多研究还强调了江苏的特色，给予江苏特别的关注，既符合情理，也很有意义。江苏是我国社会经济发展最先进的地区之一，江苏所面对的许多社会经济和人口方面的问题对江苏具有现实性，对全国具有前瞻性。因此，丛书的作者们的分析和阐述同样对于全国有着启发意义，也增强了这套丛书的学术价值。

改革开放以来，随着国家的发展、社会的需要和国际的交往，我国的人口研究也是蓬勃发展，涌现了大量出色的研究成果和优秀的研究人才，推动着我国人口研究事业向前发展，并赢得越来越大的国际影响。在这方面，南京一直是我国人口研究的重镇之一，南京众多的人口研究机构人才济济，成果累累。《人口发展战略丛书》的出版则是南京人口学界的又一大成果。

　　丛书的各位作者来自南京邮电大学的人口研究院、社会与人口学院、地理与生物信息学院、管理学院、经济学院的科研人员,部分老师是原来南京人口管理干部学院的人口研究方面的教学科研人员。南京人口管理干部学院作为当时国家计生委的直属院校,拥有许多长期从事人口学领域的教学和研究工作的优秀学者,许多老师包括丛书的一些作者都主持完成过国家社科基金人口学课题,参与过众多国家计生委的科研课题调研,熟悉基层人口与计划生育工作,参与过各种国际合作和交流。与南京邮电大学合并后,原南京人口管理干部学院在人口研究方面的传统科研优势得以传承,并与学校计算机信息科学、物联网等特色学科实现了有机结合。比如依托大数据研究院、物联网科技园,与国家原卫计委流动人口司合作建立了"国家流动人口数据开发中心"。学校新设立人口研究院,并重新整合了社会与人口学院,人口学科研骨干在人口大数据、贫困人口研究、人口与区域发展等多个领域取得了不凡的成绩,正迅速成长壮大为国内一支人口研究的有生力量。《人口发展战略丛书》的出版正是这支人口研究的有生力量的生动体现。今后如果能将人口学与其他学科进一步融合,优势互补,发扬光大,必将为我国的人口事业做出更为卓越的贡献。

　　丛书的作者有许多都是青年俊秀,他们的成果更值得嘉许。进入21世纪以来,我国人口态势呈现出生育率长期走低、老龄化不断加剧、城市化快速发展、人口流动日趋频繁的全新的局面。随着人口新常态的到来,必然涌现出许多前所未有的新特点和新问题,需要去探索,需要去回答,成为他们所要肩负的新时期人口研究的新发展的使命,任重而道远。因此,这套丛书的出版也标志着我国新一代的人口学者正在茁壮成长,我国人口学的发展后继有人,是非常令人欣喜的。

2018 年 5 月

序

新市民是我国城市化进程中出现的重大社会现象。新市民是城市建设的重要组成部分,加快新市民与城市融合是有效解决我国"半城市化"和"城市新二元结构"问题的重要方式。文化是新市民与城市融合的重要桥梁,通过保障新市民文化权益来满足新市民精神文化需求是促进新市民城市融合的重要手段。建设现代公共文化服务体系是加强新市民文化工作和保障新市民文化权益的内在要求。十九大报告提出要"完善公共文化服务体系,深入实施文化惠民工程,丰富群众性文化活动"。公共文化服务体系建设在我国现代化建设中的作用将更加突出,研究新市民公共文化服务体系具有重大的理论价值和现实意义。

该书在以下几个方面进行了创新性研究。首先,对比分析了新市民与城市居民的融合水平、公共文化服务现状及需求的共性和差异,比较分析了新市民与城市居民在经济、社会、文化和心理四个层面的融合水平,调查了新市民和城市居民的公共文化活动及需求,分析了新市民和城市居民的公共文化需求的共性和差异。

其次,从理论层面探究了公共文化活动对新市民城市融合的影响机理。该书探索性地将结构方程模型应用于公共文化对新市民城市融合影响研究,拓展了结构方程模型的应用领域,充实了人口学领域的计量研究,对应用结构方程模型研究研究人口学问题具有一定的引导作用。

最后,提出了新市民公共文化服务体系的理论架构。该书探索性地提出了新市民公共文化服务体系的理论架构。重点研究了公共文化服务需求反馈体系、有效供给体系、保障体系、绩效管理体系构建的必要性、可行性、构成要素、运转机理和对策建议。

　　随着我国城市化程度的不断加深,统筹解决新市民问题也将成为我国社会经济发展的重要任务,通过公共文化服务体系不断提高新市民的知识、技能、素质,提高新市民享受城市文明、满足人的需求及提升人的满足需求的能力,促进新市民和城市的融合,消除社会隔阂和社会矛盾,是我国政府的重要使命。

　　该专著不仅能为人口学研究者提供新的研究视角和借鉴,为相关政府部门提供决策参考,也能为社会了解新市民群体的生存样态、关心新市民群体发展提供新的素材。

2018 年 3 月 28 日

前　言

随着新型城镇化战略的实施,将会有更多的新市民进入城市工作和生活。文化是新市民与城市融合的桥梁,通过满足新市民精神文化需求和保障新市民文化权益促进新市民城市融合是构建社会主义和谐社会的重要手段。建设现代公共文化服务体系是加强新市民文化工作和保障新市民文化权益的内在要求。十八大报告提出"经济建设、政治建设、文化建设、社会建设、生态文明建设""五位一体"的现代化建设总体布局,明确要求"文化产品更加丰富,公共文化服务体系基本建成。"党的十八届三中全会把建立现代公共文化服务体系作为现代化建设的重要目标之一。十九大报告提出"完善公共文化服务体系,深入实施文化惠民工程,丰富群众性文化活动"。公共文化服务体系的建设在我国现代化建设中的作用将更加突出,研究构建新市民公共文化服务体系具有重大的理论价值和现实意义。

本书在梳理和借鉴国内外相关文献的基础上,设计了新市民与城市融合的调查问卷,调查了包括新市民和城市居民在内的两类对象,比较分析了两者在经济水平、社会交往、文化融入、身份认知和公共文化需求等方面的共同点和差异化。在梳理我国公共文化服务发展历程的基础上,客观评价了我国公共文化服务取得的成就,深入剖析了我国新市民公共文化服务存在的问题。

本书基于公共文化和新市民城市融合文献回顾,应用结构方程模型,构建了公共文化对新市民城市融合影响的机理模型,利用课题调查数据,应用 4 个外源观测变量测量公共文化这个外源潜变量,用 14 个内生观测变量测量经济融合、社会融合、文化融合、心理融合 4 个内生潜变量,分析了公共文化、经济融合、社会融合、文化融合、心理融合的结构关系及影响效应,探索性研究了公共文化对新市民城市融合影响的内在机理。研究结果表明：公共文化对新市民经济融合具有显著的直接效应；公共文化对新市民社会融合、文化融合和心理融合不但有显著的直接效应，而且通过多个中介变量和多条路径产生间接影响。这也充分说明切实将新市民纳入城市公共文化服务体系，逐步实现城市基本公共文化服务覆盖新市民及其随迁家属，使其平等享受市民权利，对促进新市民的城市融合具有非常重要的作用和价值，这将有助于推进我国城市化水平和全面建成小康社会。

本书在借鉴发达国家、国内发达地区公共文化服务成功经验的基础上，结合我国新市民公共文化的现状和城市融合水平，以及公共文化对新市民城市融合的影响机理，提出了"新市民公共文化服务体系"的理论架构。该体系不是要针对新市民建立一个单独的公共文化服务体系，而是在原有城市公共文化服务体系的基础上，不断改革和完善原有的城市公共文化服务体系，构建一个以新机制、新模式、新手段为所有城市人口提供公共文化服务的现代公共文化服务体系，该体系由需求反馈体系、有效供给体系、保障体系和绩效管理体系等四个子体系构成。报告对每个子体系的必要性、可行性、构成要素、运转机理和对策建议进行了深入系统的分析阐述。"新市民公共文化服务体系"可以有效促进新市民和城市融合，促进城市群体间的相互理解和认同，建设城市多元文化"相互包容、和谐共存"的社会生态。

衷心感谢国家社会科学基金、江苏省高校"青蓝工程"和南京邮电大学"1311人才计划"对本项目的资助。

本书参阅和引用了大量的文献数据资料，并且都已在书中尽可能注明来源，这些文献不但作为本书所阐述观点的论据，而且给了我诸多启迪，使我获益良多。在此，也向这些参考文献的作者们致以衷心的感谢！

衷心感谢所有关心、帮助和支持我的人。虽然笔者尽力完成了阶段性的研究成果，但由于能力的所限，本书仍难免有不足之处，敬请读者批评指正。

孙友然

2018 年 4 月

目　录

第一章　绪　论

1.1　研究背景

自 20 世纪 70 年代末 80 年代初进行改革开放以来,我国的社会经济发展取得了巨大成就,2015 年中国全年 GDP 为 67.67 万亿,同比增长 6.9%[1]。自 2010 年以来,中国国内生产总值已稳居全球第二,且能保持较为稳定的发展速度。中国取得的这些巨大成就,离不开一个重要的群体——新市民。本书的新市民是指以农民工为主体,在城市务工经商的流动人口。他(她)们为我国的社会经济发展做出巨大的贡献。新市民规模也在发生变化,根据国家统计局数据,2015 年全国农民工总量 27 747 万人,比上年增长 1.3%。其中,外出农民工 16 884 万人,增长 0.4%;本地农民工 10 863 万人,增长 2.7%[2]。新市民群体已成为影响中国社会经济发展的重要力量之一,也是中国城镇化水平迅速提高的重要原因。根据国家统计局的数据,2015 年城镇常住人口 77 116 万人,占总人口比重(常住人口城镇化率)为 56.10%,比上年末提高 1.33 个百分点[3]。预计到 2020 年,中国城镇化水平将达 60% 左右,城镇化率从 30% 提高到 60%,这一发展阶段,英国用了 180 年左右的时间,美国用了 90 年左右,日本用了 60 年左右,而中国可能只需要 30 年[4]。我国的城镇化速度远远超过美国、英国、日本等发达国家,但是,我国城镇化的质量却存在着严重的问题,即存在着严重的"半城市化"现象,所谓"半城市化"是指农村人口向城市人口转化过程中的一种不完整状态,新市民已经离开乡村到城市就业与生活,但他们在劳动报酬、子女教育、社会保障、住房、文化等许多方面并不能与城市居民享有同等待遇,在城市没有选举权和被选举权等政治权利,不能真正融入城市社会[5]。大量的新市民虽然被统计为城市常住人口,但并不代表新市民完成了自己的城市化过程,他(她)们只是实现了工作地点的转移和职业的转变,而相应的身份和生活方式却没有发生转变,从而导致新市民处于非正规化就业、边缘化居住、孤岛化生活、无持续发展能力等状态。北京大学卢晖临副教授认为,新市民是由"特殊生产体制"而产生的高度具有中国特色的现象,这种生产体制将新市民的生产和再生产分割开来[6]。新市民处于一种特殊的生活状态,新市民作为劳动主体,其生产和再生产被分割开来,生产(工作)在城市,再生产的很大部分被推到农村。这也是我国半城市化的一个体制上原因。如果不能从根本上解决这个问题,新市民在城市的合理权益仍难以得到充分有效地保障,新市民应该享受到的公共服务还存在着各种各样的障碍,新市民要想与城市真正融合还需要破解体制、机制、制度等方面的重重障碍。新市民群体需要享受到与城市居民同等的经济、文化、政治等基本的公共服务。解决好新市民未来的发展方向是中国经济持续发展的根本动力之一。

在取得令人瞩目的经济成就的同时,党和政府开始关注文化发展问题。2002年党的十六大提出"积极发展文化事业和文化产业",发展各类文化事业和文化产业都要贯彻发展先进文化的要求,始终把社会效益放在首位,国家支持和保障文化公益事业,鼓励它们增强自身发展活力,坚持和完善支持文化公益事业发展的政策措施[7]。2005年,党的十六届五中全会首次提出要逐步形成覆盖全社会的比较完备的公共文化服务体系。2007年,中共中央办公厅、国务院办公厅下发《关于加强公共文化服务体系建设的若干意见》,对公共文化服务体系建设做出全面部署。2007年党的十七大提出了"建设覆盖全社会的公共文化服务体系作为全面建设小康社会的重要目标之一,标志着公共文化服务体系建设已经成为国家文化发展的重要战略[8]。2011年党的十七届六中全会审议通过了《中共中央关于深化文化体制改革、推动社会主义文化发展大繁荣若干重大问题的决定》,提出了建设社会主义文化强国的战略目标,并提出"构建公共文化服务体系。加强公共文化服务是实现人民基本文化权益的主要途径。要以公共财政为支撑,以公益性文化单位为骨干,以全体人民为服务对象,以保障人民群众看电视、听广播、读书看报、进行公共文化鉴赏、参与公共文化活动等基本文化权益为主要内容,完善覆盖城乡、结构合理、功能健全、实用高效的公共文化服务体系。"2012年党的十八大提出要进一步完善公共文化服务体系,提高服务效能,到2020年公共文化服务体系基本建成。2017年党的十九大提出"完善公共文化服务体系,深入实施惠民工程,丰富群众性文化活动"。这是党中央在新的时代条件下,对中国特色社会主义文化发展规律的科学把握,对加强公共文化服务体系建设重要性的科学概括。

近年来,社会各界对新市民群体关注的焦点主要集中在工资收入、社会保险、子女教育等经济方面,而对新市民群体的文化活动、文化需求和公共文化服务等方面关注不够,再加上我国目前的城乡二元体制,使得新市民成为一个"城乡两不管"的被忽略的群体。无论从经济结构转型、社会和谐、新型城镇化的角度,还是从公平正义、人民幸福的角度,新市民的公共文化服务都应该成为社会关注的新焦点。

随着我国城镇化的迅速发展,当前一个不容回避的事实是,新市民文化生活的匮乏与新市民精神文化需求之间存在着巨大反差,而新市民日益增长的精神文化需求与政府提供的公共文化服务之间存在着诸多矛盾。如何理顺并解决这些矛盾,满足新市民更高的精神追求,更主动的文化融入愿望,更迫切的文化需求,成为当务之急。关心新市民精神文化需求、维护和保障新市民文化权益、促进新市民与城市融合是全面建成小康社会的重要内容。文化是新市民与城市融合的桥梁,对增强新市民的归属感、尊严感和幸福感具有重要作用。加强新市民文化工作,建设新市民精神家园,保障新市民享有与城市居民同等的文化权益,是提升新市民文化素质和道德素养、实现新市民与城市融合的必然要求,不但有利于提高我国城镇化水平和质量,而且有利于统筹城乡发展、维护社会公平正义、提高社会文明程度。

1.2 相关概念界定

1.2.1 新市民

新市民是我国改革开放以后,工业化和城镇化发展过程中出现的一个具有中国特色的特殊群体。从新中国成立以来,新市民这个称谓经过了几个阶段的变化,从最初的"盲流","打工仔""打工妹"到"农民工","进城务工人员","农业转移人口","新市民"。虽然每个称谓的具体内涵会有不差异,但主流群体基本一致。农民工曾经是一个阶段的主流称谓。最早使用"农民工"称谓的是中国社科院张雨林教授,他在1984年《社会学研究通讯》发表了一篇文章,首次提出"农民工"这个称谓,随后被大量引用。2006年1月28日,《国务院关于解决"农民工"问题的若干意见》第一次把"农民工"概念写入中央政府具有行政法规作用的文件。随后党的十六届六中全会通过的《中共中央关于构建社会主义和谐社会若干重大问题的决定》强调指出要"严格执行国家劳动标准,加强劳动保护,健全劳动保障监察体制和劳动争议调处仲裁机制,维护劳动者特别是农民工合法权益。""农民工"的称谓及其合法权益获得了中央的高度重视和认可[9]。2010 年 1 月 31 日,国务院发布的 2010 年中央一号文件《关于加大统筹城乡发展力度 进一步夯实农业农村发展基础的若干意见》中,首次使用了"新生代农民工"的提法,并要求采取有针对性的措施,着力解决新生代农民工问题,让新生代农民工市民化。

陈安民认为农民工是拥有农业户口、被他人雇用去从事非农活动的农村人口[10]。根据国务院研究室的观点,农民工主要是指户籍仍在农村,进城务工和在当地或异地从事非农产业的劳动者。根据农民工所跨区域分类,可以分为狭义和广义两种,狭义农民工是指跨地区(县、区、市)外出务工或经商人员;广义农民工包括在县(区、市)域内第二、三产业就业人员和跨县(区、市)外出务工或经商人员[11]。

根据农民工群体与城市融合程度,可以分为三种类型:第一类是已经城市化的农民工,他们虽然仍然具有农村户籍身份标志,但已经在城市(镇)具有稳定的居住处所、稳定的就业岗位与相对固定的劳动关系,具有能够满足在城市生活的经济能力,他们的归属只能是城市;第二类是只有农闲季节才外出务工的传统农民,他们的归属是乡村;第三类是仍然处于流动状态的农民工,这是农民工中的最大群体,这一群体会随着个人发展而出现分化,如果发展得比较好,就进入第一类人群,如果发展不好,就会回到农村[12]。

在实际工作中,对"农民工"的统计调查有不同的口径。国家统计局农调队在住户调查中关于"农民工"的统计有两个方面:一是农村转移劳动力,指当年在乡(镇)以外就业半年以上(包括到乡外仍然从事第一产业的劳动力)或在本乡从事非农产业就业活动半年以上的农村劳动力;二是农村外出就业劳动力,定义为本年度内在本乡镇以外的地域就业 1 个月以上的农村劳动力。农业部固定观察点使用的农村外出劳动力是指在户籍所在乡镇之外就业,外出时间在 3 个月以上的农村劳动力,在统计口径上小于国家统计局的口径[13]。

国内学术界首次将都市农民工称为"新市民"是在 1986 年,当时,杭州市区农民工约为 12.3 万,占企业职工总数的 36.7%,98%在生产第一线。吴克强等人通过对杭州市进城青年务工人员进行走访,通过对他们在杭州市的生活和思想调研,初步揭示了新市民在居住条件、用工待遇、合法保障、择偶婚姻和城市融入等方面存在的问题。

浙江省杭州市和江苏省常州市是我国城市中推行新市民实践的先行者。常州市自 2001 年 8 月提出建设学习型城市,新市民学校(夜校)是六种学习型组织之一。2006 年青岛市明确提出新市民概念，赣州市在此基础上，将返乡农民工也作为新市民来界定。"新市民"概念的提出体现了我国解决城乡二元体制问题、促进城镇化协调发展和完善市场经济的目标与行动。新市民是城市建设的重要组成部分，应当在充分受到尊重的基础上有序推进权利和待遇的保障与实现，包括居住、就业、社区、文化、户籍和教育等。本书中的"新市民"主要是指具有农村户籍，跨县（区、市）域外出务工或经商人员和在县（区、市）域内从事第二、三产业的就业人员，总体上包括外来务工人员和其他流动人口。

1.2.2 城市融合

（1）城市融入

城市融入的概念比较宽泛。新市民的城市融入即新市民在城市确立经济地位、适应城市社会互动规范，并获取市民身份、享受市民待遇，最终实现在城市舒适生活的融入过程，因此融入城市的过程也就是市民化的过程[14]。城市融入更多地体现为一种动态的过程，表现为新市民在经济、社会、文化、心理、政治等多个维度逐渐改变的过程，新市民进入城市后，他们最关心的是在城市中获得一份相对稳定的工作以保证自己具有相对稳定的经济收入，然后是能够与自己接触到的城市人（如同事、政府部门的工作人员、社区工作人员）进行平等的社会交往，以满足自己与人平等交往的情感需求；最后改变为与城市要求相符合的行为习惯、心理认知和价值观，这是一个或主动或被动的动态发展过程。新市民在城市的种种经历、困惑、困难，其实是不断调整自己、不断改变自己并最终成为城市市民的一个过程。任远等人认为"城市融入是指进入城市中的个体和个体之间、不同群体之间，或不同文化之间互相配合、互相适应的过程。作为外来人口的移民群体，进入城市后如何实现与城市生活相互融合，一直是城市研究的经典命题之一[15]。"

城市融入是一种单向过程，是指新市民以融入城市主流社会为目标，改变甚至消除新市民原有语言、观念、行为、文化、经济等方面的特征，希望变成城市居民的过程。融入是一种不平等的同化过程，新市民本身的文化传统处于弱势地位，城市居民的文化处于强势地位，是以改变甚至是消除新市民原有的价值观念、行为方式，直至变成和城市市民一样的新市民。如果这种改变或融入是新市民的一种主动行为，会对社会的和谐与发展产生积极的作用；如果这种改变是一种被动甚至是一种强迫的行为，则会产生非常严重的后果，被动改变会种下不满甚至怨恨的种子，积累到一定程度后，一旦遇到导火索就可能爆发群体性事件。

（2）城市融合

很多人会把融合与融入、同化混合使用，认为三者的含义是差不多的。但是，融合的概念与融入、同化存在着较大的差异。罗伯特·E.帕克和E.W.伯吉斯认为融合（Assimilation）是"相互渗透和融合的过程，在这个过程中，某个群体逐渐形成对其他群体的记忆、情感和态度，通过共享不同群体的经历和历史，各个群体最终融汇到共同的文化生活中"[16]。他们认为融合其实是一个同化的过程，是一个移民和原居民相互交往接触时，通过分享经验和历史，并和他人交换记忆、感情和态度，从而形成一种共同的文化生活的过程。随着研究的深入，罗伯特·E.帕克又对社会融合（Assimilation）的概念进行了更清晰的界定："社会融合是对一种或一类社会过程的命名，通过这种或这类社会过程，出身于各种少数族裔和具有不同文化背景的人们最终共同生活在一个国家，使文化融合的水平至少能够维持国家的存在[17]。"Schwarz认为社会融合（Integration）是指不同个体或群体与某个群体的内聚性，表征的是个体在某个群体中的参与程度和认同程度及群体成员之间相互依赖的程度[18]。任远和邬民乐认为"社会融合是个体和个体之间、不同群体之间、或不同文化之间互相配合、互相适应的过程"[19]。这一定义适合各种类型人群，适用性较强，但过于宽泛，缺乏足够的针对性，对新市民与城市社会融合的操作性不够。马西恒和童星认为社会融合是指新市民"在居住、就业、价值观念等城市生活的各个方面融入城市社会、向城市居民转变的过程"，融合程度可以用新市民与城市居民的同质化水平来衡量[20]。这一定义明确地指出新市民与城市融合的方向是城市主流社会，就定义本身来理解，他们基本还是认为新市民处于被动地位，尽管他们进一步指出，在社会融合过程中并不是城市居民完全处于主动位置而新市民只能被动适应，新市民有可能成为塑造未来社会的参与主体，城市市民和新市民将在变化中趋向一致并最终融为一体[21]。融合表示不同属性的事物或主体有机地结合在一起，"合"的程度最高，融合不仅是事物发展的过程、状态，还是一种目标和结果[22]。

学者们沿着不同的研究路径，扩展了城市融合的内涵，根据研究需要从不同视角界定了城市融合的内涵。从学者们对城市融合的内涵理解分析，学者们对城市融合的概念还没有达成共识，但是，已有的城市融合定义具有以下共性：第一，城市融合是一个多维度概念；第二，平等是城市融合的一个基本特征；第三，城市融合是有层次的。作者经过反复讨论论证，决定选择"城市融合"来描述新市民从农村向城市迁移并在城市工作生活的这一过程，主要原因如下：

第一，现有研究和实际工作中关于市民化的主流思想就是通过改变新市民的思想观念、行为方式、生活方式等文化属性以促进其有效融入城市。这种思想有两种假设：一是城市文化要优于农村文化；二是城市居民是一个同质群体，且具有统一的思想观念、行为方式、生活方式等文化，即单一城市文化。这两种研究假设都是完全脱离现实的。针对第一种研究假设，客观地讲，城市文化与农村文化各有千秋，两种文化要相互吸取对方的精华，而不是试图用一种文化改造另一种文化。"融入"暗示着一种不平等的文化和行为主从关系（流入地文化为主、流入者自身的文化为辅），而在客观层面，新市民处于城市社会的弱势地位，无力传播家乡文化，无力传播并不代表这种文化不好，"融入"与中国优秀文化的包容传统完全背道而驰。对于第二种研究假设，当前的城市社会本来就是一个多元社会，各种文化并存，各类城市亚群体（可以按收入、年龄、职业、行业、文化程度分类）之间的经济差异、社会差异和文化差异非常明显。如果要改变新市民的文化，应该选择哪一类城市群体作为参照群体？这本身就是一个没有答案的问题。客观承认新市民文化的合理性、传承性，并将其作为现代城市文化中的重要一元，探讨新市民文化与城市其他文化的和谐共存、相互包容则更为务实、有效。新市民在与城市融合的过程中反倒可能找到适合自己的思想观念、行为方式、生活方式，不断调整、完善原有的不适合现代城市发展的思想观念、行为方式、生活方式，从而真正成为城市的一员。

第二，新市民的城市融合是一个"准市民"与"市民"群体相互渗透的双向互动过程，不应该只是城市文明完全地、简单地对新市民群体的"同化"，也应该包括农村文明对城市文化的"反同化"，在城市融合过程中，新市民群体自身所具有的一些良好的传统品质，比如勤劳、淳朴、善良等特质应该加以宣传、鼓励并保留并影响城市文化中的一些不良因素，新市民和城市融合的同时，还应该保留鲜明的自身文化和群居特点。

第三，劳动就业、教育培训、医疗卫生、社会保障、公共文化等权益的平等获得，不仅是实现新市民城市融合的基本保障与重要基石，更是新市民实现"准市民"向"市民"身份转变的基本权利与主要内容，平等权的获得理应作为新市民"城市融合"范畴的核心与基本要义。平等权的实现，有助于加快破除城乡二元结构的制度藩篱，减少新市民在新环境的社会摩擦，从而实现社会的公平正义。城市融合实现的根本前提主要在于确保新市民与市民拥有同等的平等权，任何针对新市民群体的不平等、不公正待遇或任何形式的歧视都会影响新市民城市融入的速度与深度,只有在权利平等的基础上,逐步地解决融合过程中存在的障碍,才能促使新市民城市融合的真正实现。

第四,新市民与城市融合的过程中,部分农村文化可能与城市文化会相互碰撞和冲突,会对两个群体产生一定程度的冲击,在融合过程中要有所舍弃;而一部分"好"的农村文化可以继续保留,虽然不一定得到传播。此外,至于这部分"好"的农村文化会不会与城市文化相交融,并最终形成一种新的文化,则需要进一步研究。

综上所述,"城市融合"更能反映新市民从农村迁移到城市、并在城市工作生活的真实过程,它可以相对客观地呈现新市民与市民的互动关系,也符合我国"以人为本"的新型城镇化的发展定位和城市发展的客观规律。

作者对新市民城市融合的内涵进行了重新界定。城市融合是个体之间、群体之间,在共同的城市进行工作和生活的过程中,通过相互之间的接触、了解和碰撞,逐步达到相互认可、适应、接纳和包容的一种和谐状态。

城市融合是新市民与城市其他群体在相互交往的过程,新市民之间(包括来自不同地区的新市民之间)、新市民与城市居民之间、新市民与其他群体之间相互碰撞、相互接纳、相互渗透、彼此适应,从而形成群体之间的相互包容、和谐共存的状态。各群体之间需要进行广泛交流与沟通,形成相互尊重、互相促进的和谐发展态势。

在借鉴已有研究成果的基础上,作者拟从经济、社会、文化和心理等层面对新市民城市融合进行测量,具体指标及测量变量如表1-1所示。

表1-1 新市民与城市融合程度的测量指标体系

一级维度	二级维度	变 量
经济融合	就业状况	就业途径
		就业稳定性(近三年更换工作次数)
		就业满意度
	相对收入水平	对新市民收入/城市居民收入的满意度
	相对消费水平	对新市民消费/城市居民消费的满意度
	社会保障	参与社会保险种类
	住房状况	住房类型

一级维度	二级维度	变　量
社会融合	组织参与	社区活动参与情况 工会组织参与情况 民间组织参与情况
	社会交往	同城家人亲戚人数
		拥有城市朋友数量
		与单位职工相处的融洽程度
		与当地人关系融洽程度
	子女教育	子女就学场所
		学校收费情况
文化融合	文化活动	参与业余文化活动种类
		参与业余文化活动频率
		对文化生活满意度
	文化接纳	对当地方言掌握程度
		对当地的饮食和风俗习惯程度
		对超前消费的认同度
心理融合	心理距离	信任当地人的程度
		与城市居民交往意愿
		与当地人交往过程中遇到困难感知
	歧视感知	在生活中受到歧视感知
		在工作中受到歧视感知
		孩子就学过程中受到歧视感知
	城市适应	城市生活适应程度
		对目前的生活满意程度
		子女教育满意度
	身份认同	身份定位

1.2.3　文化和公共文化

（1）文化

文化是伴随人类社会的发展而不断完善的，其概念和外延十分广泛。《辞海》对文化的解释为"广义指人类在社会历史实践中所创造的物质财富和精神财富的总和。狭义指社会的意识形态以及与之相适应的制度和组织机构"。作为意识形态的文化，是一定社会的政治和经济的反映，又作用于一定社会的政治和经济。随着民族的产生和发展，文化具有民族性。每一种社会形态都有与其相适应的文化，每一种文化都随着社会物质生产的发展而发展。社会物质生产发展的连续性，决定文化的发展也具有连续性和历史继承性。

美国人类学家克鲁伯和克拉克洪曾经梳理了世界上盛行的文化概念，后来总结出的文化的相关概念多达160多种，并对文化下了一个综合的定义："文化存在于各种内隐的和外显的模式之中，借助符号的运用得以学习与传播，并构成人类群体的特殊成就，这些成就包括他们制造物品的各种具体式样，文化的基本要素是传统（通过历史衍生和选择得到的）思想观念和价值，其中尤以价值观为重要。"[23]英国人类学家爱德华·泰勒认为"文化是一个复杂的整体，它包括知识、信仰、艺术、法律、伦理道德、风俗和作为社会成员的人通过学习而获得的任何其他能力和习惯"[24]。1982年在墨西哥城举行的第二届世界文化政策大会上，联合国教科文组织成员国给文化下的定义：文化在今天应被视为一个社会和社会集团的精神和物质、知识和情感的所有与众不同显著特色的集合总体，除了艺术和文学，它还包括生活方式、人权、价值体系、传统以及信仰[25]。本书对文化的界定是借鉴联合国教科文组织对文化概念的界定，文化是一个社会所创造的精神、知识、情感的所有与众不同的显著特色的集合体，它包括生活方式、人权、价值体系、传统、信仰、艺术和文学等内容。

（2）公共文化

公共文化这一概念建构始于资本主义早期阶段的民主化进程，伴随资本主义近代民主化进程而形成的，公共领域在分化为政治公共领域和文化公共领域后，经由体制化而发展成为现代社会的公共文化。[26]公共文化是以国家福利性配置机制和"第三部门"志愿性配置机制为核心，并通过公益性文化营销的路径，由代表国家、社会或社团的法人或其他组织，向公共领域提供文化产品和文化服务的公益性文化的一种组织形态[27]。本书借鉴曹爱军等人对公共文化概念的界定：公共文化是文化的一种特殊范畴，以具有公共属性的设施活动为基础，既具有表层文化所体现出来的物质形态,又具有中层和深层文化所折射出的精神内涵、人文意蕴。公共文化可以分为物质层面、制度层面和价值观念层面三个层次。物质层面的公共文化是指公共文化的物质载体和物质表现形式,具体指公共文化设施、公共文化产品等。制度层面的公共文化是指公共文化精神和公共文化意识的制度表现形式。公共文化的价值观念层面是指公共文化意识形态和公共文化精神导向,主要包括理想信念、价值取向、伦理道德、团队精神、习惯传统等,表现为人文知识和人文精神两种形态[28]。

1.2.4　公共文化服务体系

（1）公共文化服务

目前关于"公共文化服务"的概念还没有明确的界定,也没有形成社会各界一致认可的理论体系。李军鹏认为公共服务是公共部门与准公共部门为满足社会公共需要,共同提供公共产品的服务行为的总称,它分为提供纯公共产品的公共服务和提供准公共产品的公共服务两种[29]。吴九思、张乾瑾认为公共文化服务,是政府和非营利组织提供的、为满足社会成员基本文化需求、提高公众文化素质和生活质量以及社会发展需要的文化环境和文化条件的公共产品和服务的总称[30]。孔进认为公共文化服务是指由公共部门或准公共部门共同生产和提供的,以保障公众的基本文化权利和提升文化软实力为宗旨的,既要为公众提供基本的精神文化享受,也要维持社会生存发展所必需的文化环境与条件的公共产品和服务的行为[31]。

综上所述,本书认为:公共文化服务由政府和非政府组织为主体生产或提供的,以满足社会公众的基本精神文化需求为目的,着眼于提高全体社会成员的文化素质和文化生活质量,向全社会提供的非营利性、非竞争性、非排他性的公共文化设施、文化产品与服务行为的总和。

（2）公共文化服务体系

对于公共文化服务体系的界定,学者也有不同的认识。张云峰认为公共文化服务体系就是公共文化服务的提供及其相关制度系统,主要包括公共文化服务的提供主体和服务对象、公共文化服务的基础设施、公共文化产品和服务的供给、财力人力土地等公共文化资源配置、公共文化服务绩效考核和公共文化政策法规等内容[32]。吴九思、张乾瑾认为公共文化服务体系是政府主导、社会参与形成的普及文化知识、传播先进文化、提供精神食粮、满足人民群众文化需求、保障人民群众文化权益的各种公益性文化机构和服务的总和,具有公平均等性、公益性、多样性、便利性、普及性等特征[33]。陈威认为公共文化服务体系是以实现公民文化权利为逻辑起点,是满足社会的公共文化需求,向公众提供公共文化产品和服务行为及其相关制度与系统的总称,是国家公共服务体系的有机组成部分[34]。

作者认为公共文化服务体系是"由政府主导、社会参与提供的以实现人民文化权利为起点、以满足人民群众的精神文化需求为目标的公共文化设施、公共文化产品和服务行为及其相关制度体系的总和,是国家公共服务体系的有机组成部分"。因此,新形势下的公共文化服务体系的构成要素不仅包括了广播电视、图书馆、博物馆、文化馆等传统意义上的公共文化服务的提供主体、公共文化服务的基础设施,而且包括应用现代信息技术和手段提供公共文化服务的新载体、新媒体和新渠道,还包括公共文化的运行管理机制、公共文化的财政保障、公共文化服务绩效考核、公共文化服务体系的人才队伍建设、公共文化政策法规等制度要素。

1.2.5　新市民公共文化服务体系

新市民公共文化服务体系是指将新市民和城市居民平等对待,将二者置于同一体系下,统筹规划,整体设计,整合各类公共文化资源,使新市民和城市居民享受同等水平和标准的公共文化产品和服务,保障新市民和城市居民具有平等的基本文化权利的制度及运行机制的总和。

1.3　文献综述

1.3.1　国外研究综述

西方发达国家在 20 世纪中叶就完成了大规模的城市化和工业化进程,农民转变为市民的这一社会流动对社会结构的影响已经不再显著。相反,经济全球化带来的国际移民则成为西方发达国家社会人口结构变化的重要组成部分,所以国外有大量学者针对移民的社会融合做了深入研究,这些研究为我们研究新市民的城市融合提供了初步的理论基础。

(1) 移民融入的内容

国外没有新市民融入问题,但存着类似的移民社会融入问题。关于移民融入的研究,国外文献中比较有代表性的有:戈登的"二维度"模型、杨格—塔斯的"三维度"模型、恩泽格尔的"四维度"模型。

1）戈登的"二维度"模型

20 世纪 60 年代初期,戈登提出了"二维度"模型:移民的融入(Assimilation)有结构性与文化性的两个维度,结构性维度的融入意味着移民个体与群体在流入国社会中,在制度与组织层面的社会参与度的增加,结构性融入更多地偏向确定性的、客观性的指标,如个体的教育程度、就业状况、工资水平等;而文化性的融入则是移民群体在价值导向与社会认同上的转变过程,文化性融入突出了在文化习俗、规范、生活交往方式以及语言习得等特征的意义。但是,戈登指出,移民的结构性融入与文化性融入并不必然是重合的过程,即在某种意义上,结构性的融入与文化性融入并不一定是一个线性的过程[35]。戈登的二维模型开启了移民融入研究的细分化研究,虽然戈登的二维模型还有很多缺陷和不足,比如说,没有关于结构性融入与文化性融入标准的测量指标的具体说明,但是戈登的二维模型毕竟为后来学者的进一步研究提供了基础。

2）杨格—塔斯的"三维度"模型

杨格—塔斯在戈登的二维模型的基础上,结合了弗缪伦和潘尼克斯的观点,提出了"三维度"模型:可以划分为结构性融入(Integration)、社会—文化性融入以及政治—合法性融入等。结构性融入涉及移民群体的教育、劳动力市场、收入与住房等方面的境况。他认为,随着西方国家的工业制造业被服务业所取代,对应的劳动力市场也发生了巨大的变革。新的劳动力市场对于劳动者的要求不再是更加专业的技术、更高级别的职业资格,而是更加灵活的就业能力和就业适应性。要求劳动者具有更强的人际沟通能力、自我调适能力和社会适应能力。但是,移民群体,特别是青年移民却不具备新劳动力市场要求的能力,面临着各种各样的社会经济融入机会的阻碍和制约。许多青年移民由于遭受到社会的排斥和歧视,致使他们不能正常完成学业,不能同等地享受到劳动力市场提供的工作机会,最终表现为移民群体进入社会、适应社会的能力比较低,结构性融入度较低,在整个社会中处于弱势地位。

在杨格—塔斯的"三维度"模型中,社会—文化融入主要体现为人们对于各种社会组织的参与、与外群体进行人际沟通能力的发展以及按照东道国的行为模式进行行动的过程。杨格—塔斯认为,社会—文化融入有多个测量指标,其中最明显的就是人群间的隔离程度与语言使用,此外还包括移民与群外社会成员进行创造性的社会活动情况,如群际间友谊和通婚;另一个重要指标则是西方社会的基本价值观念,如个人自主性与群体间协调性的关系、尊重个人人权、性别平等以及关于人生目标与价值的基本观念被接受的程度[36]。

政治—合法性融入（Integration）是指移民群体政治融入的重要指标就是是否获得了与当地社会公民同等的政治合法权利，如选举权、被选举权，是否在身份、政治待遇上给予同等对待[37]。移民群体总是被流入地政府和本地的市民当作二等公民，成了社会歧视与种族主义的目标。要改变这种状况，就必须有正式的法律测定标准如种族法律，来保障移民作为公民的平等权利，要重新思考基本的民权观念、简化移民程序，赋予相关的政治权利，建立专门的指导机构来促进少数族群的融入[38]。

与戈登的"二维度"模型相比，杨格—塔斯的三维模型对移民融入社会的内涵进行了更加具体、详细、清晰地分析，特别是强调了政治权利和法律在移民社会融入中的重要性。但是，杨格—塔斯的三维模型也存在一些不足，政治与合法性融入所包含的具体内容与结构性融入、社会—文化性融入的内容有所交叉，有些体现了结构性的特征，有些则体现了文化性的特质。

3）恩泽格尔的"四维度"模型

恩泽格尔等人通过对欧盟各国移民融入政策的分析，提出了"四维度"模型：移民在流入地要面临四个维度上的融入，即社会经济融入、政治融入、文化融入、主体社会对移民的接纳或拒斥等。

恩泽格尔认为，社会经济融入（Integration）主要是指移民在就业、收入水平、职业流动、社会福利与社会保障、参与社会活动与社会组织等方面的改善状况。政治性融入主要涉及移民群体的合法政治身份、移民的政治参与和对市民社会的参与。文化性融入主要涉及多元文化主义与同化主义的争论，对于文化融入可以通过移民对流入地社会基本规则与规范的态度、配偶的选择、语言能力、犯罪行为等指标进行测量。主体社会对移民的接纳或拒斥对于移民的融入有重要影响，移民的融入不仅仅是移民个体或群体自身对于流入地社会的同化与适应，同时也包含着流入地社会自身在面对移民群体时发生的变化[39]。面对移民群体的涌入，东道国社会成员如果不能以理性的方式和态度来看待并接纳移民，如果不能及时有效地进行自我心理调整，就会形成对于移民群体巨大的社会（心理）排斥，甚至加剧两类群体之间的冲突与隔离。因此，移民的融入过程是两个群体相互调适过程的集合，一方面是移民群体对于流入地社会的融入，另一方面是流入地原有社会群体的再融入和再适应过程。

恩泽格尔的"四维度融入模型"是对前两种划分模型的进一步具体化，主要贡献与创新体现在用社会经济融入直接替代了结构性融入,并且考虑到了流入地居民对移民融入的影响。

(2)移民融入的归因理论

关于移民在流入地面临的社会孤立与排斥,形成了三种归因理论:人力资本归因论、社会资本归因论与制度归因论。

1)人力资本归因论

普雷斯研究了从 20 世纪 80 年代以后的二十多年时间里德国国内移民的融入(Incorporation)情况,发现德国国内的劳动力移民与本地德国人之间在就业市场上呈现出一种极化的现象。德国移民工人只能从事一些传统产业的、地位较低的工作,被传统工业产业雇佣的移民大都是体力劳动者,他认为移民工人缺乏教育与职业资格是影响其职业向上流动的重要因素[40]。欧米德娃与李奇蒙德研究了 20 世纪 80 年代以来加拿大移民的融入(Social Inclusion)情况,他们通过研究发现,移民到加拿大的外来群体正面临着较为严重的融入问题,移民群体进入加拿大国内劳动力市场较为困难、移民群体的失业率逐年上升等一系列问题,他们认为产生上述问题的主要原因在于外来移民群体的人力资本低下[41]。高登路什等人同样也强调了人力资本的重要性,他们的实证研究指出,移民在移民之前的特征与状况会影响到移民在新社会的社会适应(Immigrant Adaptation),其中最重要的因素就是教育与技术训练的情况,其次还包括移民的语言学习情况等[42]。

综上所述,国外有关移民融入的人力资本归因理论主要关注移民个体所拥有的人力资本水平,比如,移民的教育文化水平、专业工作技能、语言交流技能、工作经验等常见人力资本指标对于移民融入流入地的重要影响。从人力资本视角研究的学者普遍认为外来移民群体难以融入流入地的主要原因是移民群体缺乏足够的人力资本,难以适应新的劳动力市场、社会经济生产条件和职业流动的要求,他们也就无法达到融入流入地的经济或结构性条件。

2)社会资本归因论

在国外移民融入的归因理论中,社会资本归因理论也是一个重要的研究视角。它对移民融入的分析从移民本身的人力资本转变为移民所拥有的社会资本。

最先注意到移民融入中社会资本作用的是美国社会学家波特斯,他认为社会资本是移民个体通过其在社会关系网络和更为广泛的社会结构中的成员身份而获得的调动稀缺资源的能力,移民可以利用这种成员身份获取工作机会、廉价劳动力以及低息贷款等各种资源[43]。波特斯还进一步分析了社会资本与社会关系网络对于移民融入的促进作用,他发现,移民的资金网络与其族群网络具有较高的重合度,移民在其族群网络中建立起来的良好信誉作为一种社会资本,使得其筹资与投资活动变得更为顺利[44]。Cheong发现社会资本与社会关系网络对于移民融入有负面作用。他认为个体嵌入到社会网络的程度越深,其受到该网络的约束和限制也就越深,就很难从社会关系网络之外获取更优质的资源[45]。

社会资本归因理论认为移民在流入国所构建的社会网络关系和社会资本对于自己融入当地社会具有非常重要的作用。移民的社会网络关系和社会资本可以为自己提供就业信息、缓解情感压力等方面的支持。移民流入一个新的国家,由于沟通联系的成本增加,他们就会与原有的社会关系网络逐渐失去联系,比如同事、同学、亲戚朋友等;新移民又很难在比较短的时间内与流入国居民建立比较亲近的、相互认可的社会支持网络,无法从新的社会网络关系中获得情感支持和物质帮助,他们很难实现与流入国居民良性的交往互动。在移民缺乏新的有效社会资本支持的同时,移民原来的社会关系网络会提供情感支持和经济帮助,但是,如果移民过于重视原有的社会网络而忽视建立新的社会资本,将会对其社会融入产生负面作用。

3)制度归因论

制度归因理论不同于人力资本和社会资本归因理论,前两者是从微观视角对移民融入进行研究,而制度归因理论则是从宏观角度对移民融入进行研究。

多尔与菲斯特对欧洲主要福利国家的移民福利制度进行了研究,他们以健康医疗、养老保险、住房与职业培训等政策为研究重点,并研究比较了福利政策的差别对不同国家移民社会融合(Integration)的影响,移民的合法身份是影响其获得社会福利的关键因素,与身份相关的制度条件和制度安排就对福利国家中移民的社会融入起到了决定性作用[46]。莱文—爱泼斯坦等人分析比较了以色列和加拿大的移民制度或政策上的差异而导致的移民融入(Integration)模式上的差别:以色列实行的是无差异的政策,并向移民提供充分的制度支持;加拿大实行的是有差别的多元标准移民政策,移民融入在很大程度上受到市场力量影响。这种制度差异最终会影响到移民的融入程度[47]。帕皮伦的研究发现,尽管移民的平均教育水平要高于(加拿大)本地人,然而,制度性的因素如不承认外国学历、种族歧视与工作环境中的偏见,以及缺乏住房与适当的语言培训等,使得新移民被社会排斥,成为弱势群体[48]。

总而言之,制度归因理论认为流入国的制度设计对移民的社会融入具有重要影响,甚至是决定性影响。制度的范围比较广泛,包括就业、教育、社会保障、政治、文化、住房、投资等方面。这些制度设计导向会影响移民融入流入国的程度。如果流入国制定的是排斥性的移民政策,就提高了移民的融入门槛和融入的障碍。

(3) 移民融入模式

国外移民融入模式有三种:第一种是以德国为代表的"过客或临时打工者"模式,移民大多数都是一种临时性的经济移民。第二种是以法国为代表的同化模式,移民被当作是永久性的居住者,因而被赋予了合法的政治地位,以使得移民能够被吸纳到主体的文化当中。第三种是以英国为代表的"多元文化主义模式",英国社会把移民当作永久性居留的群体,允许移民保存原有的民族特征,他们能够在新社会重新建构自己的文化社区,在这种模式下形成的是一个多族群和谐共处的多元文化社会。

1.3.2 新市民城市融合研究

国内研究人员对我国 20 世纪 70 年代末以来的人口流动和社会融合开展了多项研究,学者们不断创新研究方法,出现了很多新的研究成果。本书主要从三个方面进行综述。

(1) 新市民城市融合的认识和界定

李明欢(2000 年)将外来移民与主流社会关系分为"同化论"和"多元文化论"两大流派:"同化论"认为移民在流入国一般要经历定居、适应和同化三个阶段,移民需要学习、适应、接受流入地的生活方式和文化价值观念,抛弃原有的社会文化传统和习惯,进而才能实现同化和融合;"多元文化论"认为,移民将其不同文化背景、不同社会经历和价值观念重新塑造其生活的地点,并有助于建构多元化的社会和经济秩序[49]。朱力(2002 年)认为融合、适应、同化是三个不同的概念,融合比适应、同化具有更加积极主动的意义,这三个方面是逐步递进的,经济层面的适应是新市民立足城市的基础和前提,社会层面适应是新市民对城市生活要求的进一步提升,反映的是新市民融入城市生活的广度,心理层面的适应是新市民对于归属感的需求,是属于精神层面的适应,反映的是新市民参与城市生活的深度,只有心理和文化的融入,才能说明新市民已经完全地融入城市社会[50]。周敏和林闽钢(2004年)认为具有雄厚的人力资本的新市民能够更好地融入主流社会,然而新市民并不愿意放弃聚居的习惯[51]。任远、邬民乐(2006年)认为社会融合是个体和个体之间、不同群体之间或不同文化之间互相配合、互相适应的过程[52]。

(2) 新市民城市融合的内容

新市民与城市的融合究竟应该包括哪些方面的内容,国内学者目前还没有达成一致的结论。田凯(1995年)认为新市民融入城市的过程是新市民再社会化过程,而且必须具备三个条件:第一,在城市找到相对稳定的职业;第二,这种职业带来的经济收入及社会地位能够形成一种与当地人接近的生活方式,从而使其具备与当地人发生社会交往,并参与当地社会生活的条件;第三,由于生活方式的影响、与流入地社会居民的接触,使新市民可能接受并形成新的、与当地人相近的价值观[53]。马西恒(2001年)通过对城市新市民社会融合问题的研究,发现城市新市民与城市社区的“二元关系”正在发生变化,从原来的相互隔离、排斥和对立转向一种理性、兼容、合作的“新二元关系”,他提出了新市民与城市社会融合可能依次经历三个阶段的构想,分别是“二元社区”“敦睦他者”和“同质认同”[54]。张继焦(2004年)从就业与创业中迁移者的城市适应角度,提出社会融合应当从新市民对城市生活的感受、经济生活、生活方式、社会交往、恋爱婚姻等方面来分析[55]。风笑天(2004年)通过对三峡农村移民社会适应的研究,提出社会融合应该从家庭经济、日常生活、与当地居民的关系、生产劳动、社区认同等5个维度来分析[56]。杜鹏(2005年)等对通过来京人口是否受到歧视,与北京人在生活方面的交往情况和心理归属来测量其社会融合,结果发现来京人口社会融合程度较好,但要从心理上真正地融入城市生活,还有一个过程[57]。杨黎源(2007年)提出可以从风俗习惯、婚姻关系、工友关系、邻里关系、困难互助、社区管理、定居选择及安全感等方面来分析新市民的社会融合状况[58]。张文宏(2008年)运用上海市新市民调查数据,采用探索性因子分析方法,对城市新市民社会融合的结构及其现状进行了探讨。研究结果表明,城市新市民的社会融合包含着文化融合、心理融合、身份融合和经济融合四个因子[59]。陆康强等人

(2010 年)试图构造一个测量在沪新市民城市融入倾向度的综合指数,在结构上,该指数包括三个向度,分别对应于融入条件、融入意愿和融入迹象,谓之条件指数、意愿指数和迹象指数[60]。悦中山、李树苗、费尔德曼等人(2012 年)建构了新市民社会融合的概念体系,并以此为基础对新市民社会融合的现状进行实证分析,他们认为社会融合包括文化融合、社会经济融合和心理融合三个维度,他们还发现新市民文化融合的首选策略是融合策略,心理融合以融合型和融入型为主,制度障碍是导致新市民社会经济地位低下的重要因素[61]。

从以上相关研究可以发现,虽然学者没有达成一致性的研究结论,但也形成了一些研究的共识,第一,新市民与城市融合的内容是分多个维度的;第二,新市民与城市的真正融合是分阶段的,一般顺序是经济、社会、文化的融合;第三,新市民与城市的融合是未来发展的方向和趋势,但时间并不会很短。与国际移民的社会融合研究不同的是,学者们对国内移民社会融合的研究淡化了文化的功能,而突出了人际关系和社会参与的作用。

(3) 新市民城市融合的影响因素

影响新市民与城市融合的因素是多方面,各影响因素之间也存在着一定的关系。通过梳理相关文献,可以把影响新市民与城市融合的因素分为三大类:人力资本因素、社会资本因素、制度及法律政策因素。

人力资本概念最早是由美国著名经济学家西奥多·舒尔茨于 1960 年提出的。赵延东等(2002 年)的研究表明,职业培训对新市民经济地位的影响与他们所接受正规教育的作用相差无几[62]。因为通过职业培训,新市民不仅可以获得新的人力资本,而且可以为新市民原有的人力资本提供一种有效的补充和转化方式。姚先国等(2003 年)的研究结果则表明,职业培训对外出劳动力成为生产工人或从事服务业具有显著影响,与没有受过职业培训的劳动力相比,职业培训对促进服务业就业的作用近 6 个百分点,而对在工业生产部门就业的促进作用高达 21 个百分点[63]。曾旭晖(2004 年)认为城市的二元劳动力市场严重影响了新市民的人力资本回报率,他通过对成都市新市民的调查研究表明,在被假定为市场化程度很高的非正式劳动力市场中,新市民的教育回报并不十分明显,而同城市居民教育收益率相比,回报率还明显偏低[64]。李珍珍、陈琳运用 Probit 模型对影响新市民留城意愿的因素进行了分析,研究结果显示,受教育程度对新市民的融合意愿具有显著的正向影响,在城市的时间和从业经历也会影响留城意愿[65]。随着我国对新市民各项政策的不断改善和市场机制的不断完善,新市民人力资本的形成机制将会更加完善,人力资本的形成将会形成一种良性机制,人力资本对于新市民与城市融合的影响将会更为明显。

社会资本是影响新市民与城市融合的另一个重要因素。学者们在研究中也发现了社会资本在社会融合中的作用和贡献。赵树凯(1995年)通过调查发现,新市民进入城市后,大部分人并没有隔断原有的社会网络关系,63.3%的被调查者还经常和同村人见面,16.5%的人"偶尔见面",20.2%的说"很少见面"[66]。彭庆恩(1996年)通过对新市民中"包工头"的个案访谈,分析了这类特殊的新市民进城之后是如何有意识地构筑起一张张"关系网络",并利用这些关系网络来获得并巩固自己"包工头"地位,这些关系网络构成了个人所拥有的"关系资本",其作用要超过人力资本等其他结构性因素[67]。李培林(1996年)研究后认为新市民在社会位置变动中对血缘、地缘关系的依赖,可以降低交易费用,节约成本,相对于他们可以利用的社会资源来说,是一种非常理性的行为选择[68]。渠敬东(2001年)认为新市民的社会网络是围绕着血缘、地缘和业缘等同质关系构成,并影响新市民生活世界的建构过程[69]。李汉林(2002年)分析了新市民的特点,并指出新市民原有的社会网络具有"强关系"的特点,而同质性群体成员是构成新市民之间强关系纽带的基础,而非制度化信任是构造纽带关系强度的重要前提条件[70]。曹子玮(2003年)认为新市民进入城市虽然带来职业及生活方式的变化,但是并没有从根本上改变他们对血缘、地缘关系为纽带的社会网络关系的依赖,新市民社会关系结构中的基础仍然是以血缘和地缘关系为核心的初级关系[71]。

除了人力资本、社会资本等因素会影响新市民与城市的融合外,一些学者也从其他角度分析了影响新市民与城市融合的因素。李强(2002年)认为户籍制度是一种"社会屏蔽"制度,它将社会上一部分人屏蔽在分享城市的社会资源之外,新市民在社会地位上升流动的职业渠道、经济渠道、政治渠道、教育渠道、婚姻渠道等各种方式中,城市新市民的地位变迁都受到了户籍制度的制约[72]。潘泽泉(2004年)指出新市民没有形成任何可依托的现代意义上的自治社团,没有代表他们合法民意代表,缺乏充当利益表达的工具,也没有联系政府决策部门的有效的制度化通道,堵塞了新市民与城市体系融合和实现自我发展的路径[73]。王春光(2004年)认为我国新市民国民待遇的缺失是新市民不能融入城市社会的根本原因[74]。任远(2006年)通过对"居留决定继续居留"的分析,展现新市民社会融合的过程性,当新市民在城市居留的时间越长,就越有机会卷入城市的经济活动和社会网络[75]。杨绪松等(2006年)研究了深圳市新市民的社会融合情况,通过对居住情况、在城市受歧视程度、方言掌握程度、交友意愿、困难求助和未来打算等方面的调查,研究了新市民与城市社会的融合问题,研究结果发现,新市民的社会融合程度不高,与当地市民处在相对隔离状态,政府缺乏对流动人口的制度性支持[76]。陈晓敏(2011年)认为新市民城市融合中存在的问题,不仅仅是社会和政府的责任,企业也承担着不可推卸的社会责任,企业在雇佣大量新市民同时也应担负其促进新市民城市融入的社会责任[77]。任远和乔楠(2010年)通过模型分析,验证了新市民社会融合影响因素的三个假设,即新市民的个人和家庭状况影响社会融合;新市民的社区参与和社会资本影响社会融合;城市的制度安排影响新市民的社会融合[78]。

1.3.3　新市民公共文化服务研究

我国公共文化服务研究主要集中在以下几个方面:公共文化服务的相关概念界定,我国公共文化服务供给的主体、我国公共文化服务体系的财政投入及保障机制、管理机制创新、公共文化的相关法律法规、公共文化的绩效管理、新市民的公共文化服务创新等。

(1) 我国公共文化服务供给的主体研究

陈威(2006年)认为公共文化产品的生产、服务和提供应主要由政府或政府资助的公益性机构来承担,政府应发挥责任主体的作用,还应创新公益文化活动运作机制,通过政府采购、委托承办、承包等形式,吸引各类社会文化艺术机构参与公共文化服务,推动公共文化服务的市场化和社会化[79]。王京生(2007年)认为进一步提升公共文化服务体系建设水平需要强化领导,加强城市人文精神的培育,提高民生文化福利水平,抓好特殊群体的服务保障,实行公共文化建设主体的多元化和运作社会化[80]。陈鸣、谭梅(2007年)在研究当代西方国家公共文化服务制度改革中试探性提出了公共文化有限责任公司的概念,它是在非营利性质的组织框架内,将营利性文化企业的商业化经营技术、公司制组织形态等因素引入公共文化部门的制度设置中,探索出公共文化部门的市场化配置方式[81]。曾岩(2008年)认为公共文化服务主体是指各级政府和有关方面设立的、为社会公众提供公共文化服务的非营利性机构,为了全面担当起公共文化服务的责任,要以政府为主导,大力发展各种各类公共文化服务机构[82]。齐勇锋等人认为:政府是公共文化服务的规划者、经营者和营销者,应承认公共文化服务在一定范围的社会化、市场化是必要的,但是要防止和纠正现在我国不少公益性文化机构"过度市场化",改变了文化"公共"性质的情况[83]。周晓丽、毛寿龙(2008年)从公共文化服务供给角度分析,目前存在的问题在于:公共部门垄断,效率低下;市场准入壁垒,资金流向单一;存在广泛的寻租现象,公共福利减少[84]。牛华(2010年)认为我国公共文化服务首先应该培育提供主体的多元化,公共文化服务的主体除了政府和文化事业单位,还应涉及各方参与力量,包括非政府组织和企业等,有更多社会团体或个人来共同提供公共文化产品和文化服务[85]。王建华(2011年)认为应该建立多元的供给主体,包括政府主体、私人主体、非政府主体以及政府、非政府组织和私人混合主体[86]。

总之,在公共文化体系供给的主体选择上,政府普遍被寄予了厚望,同时建设公共文化服务体系是在市场经济条件下发展公益性文化事业,应形成政府、国有公共文化服务机构、民间非营利机构以及众多个人(义工、社工)共同参与治理的结构。

(2) 我国公共文化服务体系的财政投入及保障机制

杨永、朱春雷(2008年)认为财政经费投入均等化是实现公共文化服务均等化的基础,如果以财政投入为衡量指标,我国公共文化服务不仅总体水平较低,而且还存在较大的城乡差距和区域差距[87]。牛华(2010年)认为我国公共文化服务的资金来源应该更加多样化,不一定都来自公共财政,在发展公共文化服务方面应采取务实和灵活多样的方式,充分利用市场和社会主体的力量来共同提供公共服务,建立政府、市场、社会之间相互支持、合作、补充的公共文化服务机制成为一种必然趋势,这也是由我国目前具体的国情决定的[88]。崔吉磊、李少惠(2011年)认为要建立正常的审计监督机制,政府资金的投入项目、数额、使用途径,要能够做到公开透明,文化设施的对外开放和综合利用,是否符合规定要求,都要进行跟踪监督,确保城乡公共文化事业能够得到均衡发展[89]。

(3) 我国公共文化服务体系的管理机制创新

李少惠(2007年)提出公共文化服务体系建设需要确立政府为主导,企业、非政府组织、社区等社会各方共同参与,协商和对话的"交互理性"的制度框架,以便更好地履行服务人民群众公共性文化需求的职责[90]。刘文杰、何伟(2008年)提出通过重视制度创新来确保公共文化服务活动健康运行,其中文化总辅导员制度和文化信使制度就是最重要的两项制度[91]。牛华(2010年)认为政府应成为社会合作力量的发动者和促进者,通过一些合理的机制"激活"社会力量,实现公共服务的有效输出,一方面通过内部改革和外部压力结合为文化职能转变的动力,积极推进政府文化体制改革和职能合理转变;另一方面,转变政府和非政府公共组织之间的关系[92]。刘俊生(2010年)认为改革开放促使中国公共文化服务从一元化组织体系向多元化组织体系变迁,这个变迁过程受到市场、政府、社会和文化服务理念这四个主要因素的影响,多元化组织体系较一元化组织体系能更好地满足公民的不同文化需求,能更好地保障公民文化权利的实现[93]。

(4) 我国公共文化服务的相关法律法规

公共文化服务的持续健康发展需要各级政府建立健全相关的法律法规,以法律形式确保国家发展公共文化的基本政策、支持社会发展公共文化事业,明确公共文化服务提供单位的法律地位、权利、责任和义务,以合理的财政和税收优惠政策鼓励和推动社会力量支持公共文化事业。事实上,当代西方国家广泛实行的是文化法治行政制度,它包括:依法组建国家文化行政机构;文化行政的准立法制度,即文化行政机构依法授权制定国家文化行政的法规和规则;文化行政的准司法制度,即在国会授权和司法审查的框架下,实施文化行政的执法管制,包括国家文化行政许可、文化市场稽查。

我国目前与公共文化有关的法律法规体系比较薄弱,还没有形成完整的公共文化法律体系。目前国家层面的法律主要包括《文物保护法》《著作权法》《公共文化体育设施条例》《公共文化服务保障法》《公共图书馆法》《关于群众艺术馆、文化馆管理办法》。地方层面,只有广东制定了《广东省公共文化服务促进条例》,是全国第一部关于公共文化服务体系建设的综合性地方法规。

(5) 我国公共文化服务的绩效管理

陈威(2006年)研究了深圳市的公共文化体系绩效管理和评估问题,他将公共文化服务体系的衡量指标分为三类：一是发展规模指标，这类指标是根据公共文化服务产品的主要类别的发展情况来看公共文化服务体系的发展规模，共列出"公共文化服务机构总数、从业人员总数、文化娱乐设施总数"等23个指标；二是政府投入指标，共列出"政府文化事业财政拨款、公共文化服务的公平性、公共文化服务的便利性"等11个指标；三是社会参与指标，共列出"社会办非营利文化机构数、社会捐赠资金数、年人均文化服务娱乐支出"等8个指标[94]。蒋建梅（2008年）认为政府公共文化服务体系绩效评估主要包括以下三个方面：一是文化对经济、社会发展的反作用所体现出来的总体指标；二是公共文化服务的有效供给指标；三是公共文化服务的保障指标[95]。向勇、喻文益（2008年）给出了公共文化服务绩效评估的初步模型，并根据中国文化事业管理的国情和公共文化服务的特性，以及公共文化服务绩效考核将由目前的初级阶段逐步过渡到科学、普及与深入落实阶段的预期，提出了依法考评公共文化服务绩效的政策建议，指出了公共文化服务绩效评估立法的必要性、基础原则与基本内容[96]。李少惠、余君萍（2009年）从公共治理视角出发，探讨了公共治理对农村公共文化服务绩效评估的影响，并在此基础上提出我国农村公共文化服务绩效评估的模型及指标体系[97]。李郁香（2011年）认为应该建立和完善公共文化服务的监管、评估、考核体系，公共文化服务监管的主要内容包括准入资格、服务价格、服务质量、成本效益、服务范围、竞争秩序、公共补贴、不分配利润政策的执行等[98]。

（6）我国新市民的公共文化服务研究

倪传明、祝东红（2005年）等人总结了图书馆为新市民公共文化服务的问题：图书馆宣传力度不够和新市民的自卑心理是首要因素；在服务方式上，传统的做法制约了新市民的服务；在服务内容上，缺乏吸引力和针对性；在协作协调方面，缺乏和社会各行业、各部门的合作[99]。孙仲魁（2007年）认为企业的文化供给与新市民的文化需求之间存在结构性缺口；地方政府和社区的文化供给比较简单，缺乏高层次文化供给；应该积极探索适合新市民的服务方式[100]。刘文玉、刘先春（2011年）认为政府对新市民的公共文化服务投资不到位、企业追求经济效益对公共文化服务投入不足、非政府组织的公共文化服务投资无法惠及新市民，这三方面的原因导致新市民的公共文化服务水平很低[101]。蔡武（2011年）强调会进一步加强对农民、进城务工人员、老年人、未成年人、下岗失业人员、低收入人群、残障人群等特殊群体的公共文化服务，推进公共文化服务均等化[102]。陈霞（2011年）认为公共图书馆应该针对新市民工作生活的实际需求,开展服务工作;同时还要针对新市民读者的不同群体展开内容各异的服务活动,进行分类指导[103]。夏国锋(2011 年)认为新市民提供公共文化服务不仅是关注新市民群体文化权益实现的保障,也是对城市认同感的培育,关注新市民文化生活,拓展新市民的文化生活空间,不仅是新市民文化权益的保障问题,还具有促进新市民城市融入、增强新市民对城市的家园意识与归属感的现实意义[104]。

　　总之,针对新市民公共文化服务方面的研究主要集中在新市民文化需求及文化活动现状方面:新市民的文化生活严重匮乏,非常贫乏和单调,文化层次不高,庸俗化问题突出,主要停留在睡觉、听广播等方式上,即使接触网络,也大多把网络作为打发时间的工具,而没有应用网络在信息传递、文化提升等方面的重要功能。新市民群体内部结构产生变化,消费观念正经历代际转型,处于与城市文化消费的磨合期,新市民的文化活动存在着区域差异。学者提出了提高新市民文化服务水平的建议:推进国家和地方相关政策的制定和实施、政府加强新市民文化生活权益的保障和落实、拓宽资金投入渠道、加大资金投入力度、加强社区新市民文化服务设施的规划和建设、将新市民社区文化服务设施建设纳入城市文化建设体制之内等建议。

　　综上所述,目前学术界对新市民公共文化服务的研究主要散见于公共文化服务体系研究和新市民融入问题研究中。现有研究成果可能存在一些不足:

　　第一,目前对于新市民融入的研究假设是要通过政府、社会团体和新市民自身来改变甚至是消除新市民原有的价值观念、行为方式,直至变成和城市市民一样的新市民,这种研究假设尚值得商榷。现代化城市应该是多元文化相互包容、和谐共存,各种文化之间需要进行广泛交流与沟通,形成相互尊重、互相促进的和谐发展态势。基于此,本书认为将来的政策思路应该是促进新市民和城市融合,建立新市民和城市居民"求同存异,和谐包容"的多元城市文化,而不是简单地将新市民强行融入城市。

　　第二,在现有的研究文献中,新市民一直是被看作文化权益的被动享受者,忽略了其作为公共文化建设主体的自主性价值。公共文化建设并不仅仅是政府单纯提供什么的问题,更主要的是新市民需要什么、作为需求主体如何参与公共文化创造的问题。

　　第三,目前关于公共文化服务体系的研究大都是从宏观方面对公共文化服务体系的理论构架进行探讨,往往侧重于城市或农村之一,尚没有专门的以促进新市民与城市融合为目的公共文化服务体系的研究；即使有针对新市民文化服务的研究，大多集中在新市民文化活动现状及需求方面，而没有从融合的角度对公共文化服务系统进行全面、系统的研究。

第四，本书不是要针对新市民建立一个单独的公共文化服务体系，而是在原有城市公共文化服务体系的基础上，不断改革和完善原有的公共文化服务体系，探索新的运作机制、服务模式、服务手段以促进新市民和城市居民的真正融合，从而促进不同文化间的相互理解和认同，建设包含多元文化的和谐社会。

1.4　研究内容

本书将系统研究中国新市民公共文化服务体系问题，共分十三章，具体内容如下。

第一章绪论，主要包括本书的研究背景，对新市民、公共文化服务体系等相关概念进行界定，确定本文研究方法、数据来源以及研究的思路和技术路线，指出了本书的创新之处。

第二章我国新市民公共文化服务体系理论基础，拟从善治理论、社会公正理论、新公共管理理论、新公共服务理论等方面进行梳理和评述，作为本书研究的理论基础。

第三章我国新市民城市融合的现状与问题分析，主要是描述我国新市民与城市的经济融合、社会融合、文化融合和心理融合的现状、分析其特征，并剖析我国新市民与城市融合的问题。

第四章我国公共文化服务体系的发展历程、成就和问题，主要是梳理我国公共文化服务体系的发展历程、描述我国公共文化服务体系的现状，并分析我国公共文化服务体系方面存在的问题。

第五章我国新市民和城市居民的文化活动参与现状，首先了解新市民文化活动参与现状，然后了解我国城市居民文化活动参与现状，最后比较我国新市民和城市居民文化活动参与的异同。

第六章我国新市民和城市居民文化的需求差异分析，首先是对新市民文化需求现状进行分析，然后分析城市居民文化需求，最后比较我国新市民和城市居民文化需求的异同。

第七章公共文化活动对新市民城市融合的影响研究，本章基于文献综述、理论分析和调查数据，应用结构方程模型，构建并检验了公共文化对新市民城市融合影响的机理模型,分析了公共文化、经济融合、社会融合、文化融合、心理融合的结构关系、影响路径和影响效应。研究结果表明公共文化活动对新市民的经济融合、社会融合、文化融合和心理融合具有显著的正向影响。

第八章国内外公共文化服务体系建设的做法与经验借鉴,主要包括发达国家、国内经济发达地区公共文化服务体系建设的做法、经验借鉴及启示。

第九章构建新市民公共文化服务体系,主要研究新市民公共文化服务体系的理论架构,包括新市民公共文化服务体系的目标、基本原则及构成要素。

第十章构建新市民公共文化服务需求反馈体系,包括构建新市民公共文化服务需求反馈体系的必要性、可行性、构成因素、具体的对策和措施。

第十一章构建新市民公共文化服务有效供给体系,主要包括构建新市民公共文化有效供给体系的必要性、可行性、构成因素、具体的建设对策和措施。

第十二章构建新市民公共文化服务保障体系,包括促进新市民与城市融合的法律政策保障体系、资金投入机制、人才队伍建设等内容。

第十三章构建新市民公共文化服务绩效管理体系,研究公共文化服务质量评估、考核体系的社会化,创新文化服务的考核主体、考核方式、考核指标、考核手段,从而有效提高为新市民和城市居民文化服务的水平和服务能力。

最后是结论与展望。总结了本书的主要结论及有待进一步研究的问题。

1.5 研究思路和研究框架

1.5.1 研究思路

本书是一项应用性研究,针对目前新市民公共文化服务缺失且城镇化质量不高的问题而提出的一项研究。本书拟采用人口学、社会学、公共管理、人力资源管理的相关理论为研究背景,首先对我国新市民和城市居民文化服务的现状进行调查,总结经验,剖析问题,探寻原因,进一步探求新市民和城市居民对文化服务的具体需求,同时结合东部、中部和西部地区的不同情况,借鉴国内外公共文化服务活动的成功经验,探索适合我国国情的新市民公共文化服务体系,主要包括需求反馈体系、有效供给体系、保障体系和绩效管理体系,为各级政府提高公共文化服务水平、促进城市和谐提供新的视角。作者前期主要进行实地调研和搜集相关文献资料,包括学术专著、学术论文以及有关部门的新市民文化服务资料,并结合实地调查和各级政府部门的具体数据进行分析论证,力图对我国新市民公共文化服务问题进行科学分析和研究,从而为提高我国新市民公共文化服务水平提出相应的对策和建议。

1.5.2　研究框架

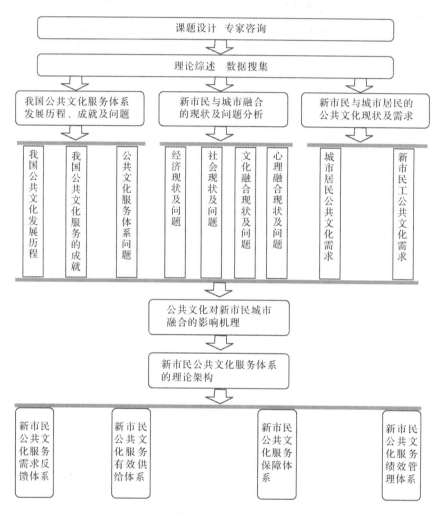

图 1-1　研究框架

1.6 研究方法与数据来源

1.6.1 研究方法

(1) 文献研究法

文献研究法就是指通过寻找文献搜集有关研究信息的调查方法,它是一种间接的获得研究信息的方法。作者通过检索国内外有关城市融合、公共文化服务体系建设的文献,既了解和熟悉国内外研究动态和研究成果,并在此基础上对该研究的相关概念进行了重新界定,又借鉴了不同类型国家和地区的城市融合与公共文化服务体系建设的经验与教训。

(2) 实地调查法

实地调查法是指研究者利用种种有效手段,在没有人为控制的自然状态下,了解研究对象的现实情况以及存在问题,以便探究其发展趋势和规律。实地调查的方式也是多种多样的,一般可分为普遍调查、抽样调查、典型调查和个案调查四种。为了更全面地了解我国新市民与城市融合现状、我国新市民的文化需求现状、我国城市居民的文化需求现状,本书针对新市民和城市居民,设计两份调查问卷,分 A/B 卷,A 卷的调查对象是新市民,共 1 932 份;B 卷针对城市户籍人口,调查问卷数量共 1 178 份。

访谈主要通过座谈会的形式进行,包括两种类型:第一种是与新市民有关的政府部门和社会组织参加的座谈会,了解当地新市民的公共文化服务情况,当地政府公共文化服务中的新情况、新问题和新经验;第二种是由各种类型的新市民参加的座谈会,直接了解他们接受公共文化的实际情况和真实想法,弥补问卷调查的不足。

(3) 比较研究法

比较研究法就是比较两个或两类事物的共同点和差异点,从而更好地认识事物的性质,通过空间上的比较,区域差异和区域个性可以比较生动形象地显现出来,通过时间上的比较,区域过程和空间动态特征得以刻画。本文的比较主要涉及三个方面,第一,比较我国新市民与城市居民在经济、社会、文化、心理等方面的共同点和差异;第二,比较我国新市民与城市居民文化需求的共同点与差异;第三,比较发达国家和国内发达地区公共文化服务措施的差异。

（4）统计分析法

通过科学有效的抽样调查设计,应用统计方法分析了我国东、中、西部地区的新市民和城市居民的经济水平、社会交往、文化融合、心理融合、公共文化现状和需求进的现状和特征。

（5）计量分析法

本书应用结构方程模型等计量方法分析调查数据,揭示了公共文化活动对新市民城市融合的影响机理,展现了公共文化活动对新市民城市融合的影响路径和影响效应,为进一步构建和完善新市民公共文化服务体系提供理论参考。

1.6.2　数据来源

本文的数据来源由两大部分组成:第一部分是微观数据,即作者在实际调研中得到的数据资料,一方面是通过调查问卷所获得的资料,另一方面是通过个别访谈、召开小型座谈会、研讨会等形式获得的访谈资料;第二部分是宏观数据。宏观数据来源主要是各级政府部门发布的数据,既包括政府发布的纸质材料,也包括网上发布的电子材料。

1.7　创新之处

（1）比较分析了新市民与城市居民的融合水平、公共文化现状及需求的共性和差异

本书对新市民与城市居民进行了对比研究,比较分析了新市民与城市居民在经济、社会、文化和心理四个层面的共性和差异,尝试对新市民城市融合的四个层面(经济融合、社会融合、文化融合和心理融合)进行分析。通过调查新市民和城市居民的公共文化活动及需求,对新市民和城市居民的公共文化需求的共性和差异进行了研判,为推进公共文化的需求反馈体系和供给体系的有效对接、实现公共文化服务体系的高效运转和精准服务提供了数据支撑。

（2）构建了公共文化对新市民城市融合影响的结构方程模型,分析了公共文化对新市民城市融合的影响机理

本书探索性地将结构方程模型应用于公共文化对新市民城市融合影响研究,推动了新市民公共文化和城市融合的计量研究,对应用结构方程模型研究新

市民公共文化和城市融合具有一定的引导作用。基于文献综述、理论分析和调查数据,应用结构方程模型,构建并检验了公共文化对新市民城市融合影响的机理模型,分析了公共文化、经济融合、社会融合、文化融合、心理融合的结构关系、影响路径和影响效应。研究结果表明公共文化活动对新市民的经济融合、社会融合、文化融合和心理融合具有显著的正向影响。

(3) 提出了建设新市民公共文化服务体系的理论架构

本书探索性地提出了新市民公共文化服务体系的理论架构,包括公共文化服务体系的建设目标、基本原则和构成要素。重点研究了公共文化服务需求反馈体系、有效供给体系、保障体系、绩效管理体系构建的必要性、可行性、构成要素、运转机理和对策建议。

1.8　调查概述

1.8.1　调查样本的选择

调查样本采用典型抽样和随机抽样相结合的抽样方法。首先,考虑我国经济发展的区域差异,按照经济发展水平将全国分为东部、中部、西部三类地区,每类地区分别选择四个省份,基于调查的可操作性和可及性,东部地区选择江苏省、山东省、浙江省、广东省,中部地区选择河南省、安徽省、湖北省、江西省,西部地区选择陕西省、新疆、内蒙古、贵州。然后,在样本省份内选择一个具有代表性的城市,在该城市选择一个有代表性的市辖区。第三,按照市辖区的人口统计资料,分别在户籍人口和新市民较多的居委会员,各抽取两个居委会为调查点。第四,在居委会中随机抽取符合条件的调查对象,调查对象包括城市居民和新市民,其中城市居民 50 人,新市民 100 人。最终的样本规模为 $12 \times 1 \times 1 \times 2 \times 150 = 3\,600$ 人。在选择好调查样本后,由调查人员根据调查样本的实际情况选择问卷调查方式,学历较高的调查对象自己填写问卷,学历较低、阅读问卷有困难的调查对象由调查人员帮助填写调查问卷。在选择调查对象比例时,作者初步选择新市民和城市居民的调查样本比例为 1∶1,后来向相关专家请教时,专家认为新市民是本书的主要研究对象,城市居民只是做一个参照样本,因此,没有必要按 1∶1 的比例,建议按 2∶1 的比例进行问卷调查。最后,作者按 2∶1 的比例,共调查 2 400 份新市民样本,1 200 份城市居民样本。由于调查对象对一些题目的理解存在偏差,实际回收有效问卷 3 110 份,其中 A 卷

1 932 份;B卷1 178份。

1.8.2　调查问卷的设计

为了全面了解新市民城市融合现状以及参与公共文化活动的情况,作者针对新市民和城市居民分别设计了两套问卷,以便于对比研究。新市民公共文化服务问卷(A卷)在借鉴已有研究文献调查经验的基础上,共设计了106个问题,调查内容涉及新市民的基本信息、劳动就业、社会保障、职业培训、子女教育、社会交往、医疗卫生、身份认同、公共文化活动参与现状、公共文化活动评价、公共文化活动需求调查等方面的内容。城市居民公共文化服务问卷(B卷)共设计了104个问题,内容涉及城市居民的基本信息、就业培训、社会保障、房屋居住情况、公共文化活动参与现状、对当地公共文化服务活动和设施的满意度、公共文化活动需求调查等方面的内容。调查问卷不但考虑了全面展现新市民和城市居民在经济水平、社会交往、文化融入、身份界定、公共文化现状及需求方面的真实情况,而且考虑了公共文化活动对新市民城市融合影响的机理分析模型对计量数据的要求。新市民调查问卷和城市居民调查问卷的具体内容见附件1和附件2。

1.8.3　调查质量控制

为保证调查数据的质量,作者从问卷设计、调查人口选择和培训、调查实施、调查过程的监督、调查数据的整理和分析等各个环节进行了严格的质量控制。在预调查的基础上对新市民和城市居民调查问卷,新市民、用工单位和政府部门的访谈提纲进行了科学设计与修改;对参与研究的人员进行严格筛选与系统培训;调查采用现场督导跟踪,提高现场发现错误的概率,大量减少无效问卷。利用多种方法进行质量控制:比对、数据核查,录音核查及电话核查。以上多种技术和手段的结合保证了数据的真实性和可靠性。

1.8.4　调查样本的基本情况

（1）性别结构

在针对新市民的有效问卷中,男性1 143人,占被调查新市民人数的比例为59.2%,女性789人,占被调查新市民人数的比例为40.8%。

表 1-2 调查样本的性别结构

		人数(人)	比例(%)
新市民	男	1 143	59.2
	女	789	40.8
	合计	1 932	100.0
城市居民	男	612	52.0
	女	566	48.0
	合计	1 178	100.0

数据来源:根据调查问卷整理

　　而针对城市居民的调查样本中,男性 612 人,占被调查总数的比例为 52%;女性 566 人,占调查样本的比例为 48%。在城市居民的调查样本中,男性与女性的比例基本相当,而在新市民的调查样本中,男性比例远高于女性。

　　(2) 年龄结构

　　在新市民调查样本中,18 岁及以下的人数为 47 人,占被调查人数的比例为 2.4%;19—44 岁年龄段 1 564 人,占被调查人数的比例为 80.9%,是被调查的新市民的主体;50 岁以上的人数为 66 人,占被调查人数的比例为 3.5%。而城市居民的调查样本中,18 岁及以下的人数为 3 人,占被调查人数的比例为 0.3%;19—44 岁年龄段 963 人,占被调查人数的 95.7%,是被调查城市居民的主体;50 岁以上的人数为 47 人,占被调查人数的比例为 4%。

表 1-3 调查样本的年龄结构

		人数(人)	比例(%)
新市民	18 岁及以下	47	2.4
	19—24 岁	420	21.7
	25—30 岁	479	24.8
	31—35 岁	217	11.2
	36—44 岁	448	23.2
	45—50 岁	255	13.2
	51—60 岁	61	3.2
	61 岁及以上	5	0.3
	合计	1 932	100.0

		人数(人)	比例(%)
城市居民	18 岁及以下	3	0.3
	19—24 岁	199	16.9
	25—30 岁	347	29.5
	31—35 岁	152	12.9
	36—44 岁	265	22.5
	45—50 岁	165	14.0
	51—60 岁	39	3.3
	61 岁及以上	8	0.6
	合计	1 178	100.0

数据来源:根据调查问卷整理

(3) 婚姻状况

在针对新市民的调查样本中,未婚 572 人,占被调查新市民的 29.6%;已婚且在一起住的 1 076 人,占被调查新市民的 55.7%;已婚但两地分居的 257 人,占被调查新市民的 13.3%;离婚 25 人,占被调查人数的 1.3%,丧偶 2 人,占被调查人数的 0.1%。在针对城市居民的调查样本中,未婚 370 人,占被调查人数的 31.4%,已婚 792 人,占被调查人数的 67.3%,离婚 14 人,占被调查人数的 1.2%,丧偶 2 人,占被调查人数的 0.2%。具体数据见表 1－4。

表 1－4　调查样本的婚姻状况

		人数(人)	比例(%)
新市民	未婚	572	29.6
	已婚(在一起住)	1 076	55.7
	已婚(两地分居)	257	13.3
	离婚	25	1.3
	丧偶	2	0.1
	合计	1 932	100.0

续表

		人数(人)	比例(%)
城市居民	未婚	370	31.4
	已婚(在一起住)	731	62.1
	已婚(两地分居)	61	5.2
	离婚	14	1.2
	丧偶	2	0.1
	合计	1 178	100.0

数据来源:根据作者调查问卷整理

(4) 文化程度

在针对新市民的文化程度调查,小学及以下文化程度 174 人,占被调查人数的比例为 9%;初中 869 人,占被调查人数的比例为 45%;高中\中专\高职\技校 659 人,占被调查人数的比例为 34.1%;大学及以上文化程度 230 人,占被调查人数的比例为 11.9%。而在针对城市居民的调查样本中,小学及以下 32 人,占被调查人数的比例为 2.7%;初中 185 人,占被调查人数的比例为 15.7%;高中\中专\高职\技校 383 人,占被调查人数的比例为 32.5%;专科(包括函授、电大、自考、远程教育、网络教育、夜大等)578 人,占被调查人数的比例为 32.5%,本科及以上(包括函授、电大、自考、远程教育、网络教育、夜大等)207 人,占被调查人数的比例为 17.6%。具体数据见表 1-5。从调查结果来看,城市居民的文化程度远远高于新市民。

表 1-5 调查样本的文化程度

	文化程度	人数(人)	比例(%)
新市民	小学及以下	174	9.0
	初中	869	45.0
	高中\中专\高职\技校	659	34.1
	大学及以上	230	11.9
	合计	1 932	100.0

	文化程度	人数(人)	比例(%)
城市居民	小学及以下	32	2.7
	初中	185	15.7
	高中\中专\高职\技校	383	32.5
	专科	371	31.5
	本科及以上	207	17.6
	合计	1 178	100.0

数据来源:根据作者调查问卷整理

（5）民族

由于公共文化与民族有密切关系,所以作者调查了调查样本的民族。在被调查的新市民样本中,汉族1 683人,占被调查新市民的比例为87.1%;少数民族249人,占被调查新市民的比例为12.9%。针对城市居民的调查样本中,汉族1 070人,占被调查城市居民的比例为90.8%;少数民族108人,占被调查城市居民的比例为9.2%。具体数据见表1-6。

表1-6 调查样本的民族

	文化程度	人数(人)	比例(%)
新市民	汉族	1 683	87.1
	少数民族	249	12.9
	合计	1 932	100.0
城市居民	汉族	1 070	90.8
	少数民族	108	9.2
	合计	1 178	100.0

数据来源:根据作者调查问卷整理

（6）政治面貌

在针对新市民的政治面貌调查中,中共党员156人,占被调查人数的比例为8.1%;共青团员460人,占被调查人数的比例为23.8%;普通群众1 282人,占被调查人数的比例为66.4%;民主党派34人,占被调查人数的比例为1.7%。而在针对城市居民的政治面貌的调查中,中共党员266人,占被调查人数的比例为 22.6%；共青团员 264 人，占被调查人数的比例为 22.4%；普通群众 634 人，占被调查人数的比例为 53.8%；民主党派 14 人，占被调查人数的比例为 1.2%。具体数据见表 1-7。

表 1-7　调查样本的政治面貌

	文化程度	人数（人）	比例（%）
新市民	中共党员	156	8.1
	共青团员	460	23.8
	普通群众	1 282	66.4
	民主党派	34	1.7
	合计	1 932	100.0
城市居民	中共党员	266	22.6
	共青团员	264	22.4
	普通群众	634	53.8
	民主党派	14	1.2
	合计	1 178	100.0

数据来源：根据作者调查问卷整理

（7）城市工作年限

在针对新市民的调查样本中，在城市工作年限在 1 年以下的 228 人，占被调查人数的 11.8%；在城市工作年限为 1—3 年的 582 人，占被调查人数的比例为 30.1%；在城市工作年限为 4—5 年的 451 人，占被调查人数的比例为 23.3%；在城市工作年限为 6—10 年的 301 人，占被调查人数的比例为 15.6%；在城市工作年限为 10 年以上的 370 人，占被调查人数的比例为 19.2%。在针对城市居民的调查样本中，工作年限在 1 年以下的 151 人，占被调查人数的比例为 12.8%；工作年限为 1—3 年的 250 人，占被调查人数的比例为 21.2%；工作年限为 4—5 年的 163 人，占被调查人数的比例为 13.8%；工作年限为 6—10 年的 196 人，占被调查人数的比例为 16.7%；工作年限为 10 年以上的 418 人，占被调查人数的比例为 35.5%。具体数据见表 1-8。

表1-8 调查样本的城市工作年限

	城市工作年限	人数(人)	比例(%)
新市民	不足一年	228	11.8
	1—3 年	582	30.1
	4—5 年	451	23.3
	6—10 年	301	15.6
	10 年以上	370	19.2
	合计	1 932	100.0
城市居民	不足一年	151	12.8
	1—3 年	250	21.2
	4—5 年	163	13.8
	6—10 年	196	16.7
	10 年以上	418	35.5
	合计	1 178	100.0

数据来源:根据作者调查问卷整理

(8)工作性质

在针对新市民的调查样本中,生产操作人员最多,为694人,占被调查人数的比例为35.9%;其次是其他类型职业,481人,占被调查人数的比例为24.9%,主要是个体工商户和服务人员;排在第三位的是技术人员,为298人,占被调查人数的比例为15.4%。在针对城市居民的调查样本中,管理人员209人,占被调查人数的比例为17.7%;技术人员172人,占被调查人数的比例为14.6%;生产操作人员186人,占被调查人数的比例为15.8%;营销人员150人,占被调查人数的比例为12.7%。其他数据见表1-9。

表1-9 调查样本的工作性质

		人数（人）	比例（%）
新市民	管理人员	174	9.0
	技术人员	298	15.4
	生产操作人员	694	35.9
	营销人员	174	9.0
	行政人员	76	3.9
	企业主	35	1.9
	其他	481	24.9
	合计	1 932	100.0
城市居民	管理人员	209	17.7
	技术人员	172	14.6
	生产操作人员	186	15.8
	营销人员	150	12.7
	行政人员	179	15.2
	企业主	27	2.4
	其他	255	21.6
	合计	1 178	100.0

数据来源：根据作者调查问卷整理

（9）技术等级

在针对新市民的调查样本中，无技术等级人员最多，为903人，占被调查人数的比例为46.7%；初级工422人，占被调查人数的比例为21.8%；中级工359人，占被调查人数的比例为18.6%；高级工121人，占被调查人数的比例为6.3%；技师及高级技术127人，占被调查人数的比例为6.6%。在针对城市居民的调查样本中，无技术等级人员最多，为572人，占被调查人数的比例为48.6%；初级工165人，占被调查人数的比例为14%；中级工240人，占被调查人数的比例为20.4%；高级工109人，占被调查人数的比例为9.3%；技师及高级技术92人，占被调查人数的比例为7.8%。具体数据见表1-10。

表 1 - 10　调查样本的技术等级

		人数（人）	比例（%）
新市民	无技术等级	903	46.7
	初级工	422	21.8
	中级工	359	18.6
	高级工	121	6.3
	技师	75	3.9
	高级技师	52	2.7
	合计	1 932	100.0
城市居民	无技术等级	572	48.6
	初级工	165	14.0
	中级工	240	20.4
	高级工	109	9.3
	技师	48	4.1
	高级技师	44	3.6
	合计	1 178	100.0

数据来源：根据作者调查问卷整理

（10）工作单位性质

在针对新市民的工作单位性质调查中，在国有企业及其他国有性质单位工作的 186 人，占被调查人数的比例为 9.6%；在集体企业工作的 128 人，占被调查人数的比例为 6.6%；在外资企业工作的 161 人，占被调查人数的比例为 8.3%；在合资企业工作的 222 人，占被调查人数的比例为 11.5%；在私营企业工作的 938 人，占被调查人数的比例为 48.6%；个体工商户 297 人，占被调查人数的比例为 15.4%。具体数据见表 1 - 11。

表 1 - 11 调查样本的工作单位性质

		人数(人)	比例(%)
新市民	国有	186	9.6
	集体	128	6.6
	外资	161	8.3
	合资	222	11.5
	私营	938	48.6
	个体工商户	297	15.4
	合计	1 932	100.0
城市居民	国有	367	31.2
	集体	85	7.2
	外资	144	12.2
	合资	102	8.7
	私营	336	28.5
	个体工商户	144	12.2
	合计	1 178	100.0

数据来源:根据作者调查问卷整理

在针对城市居民的调查样本中,在国有企业及其他国有性质单位工作的367人,占被调查人数的比例为31.2%;在集体企业工作的85人,占被调查人数的比例为7.2%;在外资企业工作的144人,占被调查人数的比例为12.2%;在合资企业工作的102人,占被调查人数的比例为8.7%;在私营企业工作的336人,占被调查人数的比例为28.5%;个体工商户144人,占被调查人数的比例为12.2%。

(11) 所在行业

在针对新市民的调查样本中,在建筑业工作的367人,占被调查人数的比例为19.1%;在纺织服装业工作的308人,占被调查人数的比例为16.1%;在电子、机械制造业工作的450人,占被调查人数的比例为23.6%,在餐饮住宿业工作的165人,占被调查人数的比例为8.6%,在商业工作的179人,占被调查人数比例分别为9.4%;在交通运输业工作的45人,占被调查人数的比例为2.4%;

在环境卫生行业工作的 26 人,占被调查人数的比例为 2.4%;在政府机关及事业单位工作的 92 人,占被调查人数的比例为 4.8%。具体数据见表 1-12。

表 1-12 调查样本所在行业

		人数(人)	比例(%)
新市民	建筑业	367	19.1
	纺织、服装业	308	16.1
	电子、机械制造业	450	23.6
	餐饮住宿业	165	8.6
	商业	179	9.4
	交通运输业	45	2.4
	环境卫生	26	1.4
	家政服务	36	1.9
	政府机关	27	1.4
	事业单位	65	3.4
	其他	242	12.7
	合计	1 910	100.0
城市居民	建筑业	83	6.9
	纺织、服装业	109	9.3
	电子、机械制造业	249	21.1
	餐饮住宿业	70	5.9
	商业	156	13.3
	交通运输业	48	4.1
	环境卫生	20	1.7
	家政服务	14	1.2
	政府机关	88	7.5
	事业单位	155	13.2
	其他	186	15.8
	合计	1 178	100.0

数据来源:根据作者调查问卷整理

在针对城市居民的调查样本中,在建筑业工作的 83 人,占被调查人数的比例为 6.9%;在纺织服装业工作的 109 人,占被调查人数的比例为 9.3%;在电子、机械制造业工作的 249 人,占被调查人数的比例为 21.1%,在餐饮住宿业工作的 70 人,占被调查人数的比例为 5.9%,在商业工作的 156 人,所占比例分别为比例为 13.3%;在交通运输业工作的 48 人,占被调查人数的比例为 4.1%;在环境卫生行业工作的 20 人,占被调查人数的比例为 1.7%;在政府机关及事业单位工作的 243 人,占被调查人数的比例为 20.7%。其他数据见表 1-12。

(12) 个人月收入

在针对新市民的调查样本中,月收入在 3 000 元以下的比例最高,占被调查者的比例为 62.5%;月收入在 3 000—5 000 的人数为 546 人,占被调查者的比例为 28.6%;月收入在 5 000 元以上的有 167 人,占被调查者的比例为 8.7%。在针对城市居民的调查样本中,月收入在 3 000 元以下的比例最高,占被调查者的比例为 59.9%;月收入在 3 000—5 000 的人数为 366 人,占被调查者的比例为 31.6%;月收入在 5 000 元以上的有 100 人,占被调查者的比例为 8.7%。具体数据见表 1-13。

表 1-13 调查样本的月收入

		人数(人)	比例(%)
新市民	1 500 元及以下	157	8.2
	1 501—2 000 元	326	17.1
	2 001—2 500 元	233	12.2
	2 501—3 000 元	481	25.2
	3 001—3 500 元	172	9.0
	3 501—4 000 元	195	10.2
	4 001—5 000 元	179	9.4
	5 001—10 000 元	140	7.3
	10 000 元以上	27	1.4
	合计	1 910	100.0

		人数（人）	比例（％）
城市居民	1 500 元及以下	133	11.3
	1 501—2 000 元	198	17.1
	2 001—2 500 元	127	10.9
	2 501—3 000 元	237	20.4
	3 001—3 500 元	73	6.3
	3 501—4 000 元	139	12.0
	4 001—5 000 元	154	13.3
	5 001—10 000 元	90	7.8
	10 000 元以上	10	0.9
	合计	1 161	100.0

数据来源：根据作者调查问卷整理

（13）地区分布

在针对新市民的调查样本中，作者分别调查了新市民的户籍地和流入地，流入到东部地区的 969 人，占被调查新市民人数的比例为 50.2％；流入到中部地区的 528 人，占被调查新市民人数的比例为 27.3％；流入到西部地区的 435 人，占被调查新市民人数的比例为 22.5％。被调查的新市民中，户籍在我国东部地区的有 659 人，占被调查新市民人数的比例为 34.1％；户籍在我国中部地区的有 598 人，占被调查新市民人数的比例为 31％；户籍在我国西部地区的有 675 人，占被调查新市民人数的比例为 34.9％。针对城市居民的调查样本中，户籍在东部地区的 406 人，占被调查人数的比例为 34.5％；户籍在中部地区的 381 人，占被调查人数的比例为 32.3％；户籍在西部地区的 391 人，占被调查人数的比例为 33.2％。具体数据见表 1－14。

表 1-14　城市调查样本的地区分布

调查样本		地区类型	人数(人)	比例(%)
城市居民	户籍地	东部	406	34.5
		中部	381	32.3
		西部	391	33.2
		合计	1 178	100.0
新市民	户籍地	东部	659	34.1
		中部	598	31.0
		西部	675	34.9
		合计	1 932	100.0
	流入地	东部	969	50.2
		中部	528	27.3
		西部	435	22.5
		合计	1 932	100.0

数据来源:根据作者调查问卷整理

第二章　我国新市民公共文化服务体系的理论基础

公共文化服务是公共服务的重要内容,公共文化服务研究的理论基础大多可以借鉴公共服务和公共管理的相关理论。公共服务和管理的相关理论最早可以追溯到 20 世纪 40 年代兴起的各种公共管理理论,从公共选择理论、新公共管理、新公共服务理论到公共治理理论,无不与公共文化服务有着莫大的关系。

2.1　公共选择理论

公共选择理论产生于 20 世纪 40 年代末,并于 20 世纪 50—60 年代形成基本观点和理论架构,自 20 世纪 60 年代以后,其影响迅速扩大到全世界范围。第二次世界大战以后,凯恩斯经济学得到西方政府的认可,凯恩斯支持政府应该更多地承担纠正市场机制缺陷和优化配置社会资源的责任,从而导致西方各国政府干预经济的力度加大,政府职能增多,规模增加,严重浪费社会资源,"政府失灵"现象也越来越明显。在这种社会历史条件下,美国经济学家布坎南等人创立了公共选择理论,他们运用经济方法去分析政治决策过程,认为政府和市场一样,本身也存在着难以克服的弱点和缺陷,也有可能失灵。"政府失灵"会使得政府不仅不能弥补市场机制的缺陷,甚至会使社会资源的配置更加没有效率。

公共选择理论是用经济学的方法来研究政府的公共行为,主要的研究方法包括个人主义方法论、经济人假说和经济学的交换模式。

第一,个人主义方法论。传统的政治理论中往往以群体为基本的研究对象,认为政府是由一群人组成的,政府行为往往是一种集体行为,而非个体行为。公共选择理论则改变了这种传统的研究方法,他们认为个体是组成群体的基本单位,个体行为的集合构成了集体行为,个人才是所有行为的最终决定者。因此,所有的社会现象都应该从个人的角度去探究原因。在面对公共服务和公共管理问题时,无论决策的过程是多么复杂,个人都是最终的决定者。如果从个人角度出发,就可以非常合理地解释个人动机和偏好在决策过程中发挥的作用和影响。布坎南认为"集体行动被看成是个人在选择通过集体而不是经由个人来实现目的时的个人活动"[105]。因此,公共选择最终是由个人的选择决定的。

第二,理性经济人假设。经济学往往把个人看成是理性的经济人,一个人有什么样的社会地位、从事什么样的职业都不会影响其追求个人利益最大化。人们的行为动机是自利的,但在具体的行为上又是非常理性的。他(她)在面临决策或选择时,能够充分应用自己所拥有的社会资源和各种机会,实现个人利益最大化。传统的政治学认为,个人在经济方面的行为受理性经济人假设的驱使,但在政府的公共服务和管理活动中,个人代表的是公共利益,自然会按政府的公共服务和管理的要求表现自己的行为。但是,这种假设不能解释政府部门在从事社会经济活动中产生的一系列问题。公共选择理论将"理性经济人"假设引入政治领域,改变了传统政治学对人性的假设,所以学术界常常把公共选择理论称为"新政治经济学"或"政治的经济学"。公共选择理论以理性经济人假设为基础,对政治团体的"经济人"性质及其危害和运转机理进行了深刻剖析,撕掉了传统政治理论对政府官员的理想化和美化的面纱,揭示了政府官员这一特殊群体关注自身利益的实质,有助于大家更加客观、理性地认识政府部门及其工作人员,也可以促使整个社会更加理性地评价政府部门的公共服务和管理行为。

第三,经济学的交换模式。布坎南把经济学的交换模式看作公共选择理论的第一方法论因素,他认为经济学是"交换的科学",公共选择理论学者将这种观点用于对政治过程的观察,将政治学也看作是一门交换的科学[106]。经济学的交换模式就是把市场机制看成是各种交换过程的集合。公共选择理论就是把交换模式应用到政府部门的各项决策过程中,分析各利益主体在制定公共服务决策过程中追求的价值和各类利益。在经济活动中,各参与者交换的是产品或服务;而在政治活动中,各相关利益群体交换的是制度、方针、政策及其他公共产品。由于政治活动参与者的理性经济人假设,政治市场也是由供给和需求两方组成的,供给方是政治家、政府官员以及其他在公共产品制定过程中起决策作用的人群构成,需求方是除供给方以外的全体公民。"无论是选民还是政治家,在进行选择时都要先对个人的成本与收益进行计算。如果一项集体决策给他带来的收益,大于他投赞成票时所需要承担的实际成本,那么他就会支持这项决策,否则就不支持甚至反对。"[107]

　　根据研究方法和理论观点上的差别，可以把公共选择理论划分为三个学派：罗切斯特学派、芝加哥学派和弗吉尼亚学派。罗切斯特学派用数理方法和实证研究试图站在中性立场上来研究民主选举中的多数票循环、相互抬轿子所造成的缺乏效率、利益集团政治学、官员斟酌权等公共选择论题。芝加哥学派将分析私人市场的方法应用于政治市场分析，该学派崇尚个人主义，认为政府受追求自身利益的"经济人"所利用，是在全社会范围内对财富进行再分配的一种机制。弗吉尼亚学派强调方法论上的个人主义和宪法政治经济学，该学派认为个人是社会秩序的基本组成单位，政府只是个人相互作用的制度集合体，个人通过集合体做出集体决策，实现他们相互期望的集体目标。社会选择仅仅是个人做出的选择和采取的行动的结果。弗吉尼亚学派的分析主要集中于利益集团、寻租、立法、司法、行政和联邦官员制度[108]。

　　布坎南的公共选择理论不仅仅剖析了"政府失灵"的机理，还为解决"政府失灵"问题提供了对策和建议。公共选择理论提供了两种改革思路：一是市场化改革，公共选择理论的市场化改革，主要包括三个方面的内容：明确界定公共产品的产权；在公共部门内部和部门之间引入竞争机制，重构官员的激励机制，按照市场规则来组织公共产品的生产和供给；重新设计公共产品的偏好显示机制，使投票人尽可能真实地显示其偏好[109]。二是宪法制度改革，是指通过重新确立一套经济和政治活动的宪法规则来对政府权力施加宪法约束，通过改革决策规则来改善政治[110]。由于决策者会被自身的"经济人"动机所左右，导致其对公共利益的理解难以超出自身利益的束缚和影响，致使其对决策行为不是倾向于最大化社会公共利益，而是依据自己拥有的信息优势和个人利益最大化原则来制定决策，所以，政府部门的决策并不能确保资源的最优配置，为了避免这种情况出现，必须建立一整套约束机制来制约政府部门的决策行为和程序，以使政策和方案趋于合理。

　　公共选择理论比较突出的贡献在于把经济学中"个人主义""经济人假设""经济学交换模式"等研究方法运用到了政治分析领域，对政府管理过程中所出现的一系列问题进行了深入的剖析，揭示了市场经济条件下政府与市场之间的共同特征，剖析了政府失灵的原因，并指出公共服务的社会化是解决公共物品供给低效率的比较有效的途径。

2.2　新公共管理理论

从 20 世纪 70 年代开始,曾经主导西方公共行政领域一个世纪的主流公共行政,遭受到新的外部环境的越来越严峻的挑战,其僵化的科层体制愈来愈不能适应迅速变化的信息和知识密集型社会和经济生活,其赖以建立的两大理论基础—威尔逊和古德诺的政治—行政二分论和韦伯科层管理论均无法回答和解决政府所面对的日益严重的问题和困难[111]。为了应对公共理论行政的理论和现实问题,新公共管理开始走上历史舞台。

1980 年,撒切尔政府开始推行以"财政管理创新"为中心的政府改革,梅杰政府的"公民宪章运动",布莱尔政府的"第三条道路"等都不断地推进着英国的政府改革,从而进一步发挥市场化的作用;新西兰在 1989 年开始了以"政府部门法案"为蓝本的全面政府改革;加拿大在 1984 年发表题为"加拿大公共服务 2000"的政府改革指导性纲领,并于 1989 年成立了"管理发展中心";美国于 1993 年成立"国家绩效评估委员会"用来指导政府改革,1998 年更名为"重塑政府国家伙伴委员会"[112]。这些国家的政府改革核心就是积极借鉴私营管理的理论、理念、技术和方法,努力发挥市场机制在公共服务领域中的作用,不断提升政府的公共服务管理能力和水平。

随着新公共管理运动的影响日益增加,学术界也加大了对新公共管理的分析和研究。但是,由于学者们对新公共管理运动的认识和研究视角有较大的差别,所以,学者们对新公共管理的研究观点也是仁者见仁,智者见智。波利特(1990 年)认为新公共管理主义主要是由 20 世纪初发展起来的"泰勒主义"的管理原则所构成,即强调商业管理的理论、方法、技术及模式在公共管理中的应用,新公共管理理论或者管理主义只不过是代表了泰勒科学管理思想在公共部门管理中的回归[113]。胡德(1991 年)提出,新公共管理理论包括七个要点:公共政策领域中的专业化管理,绩效的明确标准和测量,格外重视产出,公共部门内部由聚合趋向分化,公共部门向更具有竞争性的方向发展,对私营部门管理方式的重视,强调资源利用要具有更大的强制性和节约性[114]。霍姆斯和尚德(1995 年)对新公共管理理论的特点作了概括:新公共管理理论是一种强调效率、结果和服务质量的决策方法,分权式管理环境取代了高度集中的等级组织结构,可以更为灵活地探索代替直接供应公共产品的方法,关注权威与责任的对应,在公共部门之间和内部创造一个竞争性的环境,加强中央战略决策能力,通过要求提供有关结果和全面成本的报告来提高责任度和透明度,宽泛的服务预算和管理制度支持和鼓励着这些变化的发生[115]。奥斯本和盖布勒(1996年)在《重塑政府》一书提出了"新公共管理"模式的十大基本内容:掌舵而不是划桨,授权而不是服务,把竞争机制注入提供服务中去,改变照章办事的组织,按效果而不是按投入拨款,满足顾客的需要、而不是官僚政治需要,有收益而不浪费,预防而不是治疗,从等级制到参与和协作,通过市场力量进行变革[116]。

　　虽然大家对于新公共管理的内涵界定有不同的表述,但是学者们对新公共管理的认识仍然存在着以下五点共识:第一,它都代表着一种与传统公共行政不同的重大变化,它更为关注结果的实现和管理者的个人责任;第二,它明确表示要摆脱古典官僚制,从而使组织、人事、任期和条件更加灵活;第三,它明确规定了组织和人事目标,这就可以根据绩效指标测量工作任务的完成情况;第四,高级行政管理人员更有可能带有政治色彩地致力于政府工作,而不是无党派或中立的;第五,政府更有可能受到市场的检验,将公共服务的购买者与提供者区分开[117]。

　　新公共管理模式对西方政府管理实践及发展产生了非常大的影响。费利耶(1996年)总结了英国的"新公共管理"改革给公共部门管理以及公共服务带来的重大变化:随着许多国有企业卖给个人,股东以及在经济活动中实行大规模的私有化,公共部门已从直接的经济活动中撤离;在公共部门中保留的社会政策职能已服从于管理化和市场化的过程;在公共部门及公共服务领域出现了注重"少花钱多办事"、让钱更有所值、竞争绩效和成本指标的使用、加强成本核算和强化审计系统的趋势;出现了一种由"维持现状的管理"向"变迁的管理"的转变。[118]。

　　新公共管理理论虽然在西方的政府管理改革方面取得了显著的成就,但是也面临很多质疑和批判。一些学者主要从四个方面对新公共管理理论进行了批评:新公共管理的理论基础、混淆公私部门的界限及其市场化的管理模式、偏颇的顾客导向、"企业家政府"模式[119]。

　　新公共管理虽然面临一些质疑和批评,但毕竟取得了显著的成效,对我国的公共管理和公共服务有很大的启示和借鉴。金太军(1997年)认为新公共管理理论对我国政府改革具有以下启示:新公共管理理论调整了政府与社会、市场之间的关系,将竞争机制引入政府公共服务领域,鼓励私人投资和经营公共服务行业;新公共管理注重遵守既定的法律和规章制度,向注重实际工作绩效和顾客满意方向发展；把科学的企业管理方法引入公共行政领域，提高了政府工作效率；我国应立足国情，走"内生化发展的道路"[120]。黄小勇（2004年）认为新公共管理可以提供很多的借鉴和参考：积极地参与政治过程和政策制定；市场化实际上利用社会力量和民间资源提高公共服务供给水平的有益尝试；建立具有"顾客"观念的价值导向；公共部门的领导者应当以公共目标为导向，有效整合公共资源和私人资源，充分发挥两者的优势[121]。陈鸣认为，在新公共管理理论的影响下，西方国家公共文化部门在管理体制改革过程中呈现出一系列新的取向，这些改革在追求公共文化资源配置的公平、合理以及公共文化部门经营的经济、效率和效益的基础上，使国家文化公共行政管理与国有公共文化服务供给之间实现了体制上的分离。[122]。

2.3　新公共服务理论

虽然"新公共管理"运动在政府的公共管理实践中取得了不错的效果，但同时也产生了一些新的问题，比如，公共行政的"公共性"不足。许多学者和实践家都对新公共管理主张的公共管理者的角色表示了担忧，认为这种管理主义可能会逐渐地腐蚀和破坏公平、公正、代表制和参与等民主和宪政价值观[123]。为了解决新公共管理带来的新问题，登哈特夫妇提出了新公共服务理论。

新公共服务的理论来源较为复杂，有四个公认的理论基础：民主公民权理论、社区和市民社会理论、组织人本主义和后现代公共行政理论。新公共服务的主要内容以登哈特的《新公共服务：服务而不是掌舵》为代表，详细解释了新公共服务的内涵，主要内容包括：服务而非掌舵：即政府越来越重要的作用就在于帮助公民表达和实现他们的共同利益，而非试图在新的方向上控制或驾驭他们；追求公共利益：即公共行政目标不是要在个人选择的行动下找到解决问题的方案，而是要创造共享利益和共同责任；战略地思考、民主的行动：即符合公共需要的政策和计划，通过集体努力和协作的过程，能够最有效地、最负责任地得到贯彻执行；服务于公民而非顾客：即公共利益不是个体自我利益的简单相加，公务员回应"顾客"需求的同时，更要建设政府与公民之间、公民与公民之间的信任与合作关系；责任并不是单一的：即公务员不应当仅仅关注市场，他们也应该关注宪法和法令，关注社会价值观、政治行为准则、职业标准和公民利益；重视人而不只是生产力：即公共组织及其所参与的网络，如果能在尊重所有人的基础上通过合作和共同领导的过程来运作，它们最终就更有可能获得成功；超越企业家身份，重视公民身份:使公共行政人员与公民都致力于为社会做出有意义的贡献,公共利益就会得到更好的实现[124]。

传统的行政理论一般是将政府放在中心位置,由政府负责"掌舵",负责公共行政的管理和服务,新公共服务理论则将公民置于整个政府治理体系的中心。新公共服务理论强调公共管理的本质是服务,政府或公务员不要试图去控制和驾驭整个社会,而应该帮助公民清楚明确表达和实现其公共利益,即"服务而非掌舵"。新公共服务理论推崇公共服务精神,旨在提升公共服务的尊严与价值,重视公民社会与公民身份,重视政府与社区、公民之间的对话沟通与合作共治[125]。

新公共服务理论对于我国的政府改革具有较大的启示和借鉴。顾立梅(2005 年)认为新公共服务可以给我们以下启示:人本主义的服务理念;公共服务以公民为主导的思想;公共服务提供的竞争性与私营化;公共服务提供中的责任政府和服务意识[126]。宋煌萍(2009 年)认为我国可以从新公共服务理论中汲取民主的营养用以处理社会和社区的关系,培养大众民主精神;完善人民代表大会制度、政治协商和多党合作制度;大力培养公民社会,加强社区参与;建立完善的公民利益表达机制,提高政府的回应性和透明度;积极扶持第三部门的发展;充分发挥大众传媒和各种文化形式对民主公民精神的正面影响[127]。朱满良和高轩(2010 年)认为政府改革应该坚持以人为本的价值取向,培育公民参与的意识,创新公民参与的方式、方法,拓宽公民参与公共管理的领域,推进执行和监督领域的公民参与,建立公民参与公共管理的激励机制。[128]。

新公共服务管理也对我国的公共文化服务提供了参考和借鉴。新公共服务理论构建了公民权利、社会资本、公共对话三个层面的公共服务评价维度,通过构建政府与市民平等对话、沟通协商与互动合作的方式提高政府的公共服务能力和水平。在公共文化服务管理中引入新公共服务理论,可以在政府的公共文化服务中突出人民导向,更好地体现公共文化服务的公平和民主,同时满足新市民和城市居民等基层群众的公共文化服务满意度。我国公共文化服务部门在制定公共文化服务评估标准时,既要注重公共文化服务的效率,又要注重公共文化服务对象的多元化需求与满意度,可以更有效地满足基层群众的基本文化权益。另外,相关公共文化服务部门和机构也要加强建立公共文化服务与人民之间的长期互动关系,根据城市居民和新市民的多元化文化需求提供有针对性的公共文化服务和产品,并且要通过各种途径了解基层群众的公共文化服务需求,鼓励基层群众参与公共文化服务。

2.4　善治理论

20 世纪 90 年代以来,善治理论作为一种新兴的公共管理理论开始在西方社会中流行起来,它主要的目的在于重新探索国家和社会公共事务的管理模式。善治理论的兴起是在以下的社会背景下出现的:一是由于西方福利国家出现了管理危机,二是与市场和等级制的调节机制发生了危机,三是众多社会组织集团的迅速成长[129]。这三大因素是善治理论出现的根本原因。

各类学者对于善治理论的理解有很大的差异,他们从各自研究的角度对善治的概念、内容进行了界定和阐述。罗西瑙(1995 年)将治理定义为"一系列活动领域里的管理机制,它们虽未得到正式授权,却能有效发挥作用。与统治不同,治理指的是一种由共同的目标支持的活动,这些管理活动的主体未必是政府,也无须依靠国家的强制力量来实现"[130]。全球治理委员会(1995 年)认为治理是各种公共的或私人的机构管理其共同事务的诸多方式的总和,它是使相互冲突的或不同的利益得以调和并且采取联合行动的持续过程,既包括有权迫使人们服从的正式制度和规则,也包括各种人们同意或以为符合其利益的非正式的制度安排[131]。格里·斯托克(1999 年)梳理出五种主要的观点:治理意味着一系列来自政府但又不限于政府的社会公共机构和行为者;治理意味着在为社会和经济问题寻求解决方案的过程中存在着界限和责任方面的模糊性;治理明确肯定了在涉及集体行为的各个社会公共机构之间存在着权力依赖;治理意味着参与者最终将形成一个自主的网络;治理意味着办好事情的能力并不仅限于政府的权力,不限于政府的发号施令或运用权威[132]。埃莉诺·奥斯特罗姆(2002 年)认为治理与统治最本质的区别是:治理需要权威的首肯,但权威的来源并非一定是政府机构,而统治的权威来源必须是政府相关机构,治理则是一个自上而下的管理过程,它主要通过合作与协商,确立共同目标实施对公共事务的管理[133]。毛寿龙(1998 年)指出:"英文中的动词 govern 既不是指统治,也不是指行政(Administration)和管理(management),而是指政府对公共事务进行治理,它掌舵而不划桨,不直接介入公共事务,只介入负责统治的政治与负责具体事务的管理之间,它是对于以韦伯的官僚制理论为基础的传统行政的替代,意味着新公共行政或者新公共管理的诞生,因此可译为治理。"[134]俞可平(2002 年)认为"治理一词的基本含义是指官方的或民间的公共管理组织在一个既定的范围内运用公共权威维持秩序,满足公众的需要,治理是一种公共管理活动和公共管理过程,它包括必要的公共权威、管理规则、治理机制和治理方式。"[135]胡正昌(2008 年)认为公共治理是指政府、社会组织、私人部门、国际组织等治理主体,通过协商、谈判、洽谈等互动的、民主的方式共同治理公共事务的管理模式[136]。陈广胜(2007 年)认为善治是"善者治理",尤其是作为发挥元治理功能的政府,更应是温良公正的治理者;就治理目的而言,善治是"善意治理";就治理方式而言,善治是"善于治理";就治理结果而言,善治是"善态治理"[137]。张璋(2002 年)认为:公共管理的行动者应由包括政府在内的众多机构和个人组成;政府与社会组织、个人之间存在着权力依赖和互动的伙伴关系;政府在治理中的主要责任是制定与其他社会单元合作生产和提供公共物品和服务的规则并执行规则,与社会组织和个人之间结成长久的伙伴关系;政府要善于利用各种治理工具,实现其治理意图[138]。腾世华(2003 年)总结了善治的特征:治理主体的多元化;治理客体的扩展;治理机制和手段的变革[139]。

也有学者剖析了善治理论的不足及缺陷。颜佳华和王升平(2008 年)认为善治理论的缺失表现在三个方面:一是善治理论的哲学基础存在着固有的缺陷,这些缺陷不可避免地影响到善治理论的科学性;二是善治理论的价值取向存在着不全面、不合理的现象;三是善治理论在对待传统官僚制的关系这一问题上态度模糊,从而引发了一系列新的难题[140]。

善治理论可以为公共文化服务提供一些理论参考和借鉴。我国需要建立健全公共文化服务的法律制度安排,不断完善我国公共文化服务的决策机制,加强专家、非政府组织和基层群众在公共文化服务供给决策中的参与程度,可以确保公共文化服务的需求与供给能有效对接,提高我国公共文化服务的效率和效果。

第三章　我国新市民城市融合的现状和问题分析

　　随着新型城镇化战略的实施和户籍制度的改革,新市民的规模将会越来越大,2016 年全国新市民达到 2.82 亿人,比 2015 年增加 424 万人,增长 1.5%。新市民是否能与城市有效融合,将会影响到我国未来的社会发展趋势,甚至国家的长治久安。十八大报告中特别提出要促进新市民转化为城市居民,为新市民提供均等化的基本服务,加快促进新市民与城市的融合。新市民与城市的融合包括很多方面,本书着重从经济融合、社会融合、文化融合和心理融合等方面进行调查和分析。

3.1　我国新市民城市融合的现状调查

3.1.1　经济融合现状

　　经济融合是新市民与城市全面融合的基础和前提,是新市民在城市生存下来的物质前提和保障。经济融合主要包括新市民的就业、收入、培训及消费支出等方面。

　　(1) 就业现状

　　就业是人类发展的一个重要维度,不仅是人们的收入来源,也关系到人的尊严,是社会成员赖以生存、融入社会和实现人生价值的重要途径和基本权利。本部分主要从工作岗位、所在行业、工作单位性质等方面进行分析。

　　1) 工作岗位

　　工作岗位是新市民经济融合的重要指标之一。经统计分析,新市民和城市居民工作岗位差异具有统计学意义($X^2 = 1\ 217.833, p = 0.000$)。调查数据表明,新市民从事最多的岗位是生产操作岗位,占被调查人数的比例为 35.9%;其次是个体工商户,占被调查人数的比例为 24.8%;排在第三位的是技术人员,占被调查人数的比例为 15.4%。城市居民从事的工作相对比较均衡,从事最多的岗位是其他类岗位,占被调查人数的比例为 21.6%;其次是管理人员,占被调查人数的比例为 17.7%;排在第三位的是行政人员,占被调查人数的比例为 15.2%。

表 3-1　新市民和城市居民的工作岗位

		管理人员	技术人员	生产操作人员	营销人员	行政人员	企业主	其他
新市民	人数	174	298	694	174	76	35	481
	比例	9.0	15.4	35.9	9.0	3.9	1.9	24.9
城市居民	人数	209	172	186	150	179	27	255
	比例	17.7	14.6	15.8	12.7	15.2	2.4	21.6

数据来源:根据作者调查问卷整理

2) 行业分布

经统计分析,新市民和城市居民的行业分布具有统计学意义($X^2 = 1\,500.375$, $p = 0.000$)。调查数据显示,新市民主要分布在电子制造业、建筑业、餐饮住宿等行业,其中,电子制造业的的比例最高,达到 23.6%。建筑业的比例也较高,占到 19.1%。而在被调查的城市居民中,在政府机关、事业单位工作的比例要远远高于新市民,而在建筑业、纺织服装业和餐饮业的比例要远远低于新市民。

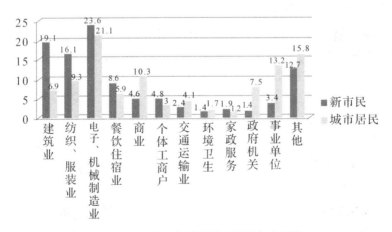

图 3-1　新市民与城市居民所在行业比较

3）工作单位性质

工作单位性质也可以从另外一个方面反映新市民与城市的融合程度。经统计分析,新市民和城市居民工作单位性质具有统计学意义($X^2=1\,466.255$,$p=0.000$)。调查数据表明,新市民和城市居民工作单位性质存在显著性差异。新市民的工作单位主要以私营企业和个体为主,占到被调查人数的比例为64%,而城市居民的工作单位主要以国有、民营和个体为主,占到被调查人数的比例为71.9%,一方面说明新市民与城市居民的工作单位性质仍有差异,另一方面说明二者已有了较大程度的融合。

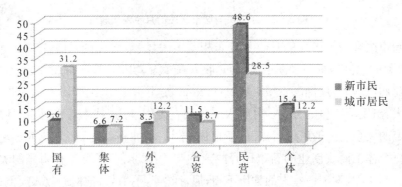

图3-2　新市民与城市居民的工作单位性质比较

这次调查结果与其他调查结果相差不大,很多行业和企业对于新市民具有较高的显性门槛和隐性门槛,从而导致新市民在一些行业所占比例较低,如政府机关和事业单位,而新市民主要分布在门槛较低的行业和企业。

（2）工资水平和收入满意度

工资无论对于社会、企业还是个人都具有重要的作用。工资水平是劳动力的价格信号,调节着劳动力供求关系和劳动力流向,对于社会而言,具有重新配置劳动力资源的功能,工资水平是反映新市民经济能力的重要指标。经统计分析,新市民和城市居民工资水平具有统计学意义($X^2=618.265$,$p=0.000$)。调查结果显示,被调查的新市民与城市居民的收入分布差别不大,基本上都属于正态分布,由于东西部地区的差距,被调查者的收入大部分在1500—5000元之间。

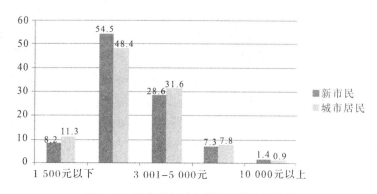

图3-3　新市民与城市居民的月收入比较

　　新市民和城市居民的月收入分布相差不大,城市居民的月收入在3 000—5 000元的比例稍微高于新市民,而月收入在1万元以上的被调查者,新市民所占的比例(1.4%)反倒高于城市居民(0.9%),这说明新市民群体内部的收入差异较大,出现了明显的分化。月收入与被调查者的学历、技术等级、岗位性质均有一定的关系。一般来说,打工的新市民,学历、技术等级越高,月收入也越高;而从事个体工商或创业的新市民月收入则与学历、技术等级没有明显的关系。在实际调研中,发现一些人的学历不高,但肯吃苦,不怕累,他们的收入反倒比一些高学历新市民的月收入还要高。

　　收入满意度是反映被调查新市民对其劳动所得的一种态度,由于收入对于新市民未来发展的重要性,收入满意度对于新市民与城市的融合也具有非常大的作用。它是一个相对的概念,超出期望值表示满意,达到期望值表示基本满意,低于期望值表示不满意。

　　经统计分析,新市民和城市居民的收入满意度具有统计学意义($X^2=$ 1 401.235,$p=$0.000)。通过表3-2可以发现,新市民对于自己收入的满意度要高于城市居民,新市民"满意"和"非常满意"的比例为12.5%,而城市居民的"满意"和"非常满意"的比例为11.4;新市民"非常不满意"和"不满意"的比例也高于城市居民,但二者的差距比较小。

表3-2　新市民与城市居民的收入满意度比较

收入满意度	新市民(%)	城市居民(%)
非常不满意	8.1	6.6
不满意	31.2	32.2
一般	48.3	49.8
满意	11.2	11.0
非常满意	1.2	0.4
合计	100	100

数据来源：根据作者调查问卷整理

（3）消费水平

新市民家庭消费水平是经济融合的重要指标。它反映了新市民的消费能力和消费意愿。经统计分析，新市民和城市居民的消费水平具有统计学意义（$X^2 = 1\,430.019, p = 0.000$）。新市民家庭消费的月平均水平为 1 531 元，月消费 1 000 元以下的比例达到 46％；其次是月消费 1 000—2 000 元，比例为 36.4％；月消费 2 000—3 000 元的比例为 12.4％。具体数据见表3-3。

表3-3　新市民与城市居民的月消费比较

月消费	新市民(%)	城市居民(%)
1 000 元以下	46.0	26.5
1 000—2 000 元	36.4	41.1
2 000—3 000 元	12.4	20.3
3 000—5 000 元	4.0	10.7
5 000 元以上	1.2	1.4
合计	100	100

数据来源：根据作者调查问卷整理

城市居民的月平均消费水平为 2 502 元，其消费水平普遍高于新市民消费水平。新市民和城市居民的消费水平与其收入密切相关，总体来看，在各类收入层次中，月消费 2 000 元以下的比例均是最高的。作者在调研过程中也发现，大多数新市民和城市居民都比较节俭，有些家庭的收入相对较高，但消费水平也相对较低，很多人会把钱存起来，用于养老、医疗、买房（建房）和子女教育等大额消费支出。这与我国传统的消费习惯有一定的关系,也与我国的社会保障水平较低有很大的关系。

(4) 参加培训

参加培训的情况不但反映了新市民利用政府公共就业服务资源的情况,而且可以反映其主动进行经济融合的能力,还可以反映新市民的学习意愿和态度。经统计分析,新市民在培训内容方面具有统计学意义($X^2=1\,235.021$,$p=0.000$)。调查表明,被调查的新市民中有 43.2% 的人没有参加过任何培训。新市民参加最多的培训是职业技能和职业资格培训,比例为 33.9%;其次是驾照培训,所占比例为 20.8%。排在第三位的是维权方法和法律常识培训,比例为 11.1%。具体数据见表 3-4。

表 3-4　新市民参加培训情况

	响应		个案百分比
	频数	百分比	
无	814	28.7%	43.2%
职业技能和职业资格培训	639	22.5%	33.9%
健康常识	113	4.0%	6.0%
职业安全	237	8.3%	12.6%
心理健康	116	4.1%	6.2%
维权方法和法律常识	210	7.4%	11.1%
创业知识	181	6.3%	9.6%
学历培训	138	4.9%	7.3%
驾照培训	392	13.8%	20.8%
总计	2 840	100.0%	150.6%

数据来源:根据作者调查问卷整理

在培训的组织者调查中,有 39.8% 的被调查新市民选择参加的培训是由工作单位组织的;有 21.4% 的被调查新市民选择参加的培训不清楚是谁组织的;只有 12.2% 的被调查新市民选择参加的培训是由政府部门组织的。

表 3－5　新市民培训的组织者

	响应		个案百分比
	频数	百分比	
私人培训机构	288	15.8%	19.2%
政府部门	183	10.0%	12.2%
工作单位	597	32.7%	39.8%
非政府组织	170	9.3%	11.3%
其他	266	14.6%	17.7%
不清楚	321	17.6%	21.4%
总计	1 825	100.0%	121.7%

数据来源:根据作者调查问卷整理

参加培训的新市民中,培训时间平均为 7.58 天,最短是半天,最长是 730 天。培训所花的费用平均 76.21 元,有些人培训是免费的,花费最多的达到了 30 000 元。参加培训后取得了培训证书的有 239 人,占参加培训人员的 50%。

3.1.2　社会融合现状

新市民的社会融合包括多方面的内容,本书重点从获取工作方式、工作时间和休息时间、劳动合同签订、参加社会保险、子女受教育、业余生活和参加社区活动情况等方面进行分析。

(1) 获取工作的方式

获取工作的方式既可以反映新市民应用城市公共服务资源的能力,也可以反映与城市社会融合的程度。经统计分析,新市民和城市居民在获取工作方式方面具有统计学意义($X^2 = 814.044, p = 0.000$)。调查数据表明,新市民和城市居民获取工作方式存在显著性差异。与新市民相比,城市居民获取工作的途径更加广泛,获取方式更加多样,利用城市公共服务资源的能力也更强。只有 4.5% 的被调查新市民是通过招聘会找到目前工作的,30.4% 的被调查城市居民是通过招聘会找到当前工作的;42.6% 的被调查新市民是通过亲戚、朋友和老乡找到目前工作的,30.3% 的被调查城市居民是通过亲朋好友找到当前工作,这说明,社会资本对新市民和城市居民找工作都有较大的影响。作者在调研中发现,新市民从事个体工商户和利用互联网应聘的比例都在增加。具体数据见表 3-6。

表 3-6　新市民与城市居民获取工作的方式比较

	新市民		城市居民	
	人数(人)	比例(%)	人数(人)	比例(%)
家乡政府组织的劳务输出	121	6.2%	—	—
亲朋好友介绍	823	42.6%	355	30.3%
街头劳务市场	108	5.6%	25	2.1%
城市职业介绍所	52	2.7%	38	3.2%
人力资源市场	181	9.4%	97	8.3%
各类招聘广告	188	9.7%	73	6.2%
社区招聘信息	60	3.1%	31	2.6%
招聘会	86	4.5%	357	30.4%
其他	312	16.2%	199	16.9%
总计	1 931	100%	1 175	100.0%

数据来源:根据作者调查问卷整理

（2）工作时间

工作时间虽然是一个综合指标,但可以反映很多方面的问题,既能反映新市民与城市融合的程度,也能反映一个城市或地区对新市民工休息时间权益的保障程度,也是新市民与城市有效融合的前提条件之一。经统计分析,新市民和城市居民在工作天数方面具有统计学意义($X^2 = 223.292$, $p = 0.000$)。调查数据表明,新市民和城市居民工作天数存在显著性差异。新市民每周工作时间为 5 天及以下(即按法定时间正常休息)的比例为 24.1%,每周工作 6 天的比例 26.6%,每周连续工作 7 天的比例为 49.3%,也就是说有将近一半的新市民每天都要工作。与此形成鲜明对比的是城市居民每周工作为 5 天及以下的比例为 55.1%,是新市民的两倍还要多;城市居民每天都要工作的比例(18.8%)也远远低于新市民(49.3%)。

表 3-7　新市民与城市居民的工作天数比较

	新市民		城市居民	
	人数(人)	比例(%)	人数(人)	比例(%)
5 天及以下	462	24.1	638	55.2
6 天	510	26.6	301	26.0
7 天	947	49.3	218	18.8
合计	1 919	100.0	1 157	100.0

数据来源:根据作者调查问卷整理

经统计分析,新市民和城市居民工作时数具有统计学意义($X^2 = 1\,900.423$, $p = 0.000$)。调查数据显示,新市民和城市居民工作时数存在显著性差异。新市民工作日每天的平均工作时间为 9 个小时,最多的工作 16 个小时。工作日平均每天工作 8 小时及以下的比例为 49.7%,工作 9—10 小时的比例为 34.5%,11—12 小时的比例为 13.6%。城市居民每天工作工作时间在 8 小时及以下的比例达到 73.1%,远远高于新市民。通过比较可以发现,新市民的工作时间远远多于城市居民,从而导致他们没有足够的时间参与到其他的社会融合活动,影响他们与城市的社会融合程度。

表 3-8　新市民和城市居民工作日工作时间比较

	新市民		城市居民	
	人数(人)	比例(%)	人数(人)	比例(%)
8 小时及以下	951	49.7	844	73.2
9 小时	177	9.3	60	5.2
10 小时	481	25.2	183	15.9
11 小时	51	2.7	19	1.6
12 小时	208	10.9	36	3.1
12 小时以上	44	2.2	12	1
合计	1 912	100.0	1 154	100.0

数据来源:根据作者调查问卷整理

（3）劳动合同及社会保险

劳动合同是指劳动者和用人单位为确立劳动关系,依法协商达成的双方权利和义务的协议。劳动合同是保护劳动者实现劳动权利及其他相关权益的重要保障。经统计分析,新市民和城市居民劳动合同具有统计学意义($X^2 = 1\,166.899$, $p = 0.000$)。根据作者调查结果,新市民签订各类劳动合同的比例达到59.5%,与2008年前相比有了较大幅度的提升,主要原因:一是自2008年开始实施的《劳动合同法》,加大了对企业不签订劳动合同行为的处罚力度;二是劳动力短缺倒逼企业更加注重劳动合同的签订,以保护企业的合法权益。城市居民的劳动合同签订率达到77.2%,但仍然有17.1%的被调查者没有签订劳动合同。

表3-9　新市民和城市居民劳动合同签订情况比较

	新市民		城市居民	
	人数(人)	比例(%)	人数(人)	比例(%)
不知道	176	10.0	64	5.7
无劳动合同	539	30.5	193	17.1
不正规的劳动合同	748	42.4	100	8.8
非固定期限劳动合同	168	9.5	378	33.5
固定期限劳动合同	134	7.6	395	34.9
合计	1 765	100.0	1 130	1 00.0

数据来源:根据作者调查问卷整理

社会保险是指国家通过立法强制建立社会保险基金,对参加劳动关系的劳动者在丧失劳动能力或失业时给予必要的特质帮助的制度。社会保险可以降低新市民遭受的劳动风险,即在新市民暂时或永久丧失劳动能力以及丧失生活的收入来源时,从社会得到基本生活的物质帮助和补偿。经统计分析,新市民和城市居民参加社会保险具有统计学意义($X^2 = 2\,171.117$, $p = 0.000$)。根据调查数据,新市民参加社会保险的情况有了较大提升,没有参加任何保险的比例为19.4%,全部保险都参加的比例为22.5%,医疗保险和养老保险是参加比例最多的两个险种。其实,由于生育保险和工伤保险不需要个人缴纳费用,很多新市民并不是很清楚是否参加了这两类保险。作者在调研中发现,大部分新市民都参加了社会保险,但参加住房公积金的比例要低很多。城市居民不参加社会保险的比例非常低,只占到被调查者的 3.8%。新市民参加城镇保险的比例相比城市居民低,有内在和外在的原因:内在的原因是有些新市民不愿意参加社会保险,外在的原因是很多新市民已在老家参加了农村养老保险和医疗保险。

表 3 – 10　新市民和城市居民社会保险参与情况比较

	新市民	城市居民
什么也没参加	19.5%	3.8%
养老保险	17.4%	22.5%
失业保险	9.4%	13.1%
生育保险	5.2%	8.0%
工伤保险	13.4%	10.3%
医疗保险	19.7%	23.6%
商业保险	3.6%	3.7%
住房公积金	6.5%	12.8%
不清楚	5.3%	2.2%
总计	100%	100.0%

数据来源:根据作者调查问卷整理

(4) 新市民参加社区活动情况

新市民参加社区活动的情况是反映新市民是否真正与城市融合的一个重要指标。调查数据表明,42.2%的被调查者没有参加过社区的任何活动,这一方面反映新市民与城市的融合,特别是通过社区融合的程度还比较低;另一方面,表明新市民通过参加社区活动提升融合水平还有较大的发展空间。而在参加的城市社区活动中,其中募捐活动、献血活动是新市民参与最多的两类活动,分别占到 22.9%和 22.5%。其他的社区活动,如文体娱乐活动、志愿者活动和防火活动所占比例分别为 14.1%、12.4%和 9.1%,与以前的数据相比,也有一定程度的提升。

表 3-11　新市民参加社区活动情况

	响应		个案百分比
	频数	百分比	
没参加过任何活动	802	29.5%	42.2%
防火活动	173	6.3%	9.1%
治安巡逻	56	2.1%	2.9%
选举活动	68	2.5%	3.6%
文体娱乐活动	268	9.8%	14.1%
志愿者活动	236	8.6%	12.4%
募捐活动	436	16.0%	22.9%
献血活动	427	15.6%	22.5%
其他	263	9.6%	13.8%
总计	2 729	100.0%	143.6%

数据来源:根据作者调查问卷整理

为了深入分析影响新市民参加社区活动的因素,作者针对没有参加社区活动的原因做了进一步调查。38.9%的被调查新市民选择"没时间"参加参加社区活动,这与前面分析的新市民工作时间过长是一致的。36%的被调查新市民选择"不知道社区有什么活动",说明城市社区活动的宣传力度有待进一步加强,除此之外,还有14.7%的被调查者认为是因为社区没有邀请才没有参加社区组织的活动,这说明有一部分新市民有参加社区活动的意愿,但因为没有得到城市社区的认可而放弃参加活动。

表 3-12　新市民不参加社区活动的原因分析

	响应		个案百分比
	频数	百分比	
社区不邀请我	212	13.3%	14.7%
不知道社区有活动	520	32.7%	36.0%
没时间	562	35.3%	38.9%
没兴趣	297	18.7%	20.6%
总计	1 591	100.0%	110.2%

数据来源:根据作者调查问卷整理

（5）业余活动

除了工作生活能反映新市民与城市融合程度之外，工作之余的休闲娱乐活动也是反映新市民融合程度的重要指标之一。调查数据表明，72.7％的被调查新市民选择看电视/电影；37.5％的被调查新市民选择聊天逛街/逛公园；22.7％的被调查新市民选择看看书、报、杂志等；9.1％的被调查新市民选择参加培训或学习。通过与文化程度的交叉分析可以发现，新市民参与的业余活动与其文化程度存在一定的关系。选择"看书、报、杂志"和"利用业余时间参加培训或学习"的被调查新市民中，高中或中专学历的人员比例最高。选择"看电视"和"玩游戏"的被调查新市民中，初中学历的比例是最高。

表 3-13 新市民的业余活动

	响应		个案百分比
	频数	百分比	
看电视/电影	1 381	31.0％	72.7％
聊天逛街/逛公园	712	16.0％	37.5％
下棋/打牌/打麻将	150	3.4％	7.9％
听广播	430	9.7％	22.6％
参加社区活动	115	2.6％	6.1％
上网/玩游戏	533	12.0％	28.1％
参加培训或学习	173	3.9％	9.1％
看书、报、杂志等	432	9.7％	22.7％
观看文艺演出	112	2.5％	5.9％
参观展览	87	2.0％	4.6％
参加体育健身活动	205	4.6％	10.8％
其他	118	2.6％	6.2％
总计	4 448	100.0％	234.2％

数据来源：根据作者调查问卷整理

（6）遇到的困难及求助对象

每个人都会遇到困难，新市民也不例外。新市民反映最多的一个问题是收入较低，占到被调查对象的 21.3％；其次是房价（房租）过高，比例为 19.9％；排在第三位的是工作不稳定。其他的困难依次为子女上学、缺乏培训学习机会、工作担子过重、本人或家人的身体健康、照料老人和家务劳动过重等。具体数据见下图。收入低、房价高会严重影响新市民参与城市活动的经济能力及意愿,会对新市民的城市融合带来负面影响。

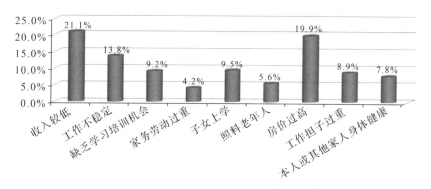

图3-4　新市民在城市遇到的困难

新市民以家庭形式流动的规模越来越大,随迁子女的数量也越来越多。调查结果表明,在有学龄子女的被调查者中,有54.8%的新市民子女在城市上学,其中在城市公办学校的比例为39.7%,在民工子弟学校上学的比例为15.1%;45.2%的孩子在老家上学。新市民对子女教育越来越重视,有学龄子女的新市民反映最多的问题就是子女教育方面的问题。其中,城市学费太贵是新市民遇到的最多的问题,比例为30.8%;其次是公办学校进不去,比例为19.6%;第三位是自己缺乏教育孩子的知识和技巧,比例为12.6%。除此之外,还有附近没有合适的学校、担心孩子失学、担心孩子跟不上班、孩子不愿意上学等子女教育方面的问题。

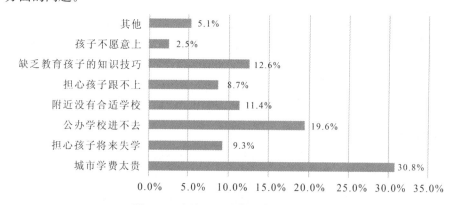

图3-5　新市民子女教育中遇到的问题

　　新市民在工作生活中,如果遇到困难的话,求助对象也可以在一定程度上反映新市民的融合程度。40.2％的被调查新市民选择的求助对象是"同事、亲友和老乡";31.2％的被调查新市民选择的求助对象是"家人";14.2％的被调查新市民选择的求助对象是"工作单位";只有 11.2％和 3.2％的被调查新市民选择的求助对象是"政府部门"和"社区或居委会"。调查数据结果反映了新市民对个体信任度和依赖度要高于工作单位、政府部门、社区和居委会,也在一定程度上反映了新市民的城市融合主要依靠个人的社会资本,各类社会组织推进新市民城市融合的作用并不明显。

　　如果对调查数据深入分析,还可以发现在单位工作时间越长的新市民向工作单位求助的比例越大。从另一方面说明了要提高新市民的城市融合需要增加新市民与工作单位和社区的互动、接触与交往机会。

表 3‑14　新市民遇到困难时的求助对象

	人数(人)	比例(％)
家人	603	31.2％
同事、亲友或老乡	777	40.2％
政府部门	217	11.2％
工作单位	273	14.2％
社区或居委会	62	3.2％
总计	1 932	100.0％

数据来源:根据作者调查问卷整理

3.1.3　文化融合现状

　　文化融合是经济融合和社会融合之后更高层面的融合,一般而言,经济融合会先于社会融合和文化融合,但并不能说三者之间必然存在时间上的先后关系,比如,对于第二代、第三代新市民,文化融合有可能会先于经济融合,三者也可以同时进行的。新市民在进入城市的那一刻,就开始受到城市文化的影响。新市民如果长期无法与城市社会的主流文化融合,他们将会在心理上抵制城市,从而形成与城市对立的亚文化群,将会成为城市不稳定的根源。作者从新市民的语言、文化风俗、参与文化活动的方式、活动途径等方面进行分析新市民文化融合的现状。

（1）语言及风俗习惯

语言是人们交流的媒介和载体，也是文化的重要构成要素。新市民掌握或应用的语言也是反映其融合能力的一个指标。新市民是否熟练应用普通话不仅仅是与城市融合的条件，也是与城市融合程度高低的一个标志。调研显示，被调查者中，只有 5.2％的人不会讲普通话，52.1％的人会讲一些普通话，另有42.7％的人普通话讲得非常熟练。新市民掌握普通话的程度与其受教育程度存在着密切的关系。普通话非常熟练的被调查者中，大学、高中、初中、小学学历所占的比例分别为 45.9％、34.6％、18.2％和 1.4％。具体数据见下图。

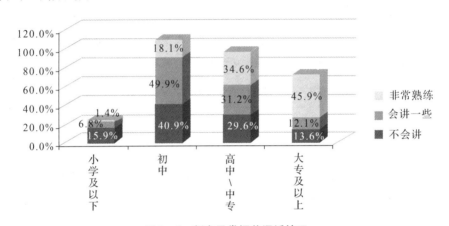

图 3-6　新市民掌握普通话情况

除了普通话外，是否能听懂流入城市的方言也是反映新市民与城市融合的一个参考指标。根据调查结果，完全听不懂流入城市方言的比例为 16.7％，能听懂一些的比例为 42.2％，大部分能听懂的比例为 27.5％，完全能听懂的比例为 13.6％。当然，能否听懂工作地方言受多种因素影响，比如接触当地方言的机会、个人语言天赋、当地方言的难易等诸多因素，因此，这只能算是一个可供参考的因素。

风俗习惯是文化的重要组成部分，是指特定社会文化区域内人们共同遵守的行为模式或规范。风俗习惯会对社会成员有一种非常强烈的行为引导和约束作用，对于新市民与城市的融合具有重要的作用和影响。根据作者调查数据，新市民对流入地城市的风俗习惯一点都不知道的比例为 5.3％，知道一点的比例为 38.9％，熟悉一小部分的比例为 31.5％，大部分风俗习惯都熟悉的比例为17.8％，非常熟悉的比例为 6.5％。具体数据见表 3-15。

表 3 – 15　新市民对流入地城市风俗的了解情况

	人数(人)	百分比(%)
一点都不知道	101	5.3
知道一点	745	38.9
熟悉一小部分	605	31.5
熟悉大部分	342	17.8
非常熟悉	124	6.5
合计	1 917	100.0

数据来源:根据作者调查问卷整理

新市民熟悉了流入地城市的风俗习惯只是具备了与城市融合的基础,但新市民未必会按流入地城市的风俗习惯做事。根据作者的调查结果,"完全遵守当地风俗习惯"的被调查新市民比例为 20.7%,有 45.9% 的被调查新市民选择"只有与当地人交往时才会遵守当地的风俗习惯"。从下图可以看出,对流入地城市的风俗习惯越熟悉的情况下,遵守当地风俗习惯的比例会越高。因此,让新市民了解流入地城市的风俗习惯有利于新市民与城市的文化融合。

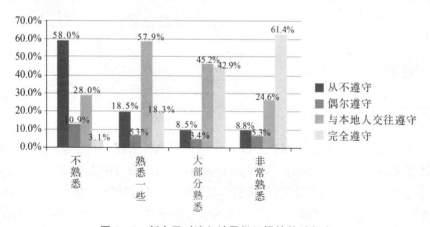

图 3 – 7　新市民对流入地风俗习惯的熟悉程度

(2) 文化活动场所

是否去文化活动场是反映新市民与城市文化融合的一个重要方面。调查数据表明,61.1% 的被调查新市民选择经常去"公园和广场";20.8% 的被调查新市民选择经常去"图书馆";还有 21.2% 的被调查新市民从来没去过文化活动场

所。随着公共文化服务设施的完善和便利化,新市民去文化活动场所的机会将
不断增加。以南京市为例,金陵图书馆通过与基层社区合作共建分馆及开展汽
车流动借阅等服务措施,不断拓展馆外服务网点,积极推进图书通借通还、资源
共建共享的公共服务体系建设,为新市民提供了更方便、更多元地进入文化活动
场所的机会和渠道。具体数据见表 3-16。

表 3-16　新市民经常去的公共文化场所

	响应		个案百分比
	频数	百分比	
图书馆	389	13.7%	20.8%
文化馆	133	4.7%	7.1%
博物馆	143	5.1%	7.6%
影剧院	194	6.8%	10.4%
体育馆	79	2.8%	4.2%
展览馆	110	3.9%	5.9%
纪念馆和名人故居	248	8.7%	13.2%
公园或广场	1 144	40.3%	61.1%
上述场馆都没去过	396	14.0%	21.2%
总计	2 836	100.0%	151.5%

数据来源:根据作者调查问卷整理

　　随着互联网的普及,互联网对新市民的影响也越来越大。作者对新市民的
互联网应用情况进行了调查。调查数据表明,51.4%的被调查新市民选择用互
联网"查阅信息";46.7%的被调查新市民选择用互联网"聊天休闲";23.4%的被
调查新市民选择用互联网"购物";22%的被调查新市民选择用互联网"找工作"。
　　通过进一步的深入分析发现,被调查的新市民满足文化需求的方式与其文
化程度、年龄有密切关系,文化程度越高、年龄越小的新市民,应用互联网络等现
代化手段的比例越高。因此,现代化信息技术可以有效推进新市民与城市融合
的进程。

表 3–17　新市民应用互联网情况

	响应		个案百分比
	频数	百分比	
查阅信息	812	20.8%	51.4%
收发邮件	267	6.8%	16.9%
下载软件	230	5.9%	14.6%
聊天休闲	738	18.9%	46.7%
玩网络游戏	322	8.3%	20.4%
学习充电	273	7.0%	17.3%
浏览新闻	542	13.9%	34.3%
找工作	348	8.9%	22.0%
网上购物	369	9.5%	23.4%
总计	3 901	100.0%	246.9%

数据来源:根据作者调查问卷整理

（3）城市生活适应度和满意度

是否适应城市生活是新市民与城市文化融合的重要内容之一。在被调查的新市民中,选择"不适应"（包括"不太适应"和"很不适应"）城市生活的比例为20.8%,选择"适应"（包括"适应"和"很适应"）城市生活的比例为29.4%,选择"一般"的比例为49.8%。

表 3–18　新市民在城市生活的适应情况

	人数（人）	百分比（%）
很不适应	96	5.2
不太适应	289	15.6
一般	924	49.8
适应	458	24.7
很适应	88	4.7
合计	1 855	100.0

数据来源:根据作者调查问卷整理

（4）未来打算

由于新市民群体内部已发生了分化,大致可以分为三种类型:一类是继续留在城市;二是回老家;三是还没确定的。由于各自的未来打算不同,其实也在一定程度反映了新市民与城市融合程度的差异。根据调查结果,有48.8%的被调查者选择"继续留在现在城市发展",16.2%的被调查者选择"回老家打工或经商";9.0%的被调查者选择"没有想过这个问题",6.5%的人选择"干一天算一天",选择回家务农的比例为9.3%。

表 3－19　新市民未来的打算

	人数（人）	百分比（%）
回老家务农	180	9.3
回老家打工或经商	313	16.2
干一天算一天	127	6.5
还没想过	175	9.0
不知道	55	2.9
准备到其他城市	140	7.3
继续现在城市发展	942	48.8
总计	1 932	100.0

数据来源:根据作者调查问卷整理

3.1.4　心理融合现状

心理层面的融合是属于精神上的,反映的是新市民参与城市生活的深度,只有实现新市民与城市的心理融合,才能说新市民实现了真正的融合。作者从自我身份认同、对城市居民的认知、心理适应等方面进行了调查。

（1）身份认同

身份认同是对身份的界定与认可。新市民对自我身份的认同是反映其与城市融合程度的一个非常重要的指标。调查数据表明,7.5%的被调查新市民认为自己是"城市人",23.7%的被调查新市民认为自己是"半个城市人半个农村人",49.5%的被调查新市民认为自己是"农村人",还有19.3%的被调查新市民选择"说不清楚"。

表 3 - 20　新市民自我身份认同

	人数(人)	百分比(%)
农村人	938	49.5%
说不清楚	364	19.3%
半个城市人半个农村人	447	23.7%
城市人	140	7.5%
合计	1 889	100.0%

数据来源:根据作者调查问卷整理

　　虽然有49.7%的被调查新市民认为自己是农村人,但将来准备回家务农的比例却只有1.5%,这也在一定程度上反映了新市民的矛盾心态和对自己身份认同的困惑。通过进一步的深入分析,无论哪种身份认同,继续留在现在城市的比例都是最高的。而对于对自己的身份定位越不清楚的新市民,对于自己的未来缺乏考虑和规划的比例会相应提高。

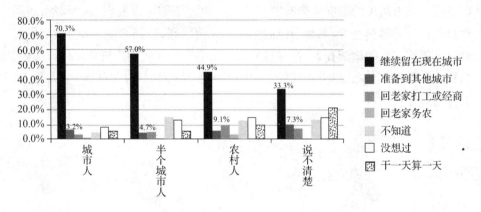

图 3 - 8　新市民身份认同和未来打算的交叉分析

　　(2)对城市居民态度的认知及交往意愿

　　城市居民对待新市民的态度是反映新市民与城市双向融合水平的重要指标。而新市民对城市居民态度的认知也可以在一定程度上反映新市民的心理融合程度。调研数据表明,新市民认为城市居民对自己态度"非常友好"和"友好"的比例分别为5.1%和22.1%,很不友好的比例为8%,说不清楚的比例为20.8%。虽然这是一个相对主观的参考指标,同样的情况,不同的样本会有不同的认知,但是,也可以在一定程度上反映城市居民对待新市民的态度。

表 3 - 21　新市民对城市居民态度的认知

	人数(人)	百分比(%)
很不友好	148	8.0
说不清楚	388	20.8
一般	818	44.0
友好	411	22.1
非常友好	96	5.1
合计	1 861	100.0

数据来源:根据作者调查问卷整理

　　新市民与城市居民的交往意愿会影响到新市民与城市的融合程度。调查数据表明,新市民非常愿意与城市居民交往的比例为 26%,比较愿意的比例为 33%,两者加到一起为 59%;选择"无所谓"的比例为 32.8%,选择"不愿意"(包括不太愿意和坚决不愿意)的比例为 8.2%。新市民与城市居民的交往意愿和新市民对城市居民的态度认知有密切关系。通过下图可以发现,认为城市居民对自己友好的被调查者,愿意与他们交往的比例较高,达到 80%;认为城市居民对自己很不友好的被调查者,愿意与城市居民交往的比例则比较低,只有 7.5%。当然,新市民的交往意愿也受其他很多因素的影响,比如,身份认同、个人收入、工作性质等。

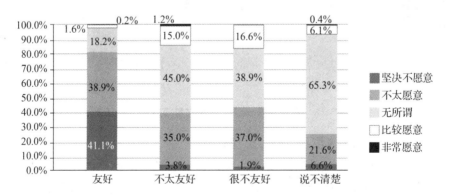

图 3 - 9　新市民对城市居民的认知和交往意愿的交叉分析

（3）心理适应

　　为了了解新市民在城市的心理适应,作者设计了五个问题来调查新市民目前在城市的心理适应现状,分别是"我喜欢我现在的城市""我很愿意融入本地,成为他们中的一员""我觉得本地人愿意接受我成为其中一员""我感觉本地人总是看不起外地人""我不可能成为本地人中的一员"。

针对新市民对流入城市的喜欢程度,调查数据表明,19.2%的被调查新市民"非常喜欢"流入地城市,21.6%的被调查新市民"比较喜欢"流入地城市。9.6%的被调查新市民"不喜欢"流入城市,3.2%的被调查新市民"非常不喜欢"流入地城市。调查数据表明大部分新市民对于流入地城市的喜欢程度较高,对于流入地城市具有较强的认同感。

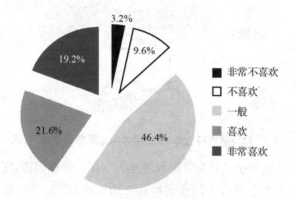

图3-10　新市民是否喜欢现在居住的城市

新市民愿意与城市融合并成为城市中的一员,17.5%的被调查新市民"非常愿意"成为城市的一员,26.9%的被调查新市民"愿意"成为城市的一员,11.7%的被调查新市民"不愿意"成为城市的一员,3.4%的被调查新市民"非常不愿意"成为城市的一员。具体数据见下图。

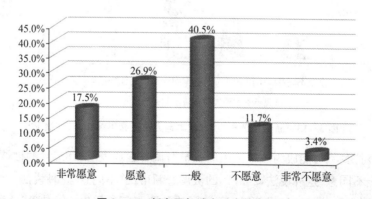

图3-11　新市民与城市融合的意愿

新市民对城市居民融合愿意的感知是衡量城市融合的一个指标。接受自己成为城市的一员,完全同意的比例为 15.8％的被调查新市民认为城市居民"非常愿意"接受自己,24.6％的被调查新市民认为城市居民"愿意"接受自己,13.9％的被调查新市民认为城市居民"不愿意"接受自己,3.5％的被调查新市民认为城市居民"非常愿意"接受自己。

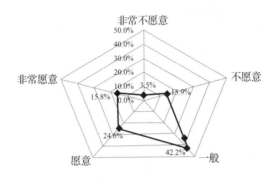

图 3 - 12　新市民选择"我觉得本地人愿意接受我"情况

针对"我感觉城市居民总是看不起外地人",调查数据表明,完全不同意这种看法的比例为 13.4％,比较不同意这种看法的比例为 28.7％,基本同意的比例为 26.8％,比较同意的比例为 18.1％,完全同意的比例为 13％。说明新市民在实际工作生活中可能会受到一些城市居民的歧视。具体数据见下图。

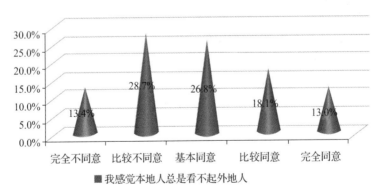

图 3 - 13　新市民选择"我感觉本地人总是看不起外地人"情况

针对"我不可能成为本地人中的一员",调查数据表明,18.9％的被调查新市民"完全不同意"这种说法,25.7％的被调查新市民"不同意"这种说法,14.7％的被调查新市民"同意"这种说法,12.7％的被调查新市民"完全同意"这种说法。

具体数据见下图。

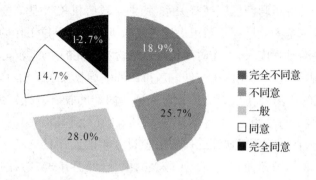

图 3－14　新市民选择"我不可能成为本地人中的一员"情况

3.2　我国新市民城市融合的问题分析

随着十八大提出"新型城镇化"战略、十八届三中全会提出"推进农业转移人口城镇化",我国城镇化进程的进一步加快,新市民的规模也将不断扩大。新市民问题是事关我国全面建成小康社会的重大问题,再加上经济结构转型对劳动力数量和质量的需求不断提高,党中央、国务院和地方政府都非常重视新市民城市融合问题,总体来说,新市民城市融合已经有了较大程度的进步,但是,与十九大提出的目标相比,还有较大的差距,还存在着一些急待解决的问题。本部分从经济融合、社会融合、文化融合和心理融合四个维度进行分析与讨论。

3.2.1　经济融合问题

经济融合不仅是新市民在城市立足的基础,也是新市民与城市实现更高层次融合的基础,新市民与城市经济融合的程度会对他们的社会融合、文化融合、心理融合产生更大更重要的影响。新市民与城市经济融合问题表现在很多方面。

（1）新市民的就业层次、就业范围受限、工资水平偏低、工作不稳定

与城市居民相比,新市民的就业岗位性质相对偏低,主要集中于生产人员等方面。从行业分布来讲,新市民主要分布在电子、制造业、建筑业、餐饮业等行业,在政府机关、事业单位工作的比例要远远低于城市居民,新市民即使在政府

机关事业单位工作,也是劳务派遣性质。除了因为新市民本身的素质较低外,还与这些用人单位的招聘门槛较高有关系,特别是政府机关事业单位至少本科以上的学历要求基本上就堵死了新市民进入政府机关事业单位工作的机会。新市民从事的多是劳动强度大、工作时间长且技术含量不高的生产操作等低端岗位,从事管理、技术等岗位的比例比较低。新市民的平均收入水平相对较低,月收入超过 5 000 元的比例只有 8.7%,但新市民群体内部的收入差异较大,出现了明显的分化,其收入与学历、技术等级、岗位性质、所在行业均有密切关系。新市民的工作不稳定,在当前公司连续工作年限超过 3 年的比例只有三分之一。虽然新市民的社会保险覆盖面较过去有了较大的提升,但仍有 38.2% 的被调查新市民没有参加城市社会保险,而且社会保险水平较低,往往是以当地最低标准缴纳社会保险费。另外,新市民社会保险在跨省转移过程还存在着很多问题,这些都会影响到新市民的生活和消费。新市民虽然参加了社会保险,但仍不敢消费,主要是担心养老、医疗、住房及子女教育等问题。

(2) 新市民应用城市公共就业服务的能力有待提高

公共就业服务是促进新市民与城市融合的重要手段和平台,但目前新市民应用城市公共就业服务的意识和能力有待提高。有近 40% 的被调查新市民没有参加过任何技能培训,而参加过政府组织的培训的比例只有 12.2%,这一方面说明新市民应用城市公共就业服务的能力需要进一步提高,另一方面,也说明城市公共就业服务有效供给不足,要考虑适合新市民的公共就业服务的内容、形式、手段和途径。

另外,新市民的居住条件和环境也是影响新市民应用城市公共就业服务水平的重要因素。新市民居住地点距离城区较远,居住环境相对封闭。调查显示,新市民住在单位宿舍的比例为 30.1%,新市民自己租房子的比例为 36.5%,租的房子大多是在离工作地较远的地方,提供宿舍的公司大多离城市较远,这样的居住条件将新市民与城市文明隔离开来,他们很难有机会与城市居民共同生活和交流。

(3) 新市民的总体消费水平较低,但群体内部消费观念和消费水平出现分化

与城市居民相比,被调查新市民的平均消费水平较低,总体来看,年龄较大的被调查新市民的消费特征大多是以保证基本的日常消费为主,只是为了满足其基本生活需求,稍微贵一点的消费,比如去电影院看电影,很多新市民都不会

考虑,认为"没必要、不值、价格太贵"。根据作者调查数据,月消费 1 000 元以下的比例占被调查新市民的 46%。而年龄较小的被调查新市民的消费观念与老一代新市民不一样,他们更注重提高生活质量,追求更高层次的消费需求,特别是那些收入相对较高,且有闲暇时间的新市民,他们的消费水平与城市居民的消费水平的差别在逐渐缩小。

3.2.2　社会融合问题

新市民与城市的社会融合问题不仅仅是一个社会问题,也是一个政治问题,新市民与城市的社会融合程度越高,社会的稳定程度也就越高,否则,会影响城市的稳定和可持续发展,目前,新市民与城市的社会融合问题主要表现在以下几个方面:

(1) 新市民缺乏与城市进行社会融合的时间保障

由于新市民的工作时间过长,休息时间过短,居住地与城市相距较远,从而导致新市民缺乏与城市和城市居民交往的时间。调查显示,新市民每周能正常休息两天的比例只占 24.1%,每天工作时间超过 8 小时的比例达到 50.3%。新市民的合法休息权益得不到法律保护从而严重影响了新市民参与城市社会活动的意愿。

(2) 新市民缺乏与城市居民有效交往的平台和机会

新市民的交往范围往往局限于亲缘、业缘和地缘群体,从而影响新市民参加城市社区活动的数量,最终影响到新市民与城市进行社会融合的机会。新市民进入城市后,交往的群体往往会选择自己比较熟悉的人群,比如,亲戚、同学或老乡,而进入企业后,接触的同事也大多是前述群体的人员,与城市社区和居民接触和交往的平台和机会都很少。社区是新市民与城市进行接触和交往的重要平台,但是,根据调查结果,有 42.2% 的新市民从来没参加过社区组织的任何活动。而参加的活动大多是募捐活动和献血活动等需要新市民做出贡献的活动。由于社区工作任务的繁重、工作人员数量不足,再加上缺乏对社区开展新市民活动的硬性考核,社区组织的日常活动,新市民大多都不知道,这需要社区进一步扩大宣传,提高社区活动的知晓度。有时候,新市民即使知道了,也由于工作太忙,缺乏参加的时间,这就要求社区在组织活动时,要考虑到新市民的工作和休息时间。

(3) 流入地政府提供的公共就业服务平台不能有效满足新市民的就业服务需求

为新市民提供就业服务信息是城市基本公共就业服务的重要职责。但是,调查数据显示,新市民通过城市职业介绍所、人力资源市场和社区找到目前工作的比例只有14.1%,这说明政府相关部门提供的基本就业服务信息、服务途径与新市民的实际需求差距较大。参加过流入地政府组织的培训的新市民占被调查人数的12.2%。作者在访谈中发现,流入地政府组织的培训内容比较单一、简单、滞后,无法满足用人单位对劳动者技能素质的要求。而社会需要的、层次相对较高的培训,政府却又因为资金、场地、师资、时间等原因无法提供,从而造成政府培训资金使用效率低下。

(4)新市民缺乏对城市社会网络支持的信任,从而影响其与城市社会融合

新市民是否能得到城市社会网络的支持,可以关注其在工作生活中遇到困难时的求助对象。调查结果显示,72%的被调查新市民在工作与生活中遇到各种困难主要是求助家人、亲戚、朋友来解决,只有20.1%的被调查新市民选择政府部门,5.8%的被调查新市民选择向社区求助。而选择用人单位的比例相对高一些,说明新市民对政府部门和社区的信任度相对较低,而对于用人单位的信任要高一些。这就需要政府部门、社区和用人单位能更多地考虑新市民的实际需要,为他们真正解决问题,打消新市民对城市社会支持网络的担心和疑虑,促使他们更好地融入城市网络,从而达到与城市有效融合的目的。

3.2.3 文化融合问题

文化融合是文化调适的重要方式之一,是指两种不同形态的文化体系相互接触过程中的撞击、交流、沟通,两种文化特质相互渗透、相互结合、优胜劣汰,从而形成一种全新的文化体系。新市民在和城市的文化融合过程中还存在着以下几个方面的问题:

(1)部分新市民缺乏与城市居民进行文化融合的语言基础

语言是新市民与城市居民接触交流的主要工具,而是否能熟练掌握普通话是衡量一个新市民是否具备与城市融合的语言条件。语言的使用方面,根据作者调查数据,大多数人都能听懂普通话,42.7%的被调查新市民能熟练应用普通话,完全能听懂流入城市方言的比例13.6%。在日常的工作和生活中经常使用普通话的比例并不高,特别是打工的同事都是老乡的情况下,普通话使用的情况就会更少。能够完全听懂流入地方言的比例只有13.6%,而会讲当地方言的比例更低。因为语言的使用对新市民融合当地生活起着非常重要作用,新市民是否愿意使用当地方言以及使用当地方言的熟练程度可以从另一个方面考察新市民与流入城市文化融合的程度。

（2）新市民与城市居民进行文化交流和融合的意愿不强

考察新市民文化融合可以用新市民对流入地风俗习惯的熟悉程度及接受情况。根据作者调查结果，大部分人都不熟悉流入地风俗习惯，新市民会选择性遵守流入地风俗习惯。调查显示，新市民非常熟悉流入地风俗习惯的比例仅有6.5%，即使加上"熟悉大部分"的比例，也只有24.3%。对流入地风俗习惯的不熟悉，将会影响新市民对流入地文化的认可，文化上的不认可必然会阻碍新市民对流入地各方面的适应。45.9%的被调查者会选择"仅仅与本地人交往时才遵守"流入地的风俗习惯，这仅仅是被调查者的主观认识，在实际的日常生活中真正能按此要求采取行为的比例会更低。如果连流入地风俗习惯都不熟悉，在与城市居民交往过程中也很难遵守当地的风俗习惯。从另一角度来分析，这也在一定程度上反映了新市民缺乏主动了解、学习流入地城市文化的意愿，并没有真正与城市主流文化融合的意愿，只是被迫的行为而已。

（3）新市民与城市居民进行文化互动机会较少，二者缺乏有效交流的平台

新市民的业余文化活动范围较窄，与城市居民交往互动的机会较少，二者之间存在无形"屏障"。由于工作时间较长，劳动强度大，新市民的业余活动大多是看电视、上网玩游戏等室内活动，与城市社区和居民接触的机会较少，42.2%的被调查新市民没参加过社区的任何活动。新市民缺乏与当地居民有效接触、交往和交流的平台。新市民的人际交往范围较窄且单一，主要是亲戚朋友、老乡、同学，与城市居民之间很容易形成一道无形的"屏障"，增加了新市民和城市居民相互认识和相互了解的难度，阻碍了新市民与城市文化融合的进程。因此增加新市民感知城市文化和日常生活的机会，提高新市民的城市归属感和认同感是促进新市民文化融合的重要内容。

3.2.4 心理融合问题

心理融合是新市民与城市融合的最高层次。心理融合一般是指新市民在与城市融合过程中的一种综合心理状态，具体表现为新市民是否能适应城市生活，是否有积极健康的心理状态，对自己的身份界定，对城市是否有归属感等。新市民与城市的心理融合程度反映了他们是以什么样的心态参与到工作和生活中，只有当他们真正从心理上与城市融合，感觉自己已经是城市的一员了，才算是彻底完成了从农民到城市居民的转变。当前新市民的心理融合问题主要表现为：

（1）大部分新市民的身份认同模糊，对自己的未来缺乏明确的规划

身份认同问题直接关系到新市民在城市长期生活和发展下去的信心和希

望,也影响到新市民的生涯规划和发展目标。调查显示,被调查的新市民中只有7.4％的人认为自己是城市人。这一部分人对自己继续生活在现在的城市具有较强烈的信心,他们一般具有较为稳定的工作和收入,受教育程度也比较高,具有稳定的职业技能,他们通常会选择继续留在目前的城市发展。对于自己的身份说不清楚的比例为19.3％,还有23.7％的人认为自己是"半个城市人半个农村人",这两部分新市民并没有把自己当作城市人,他们缺乏较高的职业技能和稳定的工作和收入,对于自己未来的打算和规划比较模糊,缺乏继续生活在目前城市的信心,他们是否会留在目前的城市谋求发展会受到多种内在和外在因素的影响,比如自己素质提升情况、以后遇到的机会、政府的宏观政策等。

(2) 大部分新市民缺乏与城市融合的信心和能力

新市民是否具有与城市融合的信心和能力是影响新市民心理融合的重要因素。根据作者的调查结果显示,被调查的新市民中仅有25％的人认为自己与城市居民融合的很好,大部人认为融合城市会比较困难。如果新市民认为自己没有能力融入城市,他们就会缺乏在流入地城市长期发展的信心和计划,很难在城市正常生活和工作,这样就会出现一种恶性循环,会让新市民与城市的融合越来越困难,对新市民本身、城市稳定与发展都是非常不利的。

(3)新市民对城市居民的认知矛盾和困惑,增加了新市民城市融合的畏难情绪

城市居民对待新市民的态度会较大程度上影响其是否能在心理上融入当前的城市。由于城市居民本身素质高低的差异,新市民对于城市居民的认知存在着一定的矛盾心理,调查显示,27.3％的人认为城市居民对自己的态度比较友好,而且有59％的人愿意与城市居民交往。但是,在交往的过程中,57.9％的人认为"城市居民总是看不起外地人"。新市民的这种矛盾心态和认知会严重影响自己对流入城市的心理归属感,这就要求加强城市居民的社会支持,积极引导城市居民对新市民对城市发展贡献的客观认知,并在日常的行为和工作中体现出对新市民的包容和尊重。

第四章 我国公共文化服务体系
发展历程、成就及问题

4.1 我国公共文化服务体系的发展历程

了解我国公共文化服务体系的发展历程有助于进一步明确我国公共文化服务体系发展的背景、约束条件和未来发展方向。

4.1.1 萌芽阶段(改革开放—2002 年)

改革开放以来,我国公共文化也进入了全面改革的阶段,具体来讲,这个阶段的公共文化发展可以分为几个子阶段:从最初的政府"大包大揽"的"文化事业"发展模式阶段,到"通过以文养文、经济承包责任制、多业助文等方式不加区分地对文化进行市场化改革以解决文化部门的经济发展问题"的阶段,最后又转变到把"公益性"文化事业和经营性文化产业实行分类指导、分类发展的阶段。这几个子阶段的发展变化其实反映了政府在改革开放过程中不断摸索,根据发展中出现的问题进行不断改革完善的精神和态度。

这个阶段虽然一直强调公共文化建设主要以精神文明建设为主要内容,同时要求物质文明和精神文明两手都要抓,但由于文化体制改革过于相信市场的作用,公共文化建设经费严重不足,从而出现了"一切向钱看"、公共文化发展严重滞后于物质文化发展的情况,这也是政府后来又强调要把文化工作进行分类管理的重要原因。2000 年 10 月中国共产党第十五届五中全会通过的《中共中央关于制定国民经济和社会发展第十个五年规划的建议》开始将文化事业和文化产业区分开来。十六大提出"积极发展文化事业和文化产业",进一步明确了将文化对象区别对待和分类发展。满足基层群众娱乐、求知、健身、休闲等精神需要的公共文化服务和公益文化事业是文化事业中的重要内容,组织这类活动所需要的经费、设施、场地等由政府政策予以支持和保障。"文化事业"的提出可

以看作我国公共文化服务体系发展的萌芽

4.1.2　形成阶段（2003 年—2007 年）

在文化工作被分为"文化事业"和"文化产业"后，相关部门提高了对"文化事业"的重视程度和研究力度。"公共文化服务体系"首次出现在全国性文件中是在 2004 年 4 月，国家发展和改革委员会发布的《关于贯彻落实党的十六届三中全会通过的〈中共中央关于完善社会主义市场经济体制若干问题的决定〉精神，推进 2004 年经济体制改革的意见》，文件提出要"深化公益性文化事业单位劳动人事、收入分配和社会保障制度改革。建立健全公共文化服务体系。"[141] 2005年 4 月 17 日国务院下发《关于 2005 年深化经济体制改革的意见》，提出"深化文化体制改革。大力发展文化产业，积极培育文化市场主体，规范文化市场秩序，健全文化市场体系。加快公共文化服务体系建设。"[142] 2005 年 10 月 11 日十六届五中全会通过的《中共中央关于制定国民经济和社会发展第十一个五年规划的建议》提出："积极发展文化事业和文化产业。加大政府对文化事业的投入，逐步形成覆盖全社会的比较完备的公共文化服务体系。"[143]这是中央政府文件首次提出形成覆盖全社会的公共文化服务体系。

2006 年 9 月 15 日中共中央办公厅、国务院办公厅印发了《国家"十一五"时期文化发展规划纲要》，这是中国第一个专门部署文化建设的中长期规划。《国家"十一五"时期文化发展规划纲要》根据我国经济社会发展的形势和需要，全面阐述了 2006—2010 年间文化发展的指导思想、方针原则、目标任务。《纲要》对公共文化服务体系进行了专门的阐述，并对完善公共文化设施网络布局、健全公共文化服务组织体制和运行机制、创新公共文化服务方式和切实维护低收入和特殊群体的基本文化权益等进行了全面部署。《纲要》还用专栏的形式列举了公共文化服务领域 16 项国家支持的重大文化设施和工程项目，这些项目有的是"十五"时期的延续，如"文化信息资源共享工程"、"村村通"工程、农村电影放映工程和国家大剧院工程、国家博物馆改扩建工程等；有的是根据形势发展需要确定的新项目，如服务建设社会主义新农村战略任务提出的"乡镇综合文化站建设""流动综合文化服务车""农村书屋"等。这些重大项目和工程的实施，对我国的文化建设起到了基础性、全局性的带动作用。《国家"十一五"时期文化发展规划纲要》的发布标志着我国公共文化服务体系的初步形成。

4.1.3　迅猛发展阶段（2008 年—至今）

2007 年 8 月 21 日，中共中央办公厅、国务院办公厅联合下发了《关于加强公共文化服务体系建设的若干意见》,主要从提高对公共文化服务体系建设重要性的认识、明确公共文化服务体系建设的指导思想和目标任务、实施重大公共文化服务工程、增强公共文化产品的生产供给能力、创新公共文化服务运行机制、加强对公共文化服务体系建设的领导等方面对加强公共文化服务体系建设做出了部署[144]。2007年10月,党的十七大报告明确提出实现全面建设小康社会奋斗目标的新要求,特别提出"加强文化建设,明显提高全民族文明素质;社会主义核心价值体系深入人心,良好思想道德风尚进一步弘扬;覆盖全社会的公共文化服务体系基本建立,文化产业占国民经济比重明显提高、国际竞争力显著增强,适应人民需要的文化产品更加丰富。"[145]这是党中央首次把"建设覆盖全社会的公共文化服务体系"作为实现全面建设小康社会的重要目标之一。

2010年10月召开的党的十七届五中全会公报在第九部分第39条明确提出在2015年基本建成公共文化服务体系,比十七大制定的目标提前了5年。2011年10月召开的党的十七届六中全会,审议通过了《中共中央关于深化文化体制改革、推动社会主义文化大发展大繁荣若干重大问题的决定》,并对"建设公共文化服务体系"进行了论述,这也是中央决策层集中探讨公共文化服务体系建设问题。2012年7月20日国务院发布《关于印发国家基本公共服务体系"十二五"规划的通知》,这是"十二五"乃至更长一段时期构建国家基本公共服务体系的综合性、基础性和指导性文件,是政府履行公共服务职责的重要依据[146]。公共文化服务体系是国家基本公共服务体系的重要构成部分,《通知》对公共文化服务体系的重点任务、基本标准和保障工程进行了专门的论述,这也表明公共文化服务系建设的地位和重要价值。

2012年11月党的十八大报告《坚定不移沿着中国特色社会主义道路前进,为全面建成小康社会而奋斗》把"文化产品更加丰富,公共文化服务体系基本建成"作为全面建成小康社会目标之一,并提出了"加强重大公共文化工程和文化项目建设,完善公共文化服务体系,提高服务效能"的要求[147]。2013年11月党的十八届三中全会通过的《中共中央关于全面深化改革若干重大问题的决定》提出"建立健全现代公共文化服务体系、现代文化市场体系,推动社会主义文化大发展大繁荣",并对如何构建现代公共文化服务体系做了科学系统的阐述[148]。建立健全现代公共文化服务体系是党中央在新形势对公共文化服务体系建设的新要求。

4.2 我国公共文化服务体系取得的成就

4.2.1 认识不断提高,政策逐步完善,思路日益清晰

在认识层面,从"文化事业"与"文化产业"分类管理到"建设公共文化服务体系",从"建设覆盖全社会的公共文化服务体系"到"建设现代公共文化服务体系",反映了党和政府对公共文化服务体系建设重要性的认识不断提升,建设目标的不断深化和完善反映了公共文化服务体系在建成小康社会过程中的重要地位,而把公共文化服务体系建设放在文化建设的战略位置来抓,凸显了党和政府在新形势和新环境下高度的文化自觉。

在政策层面,自从 2004 年首次提出"建设公共文化服务体系"以来,党中央、国务院和各级政府出台了一系列建设和完善公共文化服务体系的文件、政策和制度。十六届五中全会通过的《中共中央关于制定国民经济和社会发展第十一个五年规划的建议》、2006 年《国家"十一五"时期文化发展规划纲要》、2007 年《关于加强公共文化服务体系建设的若干意见》、2011 年《中共中央关于深化文化体制改革、推动社会主义文化大发展大繁荣若干重大问题的决定》、2012 年《关于印发国家基本公共服务体系"十二五"规划的通知》、《国家"十二五"时期文化改革发展规划纲要》、2012 年《坚定不移沿着中国特色社会主义道路前进,为全面建成小康社会而奋斗》、2013 年《中共中央关于全面深化改革若干重大问题的决定》将是今后国家建设现代公共文化服务体系的指导性文件。而在具体落实方面,各部门和各地政府也出台了一系列的政策法规建设。比如《文化部、人力资源和社会保障部、中华全国总工会关于进一步加强农民工文化工作的意见》、《财政部、文化部关于进一步加强公共数字文化建设的指导意见》、《文化部关于开展全国基层文化队伍培训工作的意见》、《非物质文化遗产保护法》、《关于推进全国美术馆公共图书馆文化馆(站)免费开放工作的意见》、《文化部"十二五"时期公共文化服务体系建设实施纲要》、《公共图书馆法》、《公共文化服务保障法》等公共文化相关法律颁布实施,《乡镇综合文化站管理办法》、《公共图书馆建设用地指标》和《公共图书馆建设标准》等设施建设标准陆续出台。

各地方政府提高了对公共文化服务体系建设的重视程度。江苏省不但制定了《江苏省"十二五"文化发展规划》,还发布了《江苏省公共文化服务体系示范区建设标准》和《江苏省农村公共文化服务管理办法》。山西省第一次将公共文化服务体系建设达标率纳入政府 44 项考核指标体系。浙江省制定了《浙江省推动

文化大发展大繁荣纲要(2008—2012)》和《浙江省文化发展"十二五"规划》,为浙江省的文化大发展提供了依据和参考。广东省制定了《建设文化强省规划纲要(2011—2020年)》和《广东省文化事业发展"十二五"规划》,还颁布了《广东省公共文化服务促进条例》,该《条例》于2012年1月1日起实施。作为中国第一部关于公共文化服务体系建设的综合性地方法规,《条例》为国内关于公共文化服务的制度建设和立法模式提供研究对象,促进相关研究的深化,同时也为以后国家和其他地区的类似立法提供参照文本[149]。

在建设思路方面,明确以保障广大人民群众基本文化权益为建设目标,以公益性、基本性、均等性、便利性为基本原则,以中西部、农村、基层和弱势群体为建设重点,以文化惠民工程为推进器和重要抓手,公共文化服务体系建设的资金投入以政府为主导,这些日益明晰的建设思路为我国公共文化服务体系的持续发展打下了坚实的基础。

4.2.2　我国公共文化服务网络基本形成

随着国家对公共文化服务体系建设日益重视,我国对公共文化建设的投入力度也在不断加大,2013年全国文化事费为530.49亿元,与2007年的198.96亿元相比,增幅达166.63%,占国家财政总支出比重为0.38%,与2012年基本持平。全国人均文化事业费38.99元,比2012年的15.06元增加了23.93元[150]。2013年,全国共有县级以上独立建制的公共图书馆3 112个,比2012年末增加36个;年末全国共有群众文化机构44 260个,其中乡镇综合文化站34 343个,增加242个。年末全国公共图书馆实际使用房屋建筑面积1 158.45万平方米,比上年末增长9.5%;图书总藏量74 896万册,增长8.8%;电子图书37 767.27万册[151]。

根据《中国图书馆事业发展报告2012》,县有图书馆的目标基本实现,县级以上公共图书馆服务网络基本形成;启动数字图书馆推广工程,加快建设覆盖全国的数字图书馆服务网络;第一个公共图书馆服务国家标准《公共图书馆服务规范》正式发布;手机图书馆、24小时自助图书馆等新的服务形式发展迅速;总分馆、流动图书馆、图书馆联盟等多种图书馆服务体系建设模式日趋成熟;图书馆新馆建设持续升温,出现了一批具有国际一流水平、堪称城市标志性建筑的图书馆[152]。近几年来,随着国家对文化建设的重视,中央对地方文化工程补助资金逐年增加。2013年,中央财政通过实施美术馆公共图书馆文化馆(站)免费开放、非遗保护等中央补助地方文化项目,共落实中央补助地方专项资金46.19亿元,比上年增长 11.2%[153]。

自 2008 年以来,我国公共文化设施免费开放和服务供给能力明显提高。截至 2013 年底,中国有博物馆 4 165 座,我国国有博物馆已达 3 354 家,非国有博物馆 811 家,非国有博物馆所占比例由 2012 年的 16.7% 上升到 19.4%。2008 年年初,中宣部、财政部、文化部、国家文物局联合下发通知,将全国各级文化文物部门归口管理的公共博物馆、纪念馆,全国爱国主义教育示范基地全部实行免费开放,从 2008 年我国提出免费开放博物馆,到 2013 年底,全国已有 2 780 家博物馆实现免费开放,占上报博物馆数量的 80%,每年有 5.6 亿观众走进博物馆[154]。全国 3 112 个公共图书馆实现了无障碍、零门槛进入,公共空间设施场地全部免费开放,所提供的基本服务项目全部免费。我国公共文化免费场馆和设施对公众服务的力度和水平都有了很大的进步,而且各类免费开放的场馆在如何发挥各自作用、影响和吸引本地群众方面都做了很多探索性的工作,公共博物馆、纪念馆,全国爱国主义教育示范基地等场馆在公共文化体系建设和公民文化生活中所起到作用越来越突出。因此,国家、省、市、县、乡(镇)、(社区)村六级公共文化设施网络基本建立。

4.2.3　重大文化惠民工程项目成为公共文化服务体系的重要构成部分

全国文化信息资源共享工程、农村电影放映工程、广播电视村村通、乡镇综合文化站建设工程、国家大剧院工程、国家博物馆改扩建工程等等重点文化惠民工程是自"十五"以来就开始建设的重点工程,"乡镇综合文化站建设""流动综合文化服务车""农家书屋工程"等则是从十一五以来开始建设的重点工程,"创建国家公共文化服务体系示范区(项目)"、"公共电子阅览室建设计划"、"数字图书馆推广工程"则是在十二五期间根据发展需要而新建的重大惠民工程。文化共享工程已初步构建了层次分明、互联互通、多种方式并用的国家、省、市、县、乡镇(街道)、村(社区)等 6 级数字文化服务网络。截至 2011 年底,已建成 1 个国家中心,33 个省级分中心(覆盖率达 100%),2 840 个县级支中心(覆盖率达 99%),28 595 个乡镇基层服务点(覆盖率达 83%),60.2 万个行政村基层服务点(覆盖率达 99%),部分省(区、市)村级覆盖范围已经延伸到自然村。其中,北京、天津、河北、山西、辽宁、吉林、黑龙江、上海、江苏、浙江、安徽、江西、山东、河南、湖北、湖南、广东、海南、广西、重庆、四川、贵州、西藏、陕西、甘肃、青海、宁夏、新疆、新疆生产建设兵团等 29 个省(区、市)完成县级支中心全覆盖和"村村通"

目标[155]。这些重点惠民工程是我国公共文化服务体系建设的重要抓手,不但增加了基层公共文化的供给能力,有效满足了基层群众日益增加的多元文化需求,丰富了基层群众的文化生活,而且有效推动了我国社会主义文化大发展大繁荣,不断推进我的公共文化服务体系的完善和发展。党的十八大报告要求"坚持面向基层、服务群众,加快推进重点文化惠民工程,加大对农村和欠发达地区文化建设的帮扶力度,继续推动公共文化服务设施向社会免费开放。"

十八届三中全会提出"建立群众评价和反馈机制,推动文化惠民项目与群众文化需求有效对接。"这是党和政府在新的历史条件下对重点文化惠民工程提出的新要求和新任务。

4.2.4　群众特色文化品牌成为公共文化服务体系最具生命力的组成部分

植根于群众的公共文化才是最有生命力的文化,丰富多彩的群众文化活动和文化品牌是建设现代公共文化服务体系的重要内容。文化部门和各地政府根据《文化部"十二五"时期文化改革发展规划》要求的"宏观布局、统筹指导、抓住重点、整体推进"的工作思路,以导向性、示范性、带动性、可持续性为原则,创建了丰富多彩的、形式多样的、具有强大生命力和群众需求的特色文化品牌。文化部以群星奖、"中国民间文化艺术之乡"为龙头,推出了一批优秀的、具有可持续发展价值的文化品牌,发挥其导向性、示范性和带动性作用。全国共有 528 个地区被评为 2011—2013 年"中国民间文化艺术之乡"。比如,上海有 12 个街镇被文化部命名为 2011—2013 年"中国民间文化艺术之乡",39 个街镇被上海市文化广播影视管理局命名为"上海民间文化艺术之乡"。[156]该项文化品牌的持续发展不但推动了我国民间文化艺术事业的繁荣发展,而且丰富活跃了我国城乡基层群众文化生活。

各地政府根据各自的文化特点,创建了具有强大群众基础的文化品牌。根据《中国文化发展报告(2014)》,过去三年,群众文化活动品牌体系建设取得了突出成绩,包括"大地情深"、"永远的辉煌"、"春雨工程"等大型活动在内的成熟群众文化品牌的形成和完善为群众文化活动的开展提供了切实保障[157]。深圳市文体旅游局根据群众文化需求的特点、城市文化资源特点和城市发展的目标定位,有意识地将其培育和打造成本土文化品牌。这些品牌活动包括:以促进学习型城市建设为重点的"深圳读书月",以提高市民文化鉴赏品位为重点的"市民文化大讲堂",以普及社会科学知识为重点的"社科普及周",以倡导高雅文化为重点的"深圳大剧院艺术节"、"中外艺术精品演出季"和"交响乐音乐季",以面向来深建设者为重点的"外来青工文化节",以面向社区居民为重点的"鹏城金秋社区文化艺术节",以保护文化遗产、弘扬历史文化为重点的"文化遗产日"系列活动等[158]。以南京为例,"百场公益演出广场行"、"南京文化艺术节"、"南京市群众文艺创作调演"、"金陵合唱节"、"南京市少儿艺术团队文艺大赛"等已成为南京知名的群众文化品牌,各区根据各自的文化特点,形成了"一区一品",打造出了具有区域特点的群众文化活动品牌。如:建邺区的"精彩 365 快乐每一天"、"幸福鼓楼"、"魅力雨花"、"江宁之春"、"秦淮之夏"等活动遍地开花[159]。南京持续多年、精心打造的群众文化品牌以满足基层群众的文化需求为取向,面向基层群众、由群众评判打分,让人民群众共享公共文化建设成果,提高了当地人民群众的幸福感和满意度,深受广大老百姓的喜爱。

4.3 我国公共文化服务体系的问题分析

虽然我国公共文化服务体系基本建成,可以为广大人民群众提供基本的公共文化服务,满足基层群众的基本文化服务需求,但是,与十九大对公共文化服务体系的战略要求、公共文化服务承担的使命和人民群众日益增长的精神文化需求相比,仍然存在着不小的差距。这些问题如果不能得到有效解决,将会影响我国全面建成小康社会目标的实现。目前,我国公共文化服务体系的问题主要表现为公共文化服务的需求反馈、有效供给、保障和绩效管理等方面的问题。

4.3.1 需求反馈方面的问题

近年来,各级政府不断提升对公共文化服务体系建设的重视程度,加大了对公共文化服务体系的投入和建设力度,我国城市地区公共文化服务体系已初具规模。但是,在公共文化服务需求反馈体系方面的建设仍然是薄弱环节,有效的公共文化服务需求反馈体系能反映公共文化供需主体的要求,是合理、有效、科学的供给决策的基础,而公共文化服务需求反馈体系的不完善或缺失会使供给决策结果严重偏离公共文化服务建设目标和需求群体利益,当前,我国城市的公共文化需求反馈方面还存在着许多急需解决的问题。

(1) 城市居民和新市民均缺乏公共文化权益的表达意识

理论上,我国城市居民和新市民都需要主动进行利益表达以维护自身的基本文化权益,但是,实际上,无论还是城镇居民还是新市民都缺乏表达自身文化权益的意识和行为,从而出现了城市文化权益表达客观必要性与表达主体的表达意识缺失之间的矛盾。城镇居民和新市民对于社会急需的公共文化服务和产品不积极争取，对于政府相关部门提供的、不需要的公共文化服务和产品默不作声，消极对待，逐渐形成了"事不关己，高高挂起"的思维模式和社会氛围，对于法律赋予的正当文化权益受到侵害也是默默忍受，无所作为。作者在调研中发现，产生这种问题主要由以下原因：第一，传统文化的影响，无论是城镇居民和新市民均缺乏参与意识、自主意识和利益表达意识，大家都抱着多一事不如少一事的态度，同时也有"搭便车"的意识在起作用，希望别人替自己出头，表达自己的文化权益需求，结果是每个人都这样想，整个社会就没有人发出维护个人文化权益的声音。第二，公共文化需求对于城镇居民和新市民是属于一种较高层次的需求，其重要性还没有上升到必不可少的地步。特别是新市民群体，大部分仍处在社会底层，至今仍在为解决生存问题而忙于工作，缺乏表达公共文化需求的经济基础和经济能力。第三，城市居民和新市民的公共文化需求表达没有受到基层政府部门的重视，即使有人把自己的公共文化需求表达出来，反馈给相关部门，但是各部门之间相互扯皮、推诿、拖延、不予理睬等一系列冷处理的方法，致使公共文化需求表达人员不能得到及时反馈、甚至得不到反馈。长期这样下去，城镇居民和新市民就会认为"反映了也没有用"，这种意识一旦形成，他们便渐渐失去表达的意愿。上述原因导致城镇居民和新市民的公共文化需求表达比较被动，缺乏主动寻求表达自身文化权益途径的意识，大部分还存有"搭便车、随大流"的思想，都不愿意花费时间和精力表达自己的公共文化需求，更不愿意直接去找政府相关职能部门反映自己的公共文化需求。

（2）缺乏有效的需求表达渠道，表达效果较差

目前，我国城市公共文化需求表达的渠道较为缺乏，没有比较系统、完善、有效的需求表达渠道，无法满足人民群众文化需求。城市公共文化需求表达的正式渠道主要是人大、政协以及听证会制度。各级人大和政协制度体现了最广泛的民主，也是公共文化需求主体表达需求的基本途径。但是，由于人大代表和政协委员中来自于基层的比例较低，特别是来自于新市民的比例更低，城镇居民和新市民群体的真实文化需求很难得到有效表达，再加上部分代表和委员的认知问题、责任意识、部门利益等原因，导致城市居民和新市民的公共文化需求与人大代表、政协委员的意见脱节，也决定了人大代表行政协委员的需求表达效果极其有限。听证会制度是民意代表制度的重要补充，对涉及公共文化领域的重大事件给人民群众以表达的机会。部分地区也开始在公共文化服务建设领域引入听证会，客观上讲这是一种非常有积极意义的做法，有利于反映人民群众的公共

文化需求。但这一表达渠道也存在不同程度问题,第一,听证会制度只针对重大事件进行听证,而来自于人民群众的公共文化需求往往不是重大事件,甚至是一些非常小的问题,如公共文化的服务内容、服务方式、服务时间等小问题,很难在听证会制度上有机会表达。第二,听证会代表的遴选程序不公开、不科学,听证会代表的挑选程序和操作规程都不清楚,也不公开,难以保证城镇居民和新市民的公共文化需求能带到听证会上。听证会代表中大部分是社会中的精英人群,学者、专家太多,不能真正反映基层群众的声音。所以,目前城市的公共文化需求表达缺乏有效、系统、正规的体系,如果仅仅靠零星的需求调查或个别访谈,难以保证公共文化需求的有效性和代表性。

（3）需求表达体系不完善、不健全

目前各地政府都在加大公共文化服务体系建设的力度,但对公共文化服务体系的构成却没有统一认识和界定,大多是从供给的角度来加大公共文化服务建设,从纵向来看,这是有积极意义的,各级政府及相关部门从原来的不重视变得重视了,投入也增加了。但是,由于缺乏正规的、系统的公共文化需求表达体系,致使现有的公共文化体系建设是不完整的,甚至会产生更多的后续问题。因为公共文化服务是一个系统工程,如果仅仅是加大公共服务供给的数量,不考虑需求主体的实际需求,只会变成一个个形象工程,无法真正满足人民群众的文化需求。严格来说,目前的公共文化服务需求反馈体系还没有引起相关政府部门的足够重视,并使之成为公共文化服务体系的一个重要组成部分,这需要从组织架构、岗位设置、队伍建设、技术支持等方面加以重视,使得公共文化服务需求反馈体系能为公共文化服务体系的功能发挥和目标实现提供数据支撑和人员资金技术保障。但是,由于目前我国政府管理体制的条块分割问题,导致基层社区公共文化服务人员工作量大,工作人员紧张等问题,有时候为了应付各类检查而疲于奔命,更没有时间去收集人民群众的公共文化需求。即使有人反映公共文化需求,由于缺乏完善岗位分析和职责分工,不知道类似的公共文化需求信息应该向哪些部门和组织汇报,从而导致公共文化需求表达失效,公共文化供给决策依据缺乏有效的信息及数据支持。

（4）政府缺乏对公共文化需求表达的正式回应体系

回应性是公共治理和善治理论中的一个重要概念,指政府对公民诉求回馈和反应的迅捷与充分程度。回应性治理优于新公共管理的最大的特点就是:它不只是把公民当顾客,而强调在全方位的问责机制上对公民和社会的回应,重视公众参与与公民、社区自治[160]。回应性是责任政府和服务性政府的重要属性，政府通过有效的、正式的回应体系，履行政府责任，实现公共文化服务的终极目标。当前，我国各级地方政府普遍缺失有效的公共文化需求回应体系和敏捷的回应机制，从而导致政府的责任性无法真正转化为有效的公共文化服务，也就无法实现政府的公共文化服务的终极目标。具体表现为以下两个方面：第一，政府相关部门的工作人员"以人为本"的服务理念不强。长期形成的服从上级而忽视公民需求的工作习惯和意识，致使政府相关部门在回应人民群众的公共文化需求时积极性低、主动性差，具体就表现为回应不及时和低效率。第二，政府相关部门没有建立正式的公共文化需求回应机制。传统政府在计划经济时代所形成的以政府为中心的反馈模式，在构建和谐社会和服务型政府的背景下，难以满足公共文化需求主体多元化、多层次的要求。另外，政府相关部门的回应大多是一种被动的回应，缺乏和公共文化服务对象的主动接触和对话。随着我国城市社会和城市人口文化素质提升，人民群众对政府公共文化期望越来越高，要求政府切实要树立"以人为本"的行政理念，同时还要具有良好的公共文化回应能力。

（5）城市居民和新市民公共文化需求表达的组织性缺失

需求表达的有效性和公民的组织化程度具有密切的正相关关系。如果参与需求表达的群体的组织程度越高，需求表达的有效性就越强。公共文化也不例外。但是，目前，城市居民的组织化程度并不是很高，很多人只是对于工作单位比较熟悉，对于居住地的社区都不是很了解，虽然很多人参加了单位的工会，但目前的工会功能弱化，并不能真正代表城市居民的利益，也没有收集工会会员公共文化需求信息的职能。即使有些城市居民参加了一些民间文化组织，但由于参加人员的比例较低，并不具有一定的代表性，不能把大部分城市居民的公共文化需求表达出来，不能从根本上影响政府的公共文化服务供给决策。相对于城市居民，新市民的组织化程度更低，根据作者的调查，新市民参加工会的比例只占被调查者的17.1％，愿意参加工会的比例为30.7％，新市民参与工会的意愿与各地工会对新市民的权益维护力度有密切关系。再加上新市民在城市的居住条件相对城市居民要差，工作时间更长，新市民群体由于文化素质和经济能力的影响，形成新市民自组织的条件也不具备，代表新市民利益、表达新市民公共文化需求的新市民组织比较少，即使有，也大多是以维护新市民群体经济利益为主，比如工资、社会保险、就业、子女教育等经济权益方面的内容，而对于公共文化权益方面的关注和组织性反映更是少之又少。由于缺乏组织化的反映，新市民个体对公共文化需求的表达是模糊的、分散的、多元的,无法形成统一的要求,而且新市民个体和团体进行的需求表达也只是反映部分人、局部地区的需求,而不能真正代表整个新市民群体。我们把这种现象称之为"个体新市民的公共文化需求表达不能从长远角度反映新市民整体文化权益",这种现象的存在更难以形成足以影响政府公共文化服务决策的声音和力量。

4.3.2 有效供给方面的问题

(1)部分政府部门对公共文化供给的重要性认识不够,缺乏有效供给体系理念

中央政府虽然高度重视新市民的公共文化服务,但相应的公共文化法律却比较滞后,目前,有国家层面上的《公共文化服务保障法》《公共图书馆法》《文物保护法》《公共文化体育设施条例》,这些法律虽然对公共文化服务建设具有积极的作用,但是,缺乏有效的配套法律体系。作者在调查中发现,有些地方政府对新市民公共文化服务的重视程度不够,没有将新市民的公共文化服务提高到一个战略高度,没有将新市民公共文化需求满足与当地的经济发展、人力资源需求、人力资本提升、城镇化水平提高和人的全面发展密切联系起来,这种短视的、狭隘的认知必然导致对新市民公共文化服务的不重视。有些地方虽然认识到了加强新市民公共文化服务的重要性,但缺乏新市民公共文化服务有效供给体系理念,缺少城市公共文化供给主体的权利责任义务、供给渠道的选择、供给内容的决策、财政经费规划、相关配套制度、运作机制等方面的总体规划和顶层设计。认知偏差和供给体系理念缺失必然导致公共文化服务行为的盲目性、重复性和低效性,与树立科学、有效、和谐与共享的公共文化供给目标相比,还有较大的差距。

(2)公共文化供给的财政经费投入有较大缺陷,新市民专项经费无法律保障

近几年我国政府对公共文化的财政投入有了显著提升,但支出总量上仍然无法满足广大群众的基本需求。根据 2012 年《中国文化文物统计年鉴》,2011年我国文化事业经费占财政支出的比例为 0.36%,远远低于卫生、教育经费所经占财政支出的比例。全国人均文化事业费仅有 29.14 元。由于法律上没有明确规定公共文化经费所占比例,中央缺乏对地方公共文化经费的硬性规定,地方公共文化投入比例往往取决于政府对公共文化的认知程度,从而导致我国公共文化事业经费缺乏长效增长机制。公共文化经费转移支付到相关部门后,由于

信息不对称及部门利益的影响,公共文化经费的使用效率不高,不能确保政府所投入的经费真正用到提高公共文化服务和文化产品方面。由于缺乏有效的公共文化经费的使用过程和投入效果监督,导致我国的公共文化服务和文化产品的低效率和政府失灵现象。

我国地区间的公共文化服务投入差距较大,根据《2012 年中国公共文化服务发展报告》,2012 年我国公共文化服务综合指数总量的前 3 位,分别为广东、江苏、浙江;人均公共文化服务综合指数前 3 位,分别为上海、北京、浙江,尤其是上海,在公共文化投入、产品、活动、队伍及人均文化事业费等多个指数均排名第一。在公共文化服务投入方面,四川、安徽、新疆分列公共文化投入进步指数总量排名的前 3 位;宁夏、四川、新疆分列人均排名的前 3 位。在公共文化人均投入方面。国内有 25 个省市自治区得分在 60 分以下;连投入总量排在第一位的广东、排在第四位的江苏,人均得分也在 60 分以下;文化事业费占财政支出比重百分比全国平均是 0.42%,但有 18 个省市自治区低于平均水平;人均文化事业费(元)全国平均是 35.86 元,21 个省市自治区低于平均水平[161]。统计数据显示,许多省(市、自治区)公共文化投入严重不足,不仅总量少、比重低,而且群众最直接感受到的人均文化事业费也大都明显偏低,中央和地方政府有很大的提升和发展空间。

文化部、人力资源和社会保障部和中华全国总工会 2011 年下发的《关于进一步加强农民工文化工作的意见》中明确要求"针对农民工的特殊文化需求,建立农民工文化专项经费,纳入各级政府的财政预算,重点保障农民工专项公共文化服务、特定文化产品购买和专门政策引导等方面的支出。"但是,直到现在,从中央到地方都没有将建立新市民文化专项经费的要求上升到法律层面。

(3)公共文化供给混乱,政府部门间缺乏有效的协同供给

根据调研资料,作者总结了我国当前公共文化供给的混乱表现:① 公共文化供给的供不合求,是指公共文化供给主体提供的公共文化服务产品质量低下,无法满足广大人民群众的需求,包括影响公众的身心健康的低俗文化和不健康的文化活动。② 公共文化供给的供不够求,指公共文化供给的成本太高,效率低下,不能有效满足人民群众的多元化、层次化的公共文化服务需求。③ 公共文化供给的供非所求。即公共文化服务的错位,具体表现为政府文化部门管了不该管理的事情,提供了超过现实需求的超前或滞后的公共文化服务;④ 公共文化供给管理制度的供不应求。理想的供给管理体系需要政府部门对公共文化

供给主体进行有效监督管理,而目前的各供给主体之间的关系混乱,角色不清楚,缺乏相应的法律、制度、政策、社会管理、市场监管等方面的规范。

我国政府部门的公共文化服务缺乏有效的协同供给。我国公共文化产品和服务供给涉及多个部门,比如,文化部门、宣传部门、科技部门、广电部门、新闻出版部门、财政部门、人社部门等。由于各个部门工作计划的差异和纵向考核内容的不同,从而导致"多头治文"的局面,部门间缺乏统一有效的计划、组织和协调,难以避免公共文化活动的重复和资源的浪费,影响公共文化资金投入的效率。各个部门在公共文化供给上的"各自为战"和"碎片化"行为受多种因素的影响,比如,地方政府的执政和服务理念、地方政府资源和权力的分配模式、政府部门绩效考核制度、各部门公共文化信息资源整合机制缺失等。

(4) 公共文化供给忽视新市民特点,没有形成公共文化供给的长效机制和制度保障

作者在调研中发现,虽然各地开展了大量新市民公共文化服务,但是由于缺乏对本地区新市民的基本信息(数量、类型、结构职业、文化需求)的全面系统了解,缺乏对新市民生存现状的实际考虑,很多地方的新市民公共文化供给有一定的主观倾向性,模式上表现为单向的"送文化",缺乏新市民的积极参与和互动;许多地方提供的公共文化服务内容单调,缺乏多样性、层次性,无法满足不同层次新市民的文化需求;有些地方的新市民公共文化供给形式单一,缺乏灵活性和针对性,供给时间与新市民的工作时间有冲突。公共文化供给忽视新市民的特点就容易导致公共文化服务的质量、效果下降,影响预期目标的实现。

另外,许多地方存在新市民公共文化服务"运动式"供给现象,公共文化"运动式"供给,往往来自于某个上级部门的号召、任务和要求,或是源于重大活动、重要会议的需要,或是源于某些部门的政绩需要。公共文化"运动式"供给短期效果明显,"运动"期间,公共文化活动如火如荼,但"运动"结束,公共文化供给就回归到原有缺失状态,公共文化供给不应该是每年一次的豪华盛宴,而更应该是家常便饭。这种缺乏长效机制和制度保障的公共文化供给是无法满足新市民的日益增长的精神文化需求。

(5) 新市民公共文化供给缺乏有效的考核体系

公共文化服务考核是为了更好地提高新市民公共文化服务水平,帮助文化管理部门发现问题,为未来的公共文化工作提供方向,更好地满足广大人民群众的公共文化需求。虽然各地也设置了公共文化服务考核办法,与过去相比有了

一定的进步,对各地的公共文化服务有了一定的促进作用。但在考核主体、考核内容、考核方式、考核指标、考核体系等方面还有待进一步完善,考核主体大多是上级部门对下级部门的考核,缺乏部门外考核主体的参与;考核内容偏重硬性条件,轻视软性条件;考核重视公共文化服务数量,轻视公共文化质量等都是目前公共文化服务供给考核的常见问题。

虽然文化部、人力资源和社会保障部、中华全国总工会 2011 年 9 月下发了《关于进一步加强农民工文化工作的意见》,并明确了常住地政府是保障新市民文化权益、满足新市民文化需求的责任主体。但是在实际工作中,中央政府和各地方政府并没有制定关于新市民公共文化考核的法律法规和制度规范,更缺乏具体的实施细则。新市民公共文化缺乏硬性考核环节和硬性考核指标体系必然严重影响新市民公共文化服务供给的数量、质量、形式和内容。

(6) 公共文化供给的整体创新能力较弱

公共文化供给要想满足广大人民群众的日益增长的精神文化需求,必须提高公共文化供给体系的整体创新能力,这是广大人民群众能够得到高质量的公共文化服务的前提和基础。公共文化供给体系的整体创新包括供给内容、形式、内容、机制、体制、制度和政策等方面的创新。但是,由于我国从中央政府到地方政府对公共文化服务和供给的法律和制度层面的重视程度不够,导致目前的城市公共文化服务体系缺乏创新动力和创新意识,从而导致目前许多地方的公共文化产品形式单调,种类匮乏。由于各地方缺乏制度和政策创新,不能吸引用人单位、民间组织和其他社会组织参与公共文化供给,社会组织参与公共文化活动的积极性不足,从而导致现有的公共文化供给主体单一、资金不足、供给质量无法保障等问题,无法真正满足广大群众的精神文化需求。

4.3.3　保障方面的问题

(1) 公共文化服务没有形成一整套相互支持的公共文化服务法律体系

当前我国只有《公共文化服务保障法》、《公共图书馆法》、《文物保护法》和《非物质文化遗产法》等几部真正意义的文化法律,其他的大多是行政法规、文件、条例、规章及通知。国家和文化部关于公共文化的行政法规主要有:《群众艺术馆文化馆管理办法》、《著作权集体管理条例》、《娱乐场所管理条例》、《乡镇综合文化站管理办法》、《公共文化体育设施条例》、《全国文化信息资源共享工程"十二五"规划纲要》等。各地区也根据各自的实际情况发布了一些条例,比如《广东省公共文化服务促进条例》《上海市社区公共文化服务规定》《江苏省农村公共文化服务管理办法》等。总体上来看,公共文化服务基本法律的配套法律体系还没有出现,这也导致很多地方对公共文化的重视程度仅仅限于"文件重视"和"口头重视",而在具体落实过程往往"不了了之"。作为公共文化服务基本法的《公共文化服务保障法》虽已颁布,各级政府围绕《公共文化服务保障法》还没有出台完善的配套法律、制度、规章和措施,延缓公共文化服务体系形成,还会影响各公共文化服务参与部门和各级政府对公共文化服务工作的重视程度、资金投入及相关工作的布置和开展。

（2）由国家强制标准和地方选择标准构成的公共文化服务标准体系还没有形成

党的十八届三中全会特别提出了公共文化服务的标准化建设,引起了政府部门和研究学者的高度重视,从实际调查来看,目前出台的有关公共文化服务标准包括:《公共图书馆服务规范》《国家公共文化服务体系示范区（项目）创建标准》《创建国家公共文化服务体系示范区验收标准》《全国文化馆评估定级评估标准》《2013年第五次图书馆评估定级必备条件、标准》《文化共享工程资源建设标准规范》《公共电子阅览室设备配置标准（试行）》等。虽然目前文化部门出台了一些专项标准,但是,我国目前公共文化服务标准的系统性不够,而且目前大多是关于公共文化服务设施的硬性标准。缺乏对公共文化服务活动和文化产品等方面的"软性"标准,这些软性标准往往会影响到公共文化服务活动和文化产品的质量,缺乏"软性标准"极易影响新市民公共文化服务的标准化和均等化。总之,由国家强制标准和地方标准构成的公共文化服务标准体系要形成还有比较漫长的道路,至于严格按照公共文化服务标准体系去考核为新市民提供的公共文化服务将存在的更大的操作性困难。

（3）公共文化服务投入在财政支出中的比例较低,新市民公共文化投入不规范

根据《中国统计年鉴（2014）》,2013年全国文化事业费为530.49亿元,与2012年相比增长了50.39亿,但是,占国家财政总支出比重为0.38%,与2012年基本持平,但低于2007—2008年的0.4%,纵向比较,可以发现,文化事业费在财政支出中所占比例仍处于历史低位,文化事业费在财政支出中的所占比例并没有实现动态增长,反而有下降的倾向。横向比较,文化事业经费所占比例远远低于同期的教育事业费、卫生事业费和科技事业费,这从另一个方面反映出政府对公共文化的重视还仅仅是口头重视,而非真正的重视。

表 4 - 1　各项社会事业费占财政支出比重　　　　（单位:%）

	1995	2000	2005	2008	2009	2010	2011
文化事业费	0.49	0.43	0.39	0.40	0.38	0.36	0.36
教育事业费	13.09	11.11	11.71	14.32	13.68	13.96	14.79
卫生事业费	4.37	3.08	3.06	4.36	5.23	5.35	5.85
科技事业费	1.42	1.19	1.15	3.38	3.60	3.62	3.49

资料来源:根据历年中国统计年鉴整理

在公共文化服务投入方面,目前仍然是以政府投入为主体,社会力量投入公共文化服务的比例很低,其中很重要的原因就在于缺乏具有法律效应、激励效应、吸引社会力量参与公共文化服务的优惠政策体系和利益导向机制,从而导致社会力量没有参与公共文化服务投入的动力和意愿。而没有形成资金投入保障体系的、过于依赖政府的公共文化服务投入具有先天性的弊端,即要受制财政收入的影响,公共文化服务的发展会受到很大的制约,特别是针对新市民的公共文化服务的资金投入一般要在城市居民的公共文化服务权益有保障之后才有可能增加和增长。而且,由于缺乏法律的约束,各地政府对新市民的公共文化服务的资金投入的随意性比较大,往往无法保证长期、持续、稳定地动态增长,这种观念和做法与我国建设现代公共文化服务体系的要求是不一致的,会严重阻碍现代公共文化服务体系的建设进程,影响我国社会主义文化强国的建设目标。

（4）缺乏公共文化人才队伍建设体系

我国城市的公共文化服务体系已基本形成国家、省、市、区(县)、镇(街道)、社区六级公共文化服务人才队伍建设,根据文化部 2014 年的统计数据,公共文化服务人员逐年增加,2013 年公共文化服务从业人员数量已达到 215.99 万人,比 2012 年增加 6.18 万。作者在调研中发现,城市基层公共文化服务人员的配备往往是以户籍人口作为配备公共文化人员的基础数据,没有考虑到新市民在城市的数量增加而带来的工作量的增加;有些地方是以城市常住人口作为配备公共文化服务工作人员的比例,而忽略了短期流动人口的公共文化服务需求;基层的公共文化服务人员往往身兼多个职务,超负荷的工作量很难确保公共文化服务工作的开展和落实。

随着广大人民群众的公共文化需求日益增加和多元化,按传统的人员配备比例已无法满足建设现代公共文化服务体系的需要;另外,由于基层公共文化服务人员的工作量大,工作待遇低,很难吸引到大批量的优秀人员到公共文化服务部门工作。虽然近年来针对文化部门工作人员的培训大量增加,但是,由于公共文化服务部门工作人员的年龄、观念、知识结构、能力素质等方面的原因,导致培训效果很难达到预期目标,仍然无法满足建设现代公共文化服务体系的需要。构建现代公共文化服务体系需要的是各种类型的优秀文化服务人才,包括文化创意、文化设计、文化传播、专业技术、服务、管理等类型人才,而目前还没有形成包括任职资格要求、人才需求和供给规划、招聘与配置机制、培训与开发规划、绩效管理制度、薪酬激励制度、职称评审与晋升制度等一套完整的人才保障体系。

4.3.4 绩效管理方面的问题

(1) 部分地方政府对公共文化服务绩效管理的重要性认识不足

"重经济轻文化"的考核陋习仍然根植于许多地方政府领导和干部的灵魂深处,许多地方形成了"以经济指标提升作为考核的唯一标准"的考核观念和考核氛围,这种绩效考核观念导致很多地方根本不重视公共文化服务,特别是新市民的公共文化服务,认为公共文化不会促进经济指标的提升,甚至是当地经济发展的负担。在这种"短视"甚至是错误理念的指导下,轻视甚至是阻碍中央对新市民和城市居民公共文化权益保障的要求,对于公共文化服务所需要的资金、人力资源、设施、场地、制度和政策等方面不给予支持,从而导致部分地区的现代公共文化服务体系建设不理想。虽然中央政府和文化部门已经意识到公共文化服务的重要性,也发布了公共文化服务建设的专门文件,包括针对新市民的公共文化服务建设。但是,由于缺乏对公共文化服务的常态化监管和考核措施,致使很多公共文化服务文件成了一纸空文,不但影响了相关部门权威,也不能够真正保障新市民和城市居民的基本文化权益。2013 年 6 月习近平提出要"不以 GDP 论英雄",要改进考核方法手段,既看发展又看基础,既看显绩又看潜绩,把民生改善、社会进步、生态效益等指标和实绩作为重要考核内容,再也不能简单以国内生产总值增长率来论英雄了[162]。这表明高层已经充分认识到现有干部考核制度的问题,地方政府和干部的考核方向和重点将会发生变化,这将有利于提高地方政府对公共文化服务的重视程度。

(2) 我国缺乏公共文化服务绩效管理的法律规范和制度保障

根据国外和国内比较成功的公共文化绩效管理的实践经验,公共文化的绩效管理工作必须有法律的支持和保障。从我国目前公共文化服务工作的发展情况来看,虽然相关部门也发布了一些有关公共文化服务的文件,也提出了监督和评估要求,但由于缺乏强制性和可操作性,往往流于形式。公共文化服务绩效管理工作是一项系统工程,涉及多个部门,公共文化服务内容、供给主体的职责、监管和评估主体、监管和评估体系的构建、监管和评估标准的确定、监管和评估制度和政策的制度以及相关的激励约束制度需要政府相关部门协同配合,才能真正有效开展。而目前我国公共文化服务绩效管理工作起步较晚,尚处于摸索阶段,至今没有出台一部在全国统一实施的公共文化服务绩效管理的法律法规或规定。省级政府层面,只有广东省于 2011 年 9 月出台了《广东省公共文化服务促进条例》,明确提出"文化等有关主管部门应当为外来务工人员、老年人、未成年人和残疾人等群体提供有针对性的公共文化服务。""有条件的地区应当在外来务工人员较多的区域建设综合性文化设施并免费开放。"[163]但是,对于公共文化服务的具体要求、监管和评估标准缺乏配套的文件。由于相关法律法规和制度的缺乏,导致我国公共文化服务绩效管理工作处于"无法可依,无人能管"的状态,中央政府和文化部等部委的工作任务和工作要求就无法得到执行,公共文化服务绩效管理工作就处于非常被动的地位,公共文化服务质量、效率和效果就会受到严重影响。

(3) 我国缺乏公共文化服务绩效管理的专门机构

目前,我国还没有专门的、独立的监管和评估公共文化服务的机构。当前,文化部门组织的比如公共图书馆、美术馆、博物馆的评估定级都是由文化部门组织的专家进行评估定级的,缺乏独立的专门负责行使公共文化监管和评估职责的绩效管理机构。公共文化服务水平与各地方政府领导的认识水平、经济发展水平存在着密切的关系。根据作者的调研资料,沿海经济发达地区,如,广东省、浙江省、上海市和江苏省,由于经济发展阶段要超前于内陆地区,对于社会经济发展的认识和理解更加深刻和全面,再加上雄厚的经济基础,对公共文化服务的重视程度比较高,财政投入也比较大,公共文化服务工作开展得如火如荼。即便如此,这些地区也没有独立的、比较成熟的公共文化服务绩效管理机构,大多是由主管部门组织成立的临时的所谓评估机构(有些地方只能称为评估小组或评估专家),负责下属单位的公共文化服务的评估工作。这种做法必然导致不同部门的评估标准不一致,从而使得公共文化评估政出多门,易造成公共文化服务绩效管理的资源分散,不利于发挥公共文化服务绩效管理机构的专业性和独立性。由于各部门组织实施的公共文化绩效管理工作在管理内容、管理指标、管理标准、管理流程和管理方法等方面存在着较大的部门特色,会导致公共文化服务的评估结果缺乏可比性,既包括部门之间的公共文化服务的可比性,也包括不同地区的公共文化服务效果的可比性,不利于发挥公共文化服务效果评估的激励和促进作用,而且无法保障公共文化服务评估结果的客观性和公正性。

（4）公共文化服务绩效管理范围和内容没有形成共识

由于各地的重视程度、文化背景、经济发展水平不同,因此,开展的公共文化服务的具有较多的地方特色,除了国家统一规定的"必选"项目（三馆一站免费开放）外,大多是"自选项目"。因此,对公共文化服务的绩效管理范围和内容没有形成共识。在国家层面上,文化部和财政部于 2012 年 3 月—5 月组织了 16 个督查组对全国 31 个省（区、市）以及新疆生产建设兵团的 200 多个各级美术馆、公共图书馆、文化馆（站）和国家公共文化服务体系示范区进行督查。督查组主要以示范区创建和"三馆一站"免费开放为重点,统筹公共文化设施建设、群众文化活动、新市民文化工作、公共数字文化建设等重点文化工程和项目,是基层公共文化服务体系建设工作的一次综合性、全方位的大督查[164]。而对于各地的开展的公共文化服务活动,文化部没有统一的绩效管理要求。其实,对于公共文化服务的绩效管理不仅仅要包括公共文化服务内容的管理,还包括对公共文化服务供给机构和社会组织等供给主体的管理,这些内容目前尚是空白。

由于对公共文化服务绩效管理范围和内容没有形成共识,更谈不上构建公共文化服务绩效管理的指标体系。但是,从长远角度来看,由于公共文化服务的地位日益提高,构建公共文化服务绩效管理的指标体系是未来发展的趋势。随着国家和地方政府对公共文化的重视程度不断提高,对公共文化服务的投入力度会不断加大,这将迫切要求构建科学、合理、规范、有效的绩效管理指标体系,以保障公共文化服务的持续健康发展。

（5）公共文化服务绩效管理结果缺乏激励约束机制

由于目前我国还没有正式的公共文化服务绩效管理的法律法规和制度规范,很多地方和部门开展的公共文化服务绩效管理工作经常流于形式,甚至是为了迎接（或应付）上级主管部门的检查。因此,公共文化服务绩效管理结果的研究和应用尚处于萌芽阶段。公共文化服务绩效管理结果的应用应该发挥更大的作用,公共文化服务绩效管理的是为了更好地促进公共文化服务工作的开展,提高公共文化服务水平、服务的效率和服务质量,促进公共文化服务持续开展。只有加强建立公共文化服务监管和评估结果的激励约束机制,才能树立公共文化服务评估工作的权威。凡是评估结果达到优秀标准,要对相关地区、相关部门和相关人员进行表扬和嘉奖,比如,文化部通报表扬了 2012 年"农民工文化服务示范项目",对北京市朝阳区文化馆"民工影院"等 40 个"2012 年农民工文化服务示范项目"提出通报表扬[165]。这将激励更多地区加大对新市民公共文化服务的重视和投入。凡是结果达不到要求或存在重大问题的,要分析具体原因,提出解决问题的对策和建议,如果发现违法乱纪人员,要严格追究相关人员的责任。只有将公共文化服务评估结果与地区、部门和人员的奖惩紧密挂钩,才能充分发挥公共文化服务绩效管理体系的"保驾护航"作用。

第五章　我国新市民和城市居民的
文化活动参与现状

文化活动是新市民和城市居民生活的一个重要组成部分,也是体现新市民社会融合程度的重要内容。因此,有必要对两个群体文化活动参与的现状进行全面考察并进行对比分析。

5.1　新市民文化活动参与现状

5.1.1　文化活动及花费

调查结果显示,在72.7%的被调查新市民看电视/电影,其他依次是聊天逛街/逛公园(37.5%)、上网/玩游戏(28.1%)、看书/报/杂志(22.7%)听广播(22.6%)等,参加展览、观看文艺演出和参加社区活动的比例很低。具体如表5-1所示。

表5-1　新市民文化活动参与

文化活动内容	响应		个案百分比
	频数	百分比	
看电视/电影	1 381	31.0%	72.7%
聊天逛街/逛公园	712	16.0%	37.5%
下棋/打牌/打麻将	150	3.4%	7.9%
听广播	430	9.7%	22.6%
参加社区活动	115	2.6%	6.1%
上网/玩游戏	533	12.0%	28.1%
参加培训或学习	173	3.9%	9.1%
看书/报/杂志等	432	9.7%	22.7%

续表

文化活动内容	响应		个案百分比
	频数	百分比	
观看文艺演出	112	2.5%	5.9%
参观展览	87	2.0%	4.6%
参加体育健身活动	205	4.6%	10.8%
其他	118	2.6%	6.2%
合计	4 448	100.0%	234.2%

数据来源:根据作者调查问卷整理

调查显示,新市民去年一年用于以上文化活动花费的均值为 1 383.09 元,但差异较大,标准差达到了 3 477.4,花费在 1 000 元以下的接近八成。2012 年全国新市民监测调查报告显示,2012 年末,外出新市民工人均月收入水平为 2 290 元,新市民文化花费占其年收入的 5.03%[166]。具体来看,花费在 100 元以下的比例最高,达到了 41.6%,其中在 2012 年文化活动上没有任何花费的比例更是达到了 31.2%。具体如表 5-2 所示。

对比新市民参加文化的活动可以发现,看电视、听广播等业余活动是花费很少,或者基本没有花费的业余活动;而看电影、上网/玩游戏等则是花费较大的业余活动;看书/报/杂志等活动,如果需要自己购买,那么也是一笔较大的开支。

表 5-2　新市民文化活动花费情况

花费金额	人数(人)	百分比(%)
100 元以下	756	41.6
100—300 元	222	12.3
300—500 元	197	10.8
500—1 000 元	235	12.9
1 000—2 000 元	150	8.2
2 000—5 000 元	169	9.3
5 000 元以上	90	4.9
合计	1 819	100

数据来源:根据作者调查问卷整理

5.1.2　电视、电影观看情况

调查显示,新市民平均每天观看电视的时间为 1.992 7 小时,标准差为 1.518 80,其中观看电视时间最长的为 12 小时,最小值为 0 小时。调查显示,有接近一半的新市民没有去看过电影,在新市民群体中,经常去电影院看电影(一个月以内)的比例未达到两成。具体如表 5-3 所示。

表 5-3　新市民观看电影的时间间隔情况

上次看电影的时间	人数(人)	百分比(%)
最近	303	16.4
1 个月前	273	14.7
半年前	202	10.9
1 年前	186	10.1
没去过	887	47.9
合计	1 851	100.0

数据来源:根据作者调查问卷整理

调查数据显示,51.5% 的被调查新市民通过"电视的电影频道"看电影,其次是通过"网上下载或在线观"看电影(35.8%)、自己去电影院看(23.7%),其他数据如表 5-4 所示。

表 5-4　新市民观看电影的方式

观看方式	响应		个案百分比
	频数	百分比	
自己去电影院	442	14.8%	23.7%
购买影碟	430	14.4%	23.1%
电视的电影频道	960	32.2%	51.5%
网上下载或在线观看	667	22.4%	35.8%
工作地公开放映	149	5.0%	8.0%
周边社区公开放映	140	4.7%	7.5%
单位包场	42	1.4%	2.3%
没看过电影	152	5.1%	8.2%
总计	2 982	100.0%	160.1%

数据来源:根据作者调查问卷整理

深入分析调查数据可以发现,电视对于新市民群体的重要性,一方面看电影/电视成为新市民业余生活中最为重要的内容,另一方面,电视中的电影频道又是新市民群体观看电影的最重要途径。电视的重要性既反映了新市民文化活动的单一,也反映了新市民文化活动形式需要更加多样化。

5.1.3　阅读情况

为了了解新市民的阅读情况,作者调查了新市民读书、看报的情况。调查结果显示,77.2%的被调查新市民看过报纸。但是,只有47.1%的被调查新市民"最近"看过报纸,一定程度说明,新市民经常看报纸的比例要低于47.1%。具体如表5-5所示。

表5-5　新市民阅读报纸的情况

上次阅读报纸的时间	人数(人)	百分比(%)
最近	877	47.1
1个月前	255	13.7
半年前	174	9.3
1年前	130	7.1
没看过	425	22.8
合计	1 861	100.0

数据来源:根据作者调查问卷整理

对于阅读报纸的来源,28.4%的被调查新市民选择"自己买",27.8%的被调查新市民选择"在工作单位看",24.1%的被调查新市民选择"别人买的",只有5.6%的被调查新市民"到图书馆"看报纸。具体数据如表5-6所示。

表5-6　新市民阅读报纸的来源

来源	响应		个案百分比
	频数	百分比	
自己买	526	21.3%	28.4%
在工作单位看	515	20.8%	27.8%
社区阅报栏	288	11.6%	15.5%
别人买的	447	18.1%	24.1%

来源	响应		个案百分比
	频数	百分比	
到图书馆	103	4.2%	5.6%
很少看报纸	594	24.0%	32.0%
总计	2 473	100.0%	133.4%

数据来源:根据作者调查问卷整理

　　除调查新市民阅读报纸外,课题还调查了新市民阅读图书的情况。调查数据显示,33.2%的被调查农新市民选择"自己买",30.9%的被调查新市民选择"用手机"读书,22.9%的被调查新市民选择"用电脑"读书,8.6%的被调查新市民选择"到图书馆(室)",3%的被调查新市民选择"到社区文化室"读书。具体数据如表5-7所示。

表5-7　新市民阅读图书的渠道

渠道	响应		个案百分比
	频数	百分比	
自己买	608	20.4%	33.2%
同事朋友间互相借	321	10.7%	17.5%
在地摊上看	136	4.6%	7.4%
到图书馆(室)	157	5.3%	8.6%
到社区文化室	55	1.8%	3.0%
用电脑	419	14.0%	22.9%
用手机	566	18.9%	30.9%
其他	86	2.9%	4.7%
很少读书	639	21.4%	34.9%
总计	2 987	100.0%	163.1%

数据来源:根据作者调查问卷整理

　　通过上述数据,可以发现,以移到互联网为代表的现代信息技术对新市民的阅读方式产生了较大的影响,在促进新市民和城市融合的过程中,要充分考虑现代信息技术的作用和效果。

5.1.4 广播收听情况

调查数据显示,45.9%的被调查新市民喜欢"音乐"节目,34.6%的被调查新市民喜欢"新闻时事"节目,26.9%的被调查新市民喜欢"综艺"节目。具体数据如表5-8所示。

表5-8 新市民喜欢收的听广播节目状况

节目类型	响应		个案百分比
	频数	百分比	
音乐	617	30.6%	45.9%
综艺	362	17.9%	26.9%
生活服务	348	17.2%	25.9%
专题	119	5.9%	8.8%
新闻时事	465	23.1%	34.6%
其他节目	107	5.3%	8.0%
总计	2 018	100.0%	150.1%

数据来源:根据作者调查问卷整理

5.1.5 观看文艺演出与参观展览状况

调查数据显示,35%的被调查新市民看过"公益性文艺演出",18.1%的被调查新市民看过"综艺类文艺演出",16.5%的被调查新市民看过"相声小品",13.6%的被调查新市民看过"大型演唱会",12.4%的被调查新市民看过"音乐会",31.2%的被调查新市民看过其他类型文艺演出活动。具体如表5-9所示。

表5-9 新市民观看文艺演出情况

文艺演出类型	响应		个案百分比
	频数	百分比	
大型演唱会	237	9.8%	13.6%
音乐会	217	9.2%	12.4%
相声小品	289	12.2%	16.5%
综艺类演出	317	13.4%	18.1%

文艺演出类型	响应		个案百分比
	频数	百分比	
公益性文艺演出	613	25.9％	35.0％
戏曲	153	6.5％	8.7％
其他	545	23.0％	31.2％
总计	2 371	100.0％	135.5％

数据来源:根据作者调查问卷整理

对于各类场馆,61.1％的被调查新市民去过"公园或广场",20.8％的被调查新市民去过图书馆,13.2％的被调查新市民去过"纪念馆和名人故居",还21.2％的被调查新市民没有去过上述场馆。具体数据如表5-10所示。

表5-10　新市民常去各类场馆的情况

场馆类型	响应		个案百分比
	频数	百分比	
图书馆	389	13.7％	20.8％
文化馆	133	4.7％	7.1％
博物馆	143	5.1％	7.6％
影剧院	194	6.8％	10.4％
体育馆	79	2.8％	4.2％
展览馆	110	3.9％	5.9％
纪念馆和名人故居	248	8.7％	13.2％
公园或广场	1 144	40.3％	61.1％
上述场馆都没去过	396	14.0％	21.2％
总计	2 836	100.0％	151.5％

数据来源:根据作者调查问卷整理

新市民参观各类展览的比例更低,有55.1％的被调查新市民没有参观过任何展览,21.7％的被调查新市民参观过汽车展,13％的被调查新市民参观过科技展,11％的被调查新市民参观过书画展。具体数据如表5-11所示。

表 5 - 11　新市民参观展览情况

展览类型	响应		个案百分比
	频数	百分比	
科技展	245	9.3%	13.0%
汽车展	408	15.5%	21.7%
摄影展	162	6.2%	8.6%
革命历史展	180	6.9%	9.6%
文物展	119	4.5%	6.3%
书画展	207	7.9%	11.0%
雕塑展	89	3.4%	4.7%
建设成就展	176	6.7%	9.3%
没参观过展览	1 038	39.6%	55.1%
总计	2 624	100.0%	139.3%

数据来源:根据作者调查问卷整理

5.1.6　参与社区与所在单位文体活动状况

调查数据显示,有 48.9% 的被调查新市民没有参加过城市社区组织的任何文体活动。22.5% 的被调查新市民参加过"广场健身活动",14.1% 的被调查新市民参加过"文艺演出",13.2% 的被调查新市民参加过"公园广场文化活动"。具体数据如表 5 - 12 所示。

表 5 - 12　新市民参与社区组织的文体活动状况

活动类型	响应		个案百分比
	频数	百分比	
文艺演出	259	10.5%	14.1%
广场健身活动	414	16.8%	22.5%
戏曲	37	1.5%	2.0%
公园、广场文化活动	243	9.9%	13.2%
各类体育比赛	125	5.1%	6.8%
放电影	186	7.5%	10.1%

活动类型	响应		个案百分比
	频数	百分比	
书画展、花展等展览活动	179	7.3%	9.7%
其他	121	4.9%	6.6%
都没参加过	900	36.5%	48.9%
总计	2 464	100.0%	133.9%

数据来源:根据作者调查问卷整理

对于没有参加社区组织的各类文体活动的原因,64%的被调查新市民选择"工作太忙,没有时间精力",24.7%的被调查新市民选择"没兴趣",16.7%的被调查新市民选择"不知道"。具体如表5-13所示。

表5-13　新市民未参与社区组织的文体活动的原因

原因	响应		个案百分比
	频数	百分比	
工作太忙,没有时间精力	1 010	41.9%	64.0%
没兴趣	390	16.3%	24.7%
不够实用	121	5.0%	7.7%
距离太远或交通不便	131	5.4%	8.3%
不知道	263	10.9%	16.7%
太贵了	179	7.4%	11.3%
水平低	122	5.1%	7.7%
人气不够	77	3.2%	4.9%
服务差	44	1.8%	2.8%
不舒服	73	3.0%	4.6%
总计	2 410	100.0%	152.7%

数据来源:根据作者调查问卷整理

对于新市民所在企业举办的文体活动,有38.6%的被调查新市民所在企业没有"文体活动",有21%的被调查新市民所在企业开展过"球类比赛",有

20.2％的被调查新市民所在企业开展过"歌唱比赛"。具体数据如表 5‐14 所示。

表 5‐14　新市民所在企业开展文体活动状况

活动类型	响应		个案百分比
	频数	百分比	
球类比赛	391	15.2％	21.0％
歌唱比赛	376	14.6％	20.2％
话剧或戏曲演出等	65	2.5％	3.5％
展览活动	60	2.3％	3.2％
各类健身活动	195	7.6％	10.5％
扑克比赛	162	6.3％	8.7％
舞蹈比赛	162	6.3％	8.7％
摄影比赛	106	4.2％	5.7％
不知道	337	13.1％	18.1％
都没有	717	27.9％	38.6％
总计	2 571	100.0％	138.2％

数据来源：根据作者调查问卷整理

对于所在企业举办的文体活动,新市民参与的比例较少,仅有 30.3％能够参与其中。对于未参与到相关文化体育活动的原因,"没有这方面的特长"成了主要原因;其次,员工个人的工作状况成了重要的影响因素,"工作太忙,没时间"和"工作太累,没精力"成了阻碍的因素;同时,"单位没有活动"造成了想参加者也无法参加的境况。

5.2　城市居民文化活动参与现状

5.2.1　文化活动及花费

调查数据显示,78.8％的被调查城市居民选择"看电视/电影",47.3％的被调查城市居民选择"聊天/逛街/逛公园",37.7％的被调查城市居民选择"上网/玩游戏",27％的被调查城市居民选择"下棋/打牌/打麻将"。具体数据如表 5‐15 所示。

表 5‐15　城市居民文化活动安排

活动内容	响应		个案百分比
	频数	百分比	
看电视/电影	922	26.3%	78.8%
聊天逛街/逛公园	553	15.8%	47.3%
下棋/打牌/打麻将	316	9.0%	27.0%
听广播	94	2.7%	8.0%
参加社区活动	65	1.9%	5.6%
上网/玩游戏	441	12.6%	37.7%
参加培训或学习	197	5.6%	16.8%
看书、报、杂志等	438	12.5%	37.4%
观看文艺演出	75	2.1%	6.4%
参观展览	86	2.5%	7.4%
参加体育健身活动	237	6.8%	20.3%
其他	80	2.2%	6.8%
总计	3 504	100.0%	299.5%

数据来源:根据作者调查问卷整理

　　调查数据显示,城市居民用于以上文化活动的花费平均为 2 531.002 8 元,标准差为 8 485.379 40,最小值为 0 元,最大值为 200 000.00 元,显示出较大的内部差异。根据国家统计局 2012 年统计报告,我国城镇居民人均总收入 26 959元,城镇居民将自己收入的 10.3% 用于文化活动花费[167]。具体来看,有 15.1%的城市居民 2012 年在业余活动上额花费为 0 元,花费在 100 元以下的比例最高,超过了 20%,其次是花费在 500—1 000 元的,其他花费的较平均,如表5‐16所示。

表 5-16　城市居民业余活动花费情况

花费金额	人数	百分比
100 元以下	218	20.4
100—300 元	144	13.5
300—500 元	120	11.2
500—1 000 元	206	19.3
1 000—2 000 元	125	11.7
2 000—5 000 元	166	15.6
5 000 元以上	88	8.3
合计	1 067	100.0

数据来源:根据作者调查问卷整理

5.2.2　电视、电影观看情况

调查数据显示,城市居民平均每天观看电视的时间为 2.250 2 小时,标准差为 1.413 99,其中观看电视时间最长的为 12 小时,最短的为 0 小时。在最喜欢看的电视节目调查中,66.3％的被调查城市居民选择"电视剧",46.4％的被调查城市居民选择"新闻"、40.6％的被调查城市居民选择"综艺",30.2％的被调查城市居民选择"访谈节目"。具体数据如表 5-17 所示。

表 5-17　城市居民喜欢观看的电视节目

电视节目	响应		个案百分比
	频数	百分比	
影视剧	774	22.6％	66.3％
访谈节目	353	10.3％	30.2％
科普	245	7.1％	21.0％
新闻	542	15.8％	46.4％
体育	236	6.9％	20.2％
综艺(音乐、小品、戏曲)	474	13.8％	40.6％
教育	166	4.8％	14.2％
法律	316	9.2％	27.1％

续表

电视节目	响应		个案百分比
	频数	百分比	
经济	237	6.9%	20.3%
其他	89	2.6%	7.6%
总计	3 432	100.0%	293.9%

数据来源:根据作者调查问卷整理

调查数据显示,有28.2%的被调查城市居民没有去电影院看过电影。26.1%的被调查城市居民"最近"看过电影,16.1%的被调查城市居民"1年前"看过电影,15.7%的被调查城市居民"半年前"看过电影。具体数据如表5-18所示。

表5-18　城市居民观看电影的时间间隔情况

上次看电影的时间	人数	百分比
最近	294	26.1
1个月前	157	13.9
半年前	177	15.7
1年前	181	16.1
没去过	317	28.2
合计	1 126	100.0

数据来源:根据作者调查问卷整理

调查数据显示,50.9%的被调查城市居民选择通过"互联网"看电影,37.7%的被调查城市居民选择通过"电视的电影频道"看电影,30%的被调查城市居民选择"去电影院"看电视。具体数据如表5-19所示。

表5-19　城市居民观看电影的方式

观看方式	响应		个案百分比
	频数	百分比	
去电影院	347	20.9%	30.0%
购买影碟	113	6.8%	9.8%
电视的电影频道	435	26.1%	37.7%

续表

观看方式	响应		个案百分比
	频数	百分比	
互联网	588	35.3％	50.9％
工作地公开放映	44	2.6％	3.8％
周边社区公开放映	40	2.4％	3.5％
单位包场	65	4％	5.6％
其他	32	1.9％	2.8％
总计	1 664	100.0％	144.1％

数据来源:根据作者调查问卷整理

5.2.3　阅读情况

调查数据显示,有只有 13.1％的被调查城市居没有看过报纸,61.9％的被调查城市居民"最近"看过报纸,14.4％的被调查城市居民"1 个月前"看过报纸。具体数据如表 5－20 所示。

表 5－20　城市居民阅读报纸的频率

上次阅读报纸的时间	人数(人)	百分比(％)
最近	704	61.9
1 个月前	164	14.4
半年前	54	4.7
1 年前	67	5.9
没看过	149	13.1
合计	1 138	100.0

数据来源:根据作者调查问卷整理

作者还对城市居民阅读报纸的渠道进行了调查,38.5％的被调查城市居民选择"在工作单位"读报,37.6％的被调查城市居民选择"自己买",14.8％的被调查城市居民选择"别人买的"报纸,11.9％的被调查城市居民选择"社区阅报栏",5.3％的被调查城市居民选择"到图书馆"看报,具体数据如表 5－21 所示。

表 5‑21　城市居民阅读报纸的渠道

渠道	响应		个案百分比
	频数	百分比	
自己买	428	29.8%	37.6%
在工作单位看	438	30.5%	38.5%
社区阅报栏	136	9.5%	11.9%
别人买的	169	11.8%	14.8%
到图书馆	60	4.2%	5.3%
很少看报纸	203	14.2%	17.8%
总计	1 434	100.0%	125.9%

数据来源:根据作者调查问卷整理

调查数据显示,被调查的城市居民中读书的比例还是较高,只有 23% 的被调查城市居民"很少读书",46.8% 的被调查城市居民选择"自己买",32.3% 的被调查城市居民选择"用电脑"读书,有 32% 的被调查城市居民选择"用手机"读书。具体数据如表 5‑22 所示。

表 5‑22　城市居民阅读图书的渠道

渠道	响应		个案百分比
	人数	百分比	
自己买	531	26.4%	46.8%
同事朋友间互相借	182	9.1%	16.0%
在地摊上看	44	2.2%	3.9%
到图书馆(室)	151	7.5%	13.3%
社区文化室	47	2.3%	4.1%
用电脑	367	18.2%	32.3%
用手机	363	18.1%	32.0%
其他	65	3.2%	5.7%
很少读书	261	13.0%	23.0%
总计	2 011	100.0%	177.1%

数据来源:根据作者调查问卷整理

5.2.4　广播收听情况

调查数据显示,有49.5%的被调查城市居民经常收听"音乐类"广播节目,有39.1%的被调查城市居民经常收听"新闻时事类"广播节目,有28%的被调查城市居民经常收听"生活服务类"广播节目,有27.9%的被调查城市居民经常收听"综艺类"广播节目。具体数据如表5-23所示。

表 5-23　城市居民喜欢收的听广播节目状况

节目类型	响应		个案百分比
	人数	百分比	
音乐	452	30.8%	49.5%
综艺	255	17.4%	27.9%
生活服务	256	17.5%	28.0%
专题	66	4.5%	7.2%
新闻时事	357	24.3%	39.1%
其他节目	81	5.5%	8.9%
总计	1 467	100.0%	160.6%

数据来源:根据作者调查问卷整理

5.2.5　观看文艺演出与参观展览状况

调查数据显示,32.6%的被调查城市居民选择观看"公益性文艺演出",23.2%的被调查城市居民选择观看"综艺类演出",22.7%的被调查城市居民选择观看"大型演唱会"。具体数据表5-24所示。

表 5-24　城市居民观看文艺演出情况

文艺演出类型	响应		个案百分比
	人数	百分比	
大型演唱会	253	15.6%	22.7%
音乐会	186	11.5%	16.7%
相声小品	175	10.8%	15.7%
综艺类演出	258	15.9%	23.2%

续表

文艺演出类型	响应		个案百分比
	人数	百分比	
公益性文艺演出	363	22.4%	32.6%
戏曲	50	3.1%	4.5%
其他	338	20.7%	30.3%
总计	1 623	100.0%	145.7%

数据来源:根据作者调查问卷整理

调查数据显示,68%的被调查城市居民选择去"公园或广场",30.4%的被调查城市居民选择去"图书馆",15.2%的被调查城市居民选择去"影剧院",11.6%的被调查城市居民选择去"博物馆"。具体数据如表5-25所示。

表5-25　城市居民常去各类场馆的情况

场馆类型	响应		个案百分比
	人数	百分比	
图书馆	347	17.2%	30.4%
文化馆	115	5.7%	10.1%
博物馆	132	6.6%	11.6%
影剧院	174	8.6%	15.2%
体育馆	99	4.9%	8.7%
展览馆	92	4.6%	8.1%
纪念馆和名人故居	130	6.5%	11.4%
公园或广场	776	38.5%	68.0%
上述场馆都没去过	148	7.4%	13.0%
总计	2 013	100.0%	176.5%

数据来源:根据作者调查问卷整理

调查数据显示,38.8%的被调查城市居民参观过"汽车展",23%的被调查城市居民参观过"科技展",20.4%的被调查城市居民参观过"书画展",15.3%的被调查城市居民参观过"革命历史展"。具体数据如表5-26所示。

表 5‑26　城市居民常参观展览情况

展览类型	响应		个案百分比
	人数	百分比	
科技展	263	12.8%	23.0%
汽车展	443	21.5%	38.8%
摄影展	175	8.5%	15.3%
革命历史展	206	10.0%	18.1%
文物展	172	8.3%	15.1%
书画展	233	11.3%	20.4%
雕塑展	99	4.8%	8.7%
建设成就展	123	6.0%	10.8%
没参观过展览	347	16.8%	30.4%
总计	2 061	100.0%	180.6%

数据来源:根据作者调查问卷整理

5.2.6　参与社区与所在单位文体活动状况

调查数据显示,有 45.6% 的被调查城市居民没有参城市社区组织的任何文体活动,22.5% 的被调查城市居民参加过"广场健身活动",21.8% 的被调查城市居民参加过"文艺演出",13.4% 的被调查城市居民参加过"展览活动"。具体数据如表 5‑27 所示。

表 5‑27　城市居民参与社区组织的文体活动状况

活动类型	响应		个案百分比
	人数	百分比	
文艺演出	248	15.2%	21.8%
广场健身活动	257	15.8%	22.5%
戏曲	46	2.8%	4.0%
公园广场文化活动	129	7.9%	11.3%
各类体育比赛	104	6.3%	9.1%
放电影	115	7.0%	10.1%

活动类型	响应		个案百分比
	人数	百分比	
展览活动	153	9.3%	13.4%
其他	66	4.0%	5.8%
都没参加过	520	31.7%	45.6%
总计	1 638	100.0%	143.6%

数据来源:根据作者调查问卷整理

作者对"没有参加社区文化活动"的城市居民进行了进一步的调查,54.1%的被调查城市居民选择"工作太忙,没有时间精力",26.3%的被调查城市居民选择"没兴趣",20.4%的被调查城市居民选择"不知道"。具体数据如表5－28所示。

表5－28　城市居民未参与社区组织的文化活动的原因

原因	响应		个案百分比
	人数	百分比	
工作太忙,没有时间精力	492	40.0%	54.1%
没兴趣	239	19.4%	26.3%
不够实用	40	3.2%	4.4%
距离太远或交通不便	49	4.0%	5.4%
不知道	185	15.0%	20.4%
太贵了	73	5.9%	8.0%
水平低	56	4.5%	6.2%
人气不够	49	4.0%	5.4%
服务差	27	2.2%	3.0%
不舒服	21	1.8%	2.3%
总计	1 231	100.0%	135.5%

数据来源:根据作者调查问卷整理

作者还对城市居民所在单位举办文化活动情况进行了调查,调查数据显示,

25.5%的被调查城市居民所在单位没有举办过文化活动,35.4%的被调查城市居民所在单位举办过"歌唱比赛",32.8%的被调查城市居民所在单位举办过"球类比赛"。具体数据如表5-29所示。

表5-29 城市居民所在企业开展文体活动状况

活动类型	响应		个案百分比
	人数	百分比	
球类比赛	378	19.9%	32.8%
歌唱比赛	408	21.5%	35.4%
话剧或戏曲演出等	73	3.8%	6.3%
展览活动	46	2.4%	4.0%
各类健身活动	211	11.1%	18.3%
扑克比赛	146	7.7%	12.7%
舞蹈比赛	120	6.3%	10.4%
摄影比赛	101	5.3%	8.8%
不知道	121	6.5%	10.5%
都没有	294	15.5%	25.5%
总计	1 898	100.0%	164.7%

数据来源:根据作者调查问卷整理

作者还对城市居民没有参加单位文化活动的原因进行了调查,30.6%的被调查城市居民选择"没有这方面的特长",23.5%的被调查城市居民选择"工作太忙,没时间",20%的被调查城市居民选择"工作太累,没精力"。具体数据如表5-30所示。

表5-30 城市居民未参与所在单位组织文体活动的原因

原因	响应		个案百分比
	人数	百分比	
没有这方面的特长	237	24.1%	30.6%
单位没通知参加	73	7.4%	9.4%
不感兴趣	59	6.0%	7.6%

原因	响应		个案百分比
	人数	百分比	
不好意思	33	3.4%	4.3%
工作太忙,没时间	182	18.5%	23.5%
工作太累,没精力	155	15.8%	20.0%
单位没活动	186	18.9%	24.0%
我没单位	59	5.9%	7.6%
总计	984	100.0%	127.0%

数据来源:根据作者调查问卷整理

5.3　新市民和城市居民文化活动参与的异同

作为共同生活在城市的新市民和城市居民,所在的城市为其共同参与相关的文化活动提供了一定的可能性,自身工作、生活及个人特征,以及相关的身份差异,必然会造成参与相关文化活动的群体性差异。

5.3.1　业余文化活动及花费异同

经统计分析,新市民和城市居民在参与业余文化活动方面具有统计学意义($X^2 = 1\ 159.617, p = 0.000$)。对比新市民和城市居民业余文化活动参与的项目可以发现,无论是新市民还是城市居民,看电视/电影、聊天逛街/逛公园、上网/玩游戏、看书/报/杂志等活动依次为两个群体参与最多的文化活动,而且均占据较高的比例。同时,无论是新市民还是城市居民,参加社区活动、观看文艺演出和参观展览的比例均比较低。这在一定程度上说明,城市居民和新市民参加的业余文化活动具有较多的共性。

新市民和城市居民文化参与的差异主要表现为城市居民参加业余活动的范围要比新市民更为广泛,即城市居民在上述四个业余活动之外还有很多其他活动的选择,且比例较高;其次,在上述四个重要业余活动之外,新市民关注的重要程度与城市居民具有一定差异,如新市民排名第五关注的是听广播,而城市居民则是下棋/打牌/打麻将,这两个方面也是新市民与城市居民差异最大的两个方面;最后,在看电视/电影、聊天逛街/逛公园、上网/玩游戏、看书/报/杂志等活动中,新市民参与的比例均小于城市居民。新市民与城市居民的参与业余文化活动的异同如图 5－1 所示。

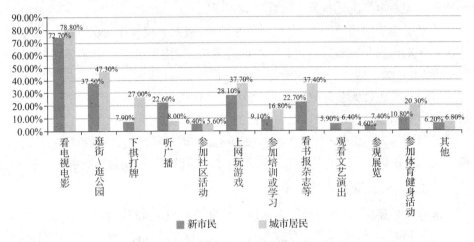

图 5－1　新市民与城市居民业余活动情况

对比新市民和城市居民业余文化活动花费可以看出,城市居民在业余文化活动上的花费高于新市民,绝对值上是其 1.83 倍;从占收入比例来看,城市居民业余文化活动所占的比例是新市民的接近两倍。也即是说,在年收入基本相同的情况下,城市居民更加愿意在业余文化活动上花费。

5.3.2　观看电视电影情况异同

经统计分析,新市民和城市居民在观看电视电影方面具有统计学意义($X^2=1\ 627.157, p=0.000$)。调查结果显示,新市民与城市居民均表现出对电视的喜好,均每天会花费两个小时左右的时间花费在观看电视节目上。具体时间方面,城市居民看电视的时间是新市民的 1.13 倍。在电视节目中,影视剧独树一帜,成为新市民和城市居民的共同爱好,远高于其他节目,一方面影视剧节目较强的娱乐性有助于缓解工作的劳累,雅俗共赏,另一方面也和各个电视台在晚上黄金段大多播出影视剧有关;同时,新闻、综艺、法律和访谈节目也均具有较高的观看比例。新市民与城市居民的差异主要体现在两个方面,一方面是城市居民的选择更加广泛;另一方面,城市居民在访谈节目、经济、体育和科普等节目高于新市民。新市民更加关注娱乐与时政节目,而城市居民在此基础上观看体育、访谈、科普等更加符合自己个性化需求的节目。

观看电影方面,被调查的新市民和城市居民中均有一定比例的人没有去看过电影,说明电影作为一种文化消费,还未普遍成为人们经常消费的文化产品。新市民群观看电影的比例要远远低于城市居民。

在观看电影的渠道方面,电视的电影频道、网上下载或在线观看和自己去电影院均为新市民和城市居民观看电影的主要方式,体现出观看电影方式的多样性,即线上与线下结合、个体观看与集体观看结合,互联网成为文化消费的重要渠道。通过周边社区公开放映、工作地公开放映和单位包场的比例均比较低,社区、所在单位在相关人群观看电影方面的支持有限。

差异则体现在新市民主要依靠电视的电影频道观看电影,而城市居民观看电影的第一选择是通过网上下载或在线观看,城市居民对于网络的拥有更多的便利。

5.3.3　阅读情况异同

调查结果显示,新市民和城市居民阅读报纸的比例较高,新市民接近一半,城市居民超过六成,城市居民"最近阅读"的比例高出新市民约 15%。这与调查对象中新市民中具有初中及以上学历者占到了 91%、高中及以上学历者接近一半,城市居民中具有初中及以上者占到 97.3%,高中及以上者超过 80% 紧密相关。具有一定的文化水平,成为有效阅读的基础,文化水平的差异,会影响到阅读习惯与阅读的能力。同时,新市民和城市居民中,均有一定比例的没有阅读过任何报纸,新市民中所占比例比城市居民所占比例高出约 15%。

经统计分析,新市民和城市居民在阅读报纸渠道方面具有统计学意义($X_2 =$ 1 287.126,$p=0.000$)。个人购买(自己买和别人买)和工作单位提供成了新市民和城市居民阅读报纸的主要渠道,社区阅报栏和图书馆阅读报纸的比例较低,尤其是图书馆阅读的比例非常低。新市民阅报来源中,自己购买比例(28.4%)稍微高于在单位看的比例(27.8%),而城市居民在工作单位看的比例(38.5%)略高于自己买的比例(37.6%);由于城市居民阅读报纸的总体比较较高,在这两个来源中,城市居民均高于新市民。具体数据如图 5-2 所示。

经统计分析,新市民和城市居民在读书渠道方面具有统计学意义($X^2 =$ 1 136.265,$p=0.000$)。新市民与城市居民读书的比例均低于看报纸的比例,新市民阅读图书的比例要低于城市居民。"自己购买图书""使用手机""使用电脑"和"同事之间相互借阅"成为新市民和城市居民读书的共同主要渠道,而在"社区文化室"看书的比例很低。人们将传统的纸质图书阅读与电子阅读有机结合,新市民阅读图书中,使用手机阅读的比例(30.9%)与纸质图书阅读(33.2%)的差距已经非常小,手机阅读的重要性在这个群体中体现更为明显;城市居民通过上

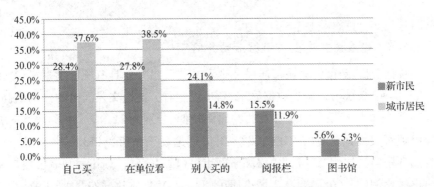

图 5 - 2 新市民与城市居民阅读报纸渠道异同

网阅读的比例(32.3％)高于新市民(22.9％)。如果将自己购买、手机阅读、上网阅读和同事间借阅归类为依靠个人资源阅读,而将社区文化室、图书馆归类为社会公共资源的话,新市民和城市居民的图书阅读更多依赖于个人资源。由于生活方式的差异,新市民之间(工友之间群居)相互借阅的比例(17.5％)高于城市居民(16.0％),城市居民自己买书的比例(46.8％)要高于新市民(33.2％),这与二者的经济收入水平有密切关系。具体数据如图 5 - 3 所示。

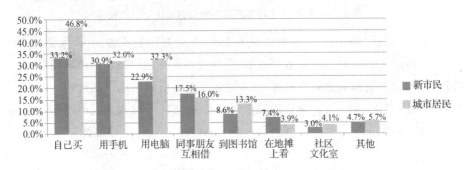

图 5 - 3 新市民和城市居民阅读图书渠道异同

5.3.4 广播收听情况异同

经统计分析,新市民和城市居民收听广播方面具有统计学意义($X^2 = 1\,265.254, p = 0.000$)。调查结果显示,新市民和城市居民均有 30％左右的能够保证经常收听广播,城市居民的收听比例略高于新市民;在收听时间上,均小于观看电视的时间,城市居民比新市民多 0.46 小时,是其 1.38 倍。在收听的广播节目中,新市民与城市居民收听的内容上均是以音乐、新闻时事、综艺和生活服务节目为主,且排序相同。存在的差异情况是,在收听的各个节目中,城市居民的收听比例均高于新市民。

5.3.5　观看文艺演出与场馆活动异同

经统计分析,新市民和城市居民在观看文艺演出方面具有统计学意义($X^2=1\,523.354,p=0.000$)。调查数据显示,新市民观看公益性文艺演出的比例最高,为35.00%,参加音乐会和观看戏曲的比例较低,分别为12.40%和8.70%。城市居民观看大型文艺演出的比例(22.70%)远远高于新市民(13.60%),城市居民参加音乐会的比例(16.70%)略高于新市民(12.40%)。新市民观看公益性文艺演出的比例(35.00%)要高于城市居民(32.6%),具体数据如图5-4所示。

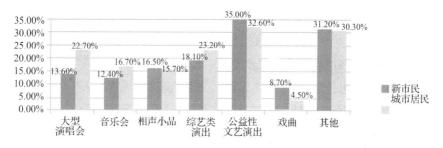

图5-4　新市民与城市居民观看文艺演出情况比较

经统计分析,新市民和城市居民在场馆活动方面具有统计学意义($X^2=1\,321.790,p=0.000$)。调查数据显示,公园或广场是新市民和城市居民最常去的地方,61.1%的被调查新市民和68%的被调查城市居民选择此选项。排在第二位的是图书馆,30.4%被调查的城市居民和20.8%的被调查新市民选择去图书馆,城市居民去图书馆的比例要显著高于新市民。具体异同如图5-5所示。

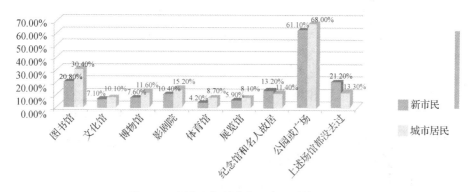

图5-5　新市民与城市居民去场馆情况异同

5.3.6　参与社区与单位文体活动状况异同

调查数据显示,新市民和城市居民在参与社区文化活动中,广场健身活动参与程度最高,参与戏曲的比例均为最低。新市民参与单位组织的文化活动的比例要显著低于城市居民。城市居民更多地从工作单位获得参与文体活动的机会。对于所在企业举办的文体活动,有接近四成的新市民所在企业没有举办任何的文体活动,有接近 20％的新市民对此情况不知道,而城市居民中,有四分之一的城市居民所在企业没有举办任何的文体活动,有一成的对此情况不知道。

经统计分析,新市民和城市居民在参与单位文化活动方面具有统计学意义 ($X^2=1\ 457.097, p=0.000$)。在企业组织的文体活动中,球类比赛、歌唱比赛均是开展较多的文体活动,城市居民参加球类比赛的比例(32.80％)高于新市民(21.00％)11.8 个百分点,城市居民参加歌唱比赛的比例(35.40％)高于新市民(20.20％)14.2 个百分点。新市民没参加过企业任何文化的比例(38.6％)高于城市居民(25.5％)。总体看看,城市居民在单位参与各项文体活动的比例均高于新市民,且参与最多的是歌唱比赛,其次才是球类比赛。具体异同如图 5-6所示。

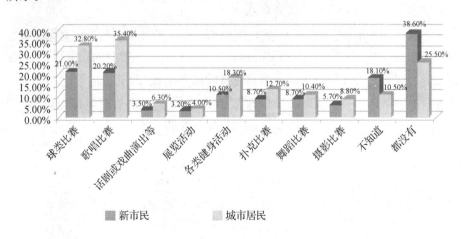

图 5-6　新市民与城市居民参加单位组织文体活动异同

第六章　我国新市民和城市居民文化的需求差异分析

第五章考察的是新市民与城市居民的文化活动参与状况,是客观存在的现实。第六章研究新市民和城市居民的文化需求异同,重点考察新市民与城市居民期望获得的公共文化服务的内容、对现有公共文化服务的满意程度评价等方面,是从新市民和城市居民的主观意愿进行调查分析。

6.1　新市民文化需求分析

6.1.1　业余文化活动内容需求

调查数据显示,对于各项业余文化活动,37.1%的被调查新市民愿意花费时间和金钱参加"学习培训",33.6%的被调查新市民愿意花费时间和金钱参加"体育健身",33.1%的被调查新市民愿意花费时间和金钱"看电视电影",10.3%的被调查新市民愿意花费时间和金钱参加"社区活动"。具体数据如表6-1所示。

表6-1　新市民愿意花费时间和金钱参加的业余文化活动

活动内容	响应		个案百分比
	频数	百分比	
看电视电影	625	17.0%	33.1%
阅读书报杂志	462	12.5%	24.5%
上网	437	11.9%	23.1%
体育健身	635	17.2%	33.6%
社区活动	194	5.3%	10.3%

续表

活动内容	响应		个案百分比
	频数	百分比	
学习培训	700	19.0%	37.1%
文艺活动	261	7.1%	13.8%
其他	369	10.0%	19.5%
总计	3 683	100.0%	195.0%

数据来源:根据作者调查问卷整理

　　对于在业余文化活动上的花费,89.9%的被调查新市民选择"愿意花费收入的10%以下",超过了新市民在业余文化活动的实际花费水平,说明了新市民有参加业余文化活动的愿意。具体数据如表6-2所示。

表6-2　新市民在业余活动上愿意花费收入的情况

所占收入情况	人数(人)	百分比(%)
不愿意花钱	503	26.4
5%以下	832	43.6
6%—10%	380	19.9
11—20%	120	6.3
21—30%	28	1.5
31—50%	29	1.5
50%以上	15	0.8
合计	1 907	100.0

数据来源:根据作者调查问卷整理

6.1.2　文化场馆需求

　　调查数据显示,52.6%的被调查新市民选择"广场和公园",36.6%的被调查新市民选择"体育馆(体育健身场所)",31.1%的被调查新市民选择"图书馆",21.21%的被调查新市民选择"影剧院",具体数据如表6-3所示。

表 6-3　新市民对文化场馆的需求

文化场馆	响应		个案百分比
	频数	百分比	
图书馆	584	13.2%	31.1%
文化馆	352	7.9%	18.8%
体育馆(体育健身场所)	686	15.5%	36.6%
各类展览馆	227	5.1%	12.1%
博物馆	256	5.8%	13.6%
影剧院	398	9.0%	21.2%
广场和公园	987	22.3%	52.6%
阅报栏	343	7.7%	18.3%
民俗馆	293	6.6%	15.6%
其他	307	6.9%	16.4%
总计	4 433	100.0%	236.3%

数据来源:根据作者调查问卷整理

6.1.3　文化活动参与需求

调查数据显示,44.5%的被调查新市民选择参加"公园广场文化活动",38.7%的被调查新市民选择参加"看电视电影",31.4%的被调查新市民选择参加"职业技能培训",31.3%的被调查新市民选择参加"体育健身活动"。具体数据如表 6-4 所示。

表 6-4　新市民文化参与需求

文化参与需求	响应		个案百分比
	频数	百分比	
各类展览	290	7.4%	15.4%
体育健身活动	589	15.1%	31.3%
文艺演出	189	4.8%	10.0%
专题讲座	192	4.9%	10.2%
职业技能培训	592	15.2%	31.4%

续表

文化参与需求	响应		个案百分比
	频数	百分比	
看电视电影	730	18.7%	38.7%
公园广场文化活动	838	21.4%	44.5%
读书看报	263	6.7%	14.0%
其他	226	5.8%	12.0%
总计	3 909	100.0%	207.5%

数据来源:根据作者调查问卷整理

调查数据显示,35.1%的被调查新市民希望"用人单位"组织文化活动, 31.4%的被调查新市民"无所谓"文化活动的组织者,对于活动的组织部门, 24.6%的被调查新市民希望"民间组织"组织文化活动,21.7%的被调查新市民 希望"政府部门"组织文化活动,具体数据如表6-5所示。

表6-5　新市民希望参加的文化活动的组织者

文化活动组织者	响应		个案百分比
	频数	百分比	
政府(街道、乡镇)	410	14.2%	21.7%
居委会	249	8.6%	13.2%
居民群众	352	12.2%	18.6%
民间组织	465	16.1%	24.6%
用人单位	664	23.0%	35.1%
其他	153	5.3%	8.1%
无所谓	594	20.6%	31.4%
总计	2 887	100.0%	152.6%

数据来源:根据作者调查问卷整理

对于"是否希望专门为外来务工人员组织文化活动",新市民之间存在一定 的群体差异,有47.4%的被调查新市民希望能够组织专门的外来务工人员文化 活动,12.7%的被调查新市民不希望(不太希望和不希望)组织专门针对外来务工人员的文化活动。还有 39.9% 的被调查新市民选择"无所谓"。具体数据如图 6-1 所示。

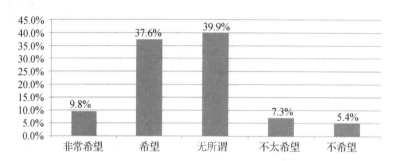

图 6-1　新市民对专门为外来务工人员组织文化活动的评价

6.1.4　文化服务与文化改革需求

作者对新市民文化服务需求进行了调查,调查数据显示,49.8% 的被调查新市民选择"就业信息服务",40.6% 的被调查新市民选择"休闲娱乐"服务,34.2% 的被调查新市民选择"体育健身",26.6% 的被调查新市民选择"教育培训"。具体数据如表 6-6 所示。

表 6-6　新市民的文化服务需求调查

文化服务内容	响应		个案百分比
	频数	百分比	
就业信息服务	936	23.9%	49.8%
书报阅读场地	302	7.8%	16.1%
培训教育	500	12.8%	26.6%
团体活动	169	4.3%	9.0%
休闲娱乐	763	19.5%	40.6%
展览展示	285	7.3%	15.2%
体育健身	643	16.4%	34.2%
其他	313	8.0%	16.6%
总计	3 911	100.0%	207.9%

数据来源:根据作者调查问卷整理

调查数据显示,70.2%的被调查新市民希望"增加文化活动形式多样化",29.4%的被调查新市民希望"增加图书馆和体育馆",28.5%的被调查新市民希望"加强社区文化团队的建设",25.5%的被调查新市民希望"延长场馆开放时间",具体数据如表6-7所示。

表6-7 新市民对城市文化活动的改革需求

改革的内容	响应		个案百分比
	频数	百分比	
增加活动形式的多样化	1 291	37.9%	70.2%
增加图书馆、体育馆等	541	15.9%	29.4%
多宣传	175	5.1%	9.5%
多组织送文化进社区活动	412	12.1%	22.4%
加强社区文化团队的建设	523	15.3%	28.5%
延长场馆开放时间	469	13.7%	25.5%
总计	3 411	100.0%	185.5%

数据来源:根据作者调查问卷整理

6.1.5 文化服务形式与培训需求

调查数据显示,44.5%的被调查新市民选择"专题讲座"形式,28.7%的被调查新市民选择"兴趣参与"形式,27.3%的被调查新市民选择"游戏娱乐"形式,25.4%的被调查新市民选择"文艺表演"形式,具体数据如表6-8所示。

表6-8 新市民文化活动形式需求

活动形式	响应		个案百分比
	频数	百分比	
文体竞赛	251	7.8%	13.6%
游戏娱乐	504	15.7%	27.3%
文艺表演	468	14.6%	25.4%
专题讲座	821	25.7%	44.5%
科普宣传	372	11.7%	20.2%

活动形式	响应		个案百分比
	频数	百分比	
兴趣参与	529	16.5%	28.7%
其他	257	8.0%	13.9%
总计	3 202	100.0%	173.6%

数据来源:根据作者调查问卷整理

　　培训需求反映了新市民的关注重点,调查数据显示,46.5%的被调查新市民选择"职业技能和职业资格培训",31.4%的被调查新市民选择"维权方法和法律常识",29.7%的被调查新市民选择"创业知识",24.5%的被调查新市民选择"驾照培训",具体数据如表6-9所示。

表6-9　新市民对于培训内容的选择情况

培训内容	响应		个案百分比
	频数	百分比	
不想参加	263	6.3%	14.0%
职业技能和职业资格培训	876	21.0%	46.5%
心理健康	281	6.7%	14.9%
职业安全	395	9.5%	21.0%
健康常识	445	10.7%	23.6%
维权方法和法律常识	592	14.2%	31.4%
创业知识	560	13.4%	29.7%
学历培训	299	7.2%	15.9%
驾照培训	462	11.0%	24.5%
总计	4 173	100.0%	221.5%

数据来源:根据作者调查问卷整理

6.1.6　公共文化活动重要性评价

　　新市民对公共文化活动重要性有比较明确的认知,10.3%的被调查新市民认为文化活动"非常重要",29.6%的被调查新市民认为文化活动"重要",41.3%

的被调查新市民认为文化活动"一般",11.2%的被调查新市民认为文化活动"不重要",3.9%的被调查新市民认为文化活动"非常不重要",仅有 3.7%的被调查新市民表示"不清楚"。具体数据如图 6-2 所示。

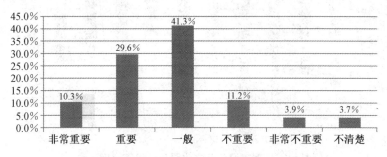

图 6-2 新市民对公共文化活动重要性的认知

6.1.7 公共文化服务满意度评价

满意度是研究新市民对城市公共文化服务满意程度的主观评价。本部分通过新市民对承担公共文化服务的相关主体的满意度评价,在一定程度上来获取新市民的需求,即新市民关注但较为不满意的方面,应当是公共文化服务重点关注的方面。

公共文化服务满意度的评价,采用评价主体对相关项目主观的评价,包括"非常不满意"、"不满意"、"一般"、"满意"和"非常满意"的五等分法,将"非常满意"、"满意"、"一般"、"不满意"和"非常不满意"分别赋值为 5 分、4 分、3 分、2分和 1 分,对各个问题求出其均值,作为该项目的满意度得分。

首先,将相关的问题进行汇总,将其分为图书馆、文化馆、博物馆文化活动,社区组织的文体活动,体育健身器材,公园或广场,工作单位组织的文体活动,自己的文化活动,自己享受的公共文化服务等,比较其均值。

总体来看,新市民对各分类项目的评价都在 3.1 分以上,略高于 3 所代表的"一般"水平,表明新市民对公共文化服务及各项文化项目及活动具有一定的满意程度。但仅仅高于 3.1,离满意或者说非常满意还有较大的差距。具体来看,新市民对自身所享受到的公共文化服务最为不满意,其次是对于图书馆(分布数量、服务内容、人员服务态度)、社区组织的文化活动,再者是自己的文化活动。具体如图 6-3 所示。

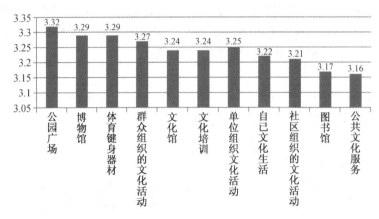

图 6-3 新市民公共文化服务项目满意度比较

其次,对公共文化场馆的分布和数量、服务内容和服务态度等进行比较发现,新市民在文化场馆的分布与数量方面的满意度最低,在文化服务内容方面的满意度稍微高点,新市民在工作人员的服务态度方面的满意程较高。具体数据如图 6-4 所示。

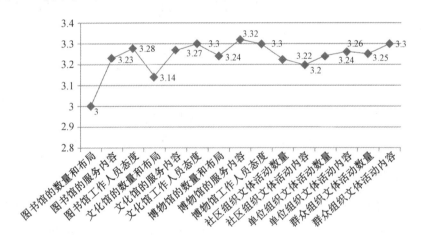

图 6-4 新市民对各项评价分布和数量、服务内容与服务态度比较

6.2　城市居民的文化需求分析

6.2.1　业余文化活动需求

调查数据显示,52.6%的被调查城市居民选择"体育健身",35.1%的被调查城市居民选择"学习培训",29%的被调查城市居民选择"看电视电影",28.4%的被调查城市居民选择"阅读书报杂志",26.6%的被调查城市居民选择"上网",具体数据如表6-10所示。

表6-10　城市居民业余文化活动需求

业余活动	响应		个案百分比
	频数	百分比	
看电视电影	340	13.5%	29.0%
阅读书报杂志	332	13.2%	28.4%
上网	312	12.4%	26.6%
体育健身	616	24.5%	52.6%
社区活动	172	6.8%	14.7%
学习培训	411	16.3%	35.1%
文艺活动	191	7.6%	16.3%
其他	145	5.7%	12.4%
总计	2 519	100.0%	215.1%

数据来源:根据作者调查问卷整理

对于在业余活动上的花费,36.8%的被调查城市居民愿意花费收入的5%以内用在业余文化活动方面,34.7%的被调查城市居民愿意花费收入的6%—10%用于业余文化活动,13.1%的被调查城市居民不愿意花钱用于业余文化活动。具体数据如表6-11所示。

表 6 - 11　城市居民在业余活动上愿意花费收入的情况

所占收入情况	人数(人)	百分比(%)
不愿意花钱	151	13.1
5%以下	426	36.8
6%—10%	402	34.7
11—20%	115	9.9
21—30%	43	3.7
31—50%	11	1.0
50%以上	9	0.8
合计	1 157	100.0

数据来源:根据作者调查问卷整理

6.2.2　文化场馆需求

对于各类文化场馆的需求调查,调查数据显示,51.3%的被调查城市居民选择"广场和公园",49.4%的被调查城市居民选择"图书馆",48.1%的被调查城市居民选择"体育馆",33.3%的被调查城市居民选择"文化馆"。具体数据如表6 - 12所示。

表 6 - 12　城市居民对文化场馆的需求

文化场馆	响应		个案百分比
	频数	百分比	
图书馆	569	17.7%	49.4%
文化馆	383	11.9%	33.3%
体育馆(体育健身场所)	554	17.2%	48.1%
各类展览馆	173	5.4%	15.0%
博物馆	203	6.3%	17.6%
影剧院	227	7.1%	19.7%
广场和公园	590	18.4%	51.3%
阅报栏	202	6.3%	17.5%
民俗馆	223	6.9%	19.4%
其他	91	2.8%	7.9%
总计	3 215	100.0%	279.2%

数据来源:根据作者调查问卷整理

6.2.3 文化活动参与需求

对于希望参加的文化活动,47.8%的被调查城市居民选择"体育健身活动",45%的被调查城市居民选择"公园广场文化活动",38.2%的被调查城市居民选择"看电视电影",具体数据如表 6-13 所示。

表 6-13 城市居民文化活动参与需求

文化活动类型	响应		个案百分比
	频数	百分比	
各类展览	258	9.6%	22.5%
体育健身活动	549	20.4%	47.8%
文艺演出	176	6.6%	15.3%
专题知识讲座	154	5.7%	13.4%
职业技能培训	256	9.5%	22.3%
看电视电影	438	16.3%	38.2%
公园广场文化活动	517	19.3%	45.0%
读书看报	230	8.6%	20.0%
其他	107	4.0%	9.3%
总计	2 685	100.0%	233.8%

数据来源:根据作者调查问卷整理

对于活动的组织部门,调查数据显示,42.2%的被调查城市居民选择"政府(街道、乡镇)"来组织,32.6%的被调查城市居民选择"用人单位"来组织,33.4%的被调查城市居民选择"无所谓",具体数据如表 6-14 所示。

表 6-14 城市居民希望参加的文化活动的组织者

文化活动组织者	响应		个案百分比
	频数	百分比	
政府(街道、乡镇)	489	26.5%	42.2%
居委会	189	10.3%	16.3%
居民群众	100	5.4%	8.6%
民间组织	166	9.0%	14.3%

续表

文化活动组织者	响应		个案百分比
	频数	百分比	
用人单位	378	20.5％	32.6％
其他	133	7.2％	11.5％
无所谓	388	21.1％	33.4％
总计	1 843	100.0％	158.9％

数据来源：根据作者调查问卷整理

对于"是否愿意和新市民一起参加文化体育活动"，调查数据显示，49.7％的被调查城市居民"不愿意"（包括"不愿意"和"非常不愿意"）和新市民一起参加文化体育活动，6.1％的被调查城市居民"愿意"（包括"愿意"和"非常愿意"）和新市民一起参加文化体育活动，44.2％的被调查城市居民选择"无所谓"，具体数据如图6-5所示。从调查数据可以发现，城市居民的观念对新市民的城市融合具有一定程度的阻碍作用。

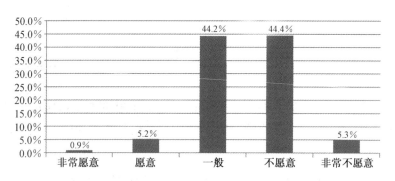

图6-5　城市居民对于是否愿意与新市民一起参与文化体育活动的评价

6.2.4　文化服务与文化改革需求

对于"希望政府提供的文化服务内容"，调查数据显示，50.3％的被调查城市居民选择"体育健身"，46.9％的被调查城市居民选择"就业信息服务"，43.2％的被调查城市居民选择"休闲娱乐"，具体数据如表6-15所示。

表 6-15 城市居民文化服务内容

文化服务内容	响应		个案百分比
	频数	百分比	
就业信息服务	541	19.5%	46.9%
书报阅读场地	291	10.5%	25.2%
培训教育	335	12.1%	29.1%
团体活动	137	4.9%	11.9%
休闲娱乐	498	18.0%	43.2%
展览展示	261	9.4%	22.6%
体育健身	580	20.9%	50.3%
其他	131	4.7%	11.4%
总计	2 774	100.0%	240.6%

数据来源:根据作者调查问卷整理

对于城市公共文化服务改革方面,调查数据显示,57.6%的被调查城市居民选择"增加活动形式的多样化",43.4%的被调查城市居民选择"增加图书馆体育馆",对文化活动形式多样化的需求最为强烈,37.3%的被调查城市居民选择"加强社区文化团队建设",具体数据如表 6-16 所示。

表 6-16 城市居民对城市文化活动改革的需求

改革的内容	响应		个案百分比
	频数	百分比	
增加活动形式的多样化	656	25.2%	57.6%
增加图书馆体育馆	494	19.1%	43.4%
多宣传	242	9.3%	21.3%
多组织送文化进社区活动	386	14.8%	33.9%
加强社区文化团队建设	425	16.3%	37.3%
增加场馆开放时间	398	15.3%	35.0%
总计	2 601	100.0%	228.5%

数据来源:根据作者调查问卷整理

6.2.5　文化服务形式与培训需求

调查数据显示,40.9%的被调查城市居民选择"专题讲座",31.2%的被调查城市居民选择"文艺表演",30.7%的被调查城市居民选择"兴趣参与",具体数据如表6-17所示。由调查数据可以发现,城市居民对于文化服务的形式具有多种多样化的需求。

表6-17　城市居民对文化活动形式的需求

活动形式	响应		个案百分比
	频数	百分比	
文体竞赛	259	11.8%	22.6%
游戏娱乐	337	15.3%	29.4%
文艺表演	358	16.3%	31.2%
专题讲座	469	21.3%	40.9%
科普宣传	279	12.7%	24.3%
兴趣参与	352	16.1%	30.7%
其他	143	6.5%	12.5%
总计	2 197	100.0%	191.6%

数据来源:根据作者调查问卷整理

对于培训内容,调查数据显示,42.2%的被调查城市居民选择"职业技能和职业资格培训",37%的被调查城市居民选择"维权方法和法律知识",34%的被调查城市居民选择"健康常识",29.5%的被调查城市居民选择"创业知识",21%的被调查城市居民选择"心理健康",19.8%的被调查城市居民选择"学历培训",具体数据如表6-18所示。

表6-18　城市居民培训内容需求

培训内容	响应		个案百分比
	频数	百分比	
不想参加	145	5.7%	12.8%
职业技能和职业资格培训	480	18.7%	42.2%
心理健康	239	9.3%	21.0%
职业安全	125	4.9%	11.0%
健康常识	387	15.1%	34.0%

续表

培训内容	响应		个案百分比
	频数	百分比	
维权方法和法律常识	421	16.4%	37.0%
创业知识	335	13.1%	29.5%
学历培训	225	8.8%	19.8%
驾照培训	206	8.0%	18.1%
总计	2 563	100.0%	225.4%

数据来源：根据作者调查问卷整理

6.2.6　文化活动重要性评价

对于文化活动的重要性，绝大多数城市居民有自己较为清晰的评价，仅有2.9%的被调查城市居民表示"不清楚"。仅有10.6%的被调查城市居民认为文化活动不重要（包括不重要和非常不重要），具体数据如图6-6所示。

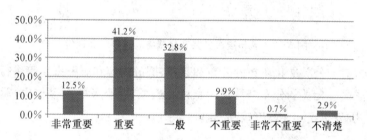

图6-6　城市居民对文化活动重要性的评价

6.2.7　公共文化服务满意度评价

本部分通过城市居民承担公共文化服务的相关主体的满意度评价，在一定程度上来获取城市居民的需求，即城市居民关注但较为不满意的方面，应当是公共文化服务重点关注的方面。

公共文化服务满意度的评价，采用评价主体对相关项目主观的评价，包括"非常不满意"、"不满意"、"一般"、"满意"和"非常满意"的五等分法，将"非常满意"、"满意"、"一般"、"不满意"和"非常不满意"分别赋值为5分、4分、3分、2分和1分，对各个问题求出其均值，作为该项目的满意度得分。

通过赋值，得出对于相关问题"清楚"的城市居民的评价结果，分析后获得如下结论。首先，分类汇总后，城市居民对各类项目的评价都在3.1以上，略高于

3 所代表的"一般"水平。城市居民对于公园或广场最为满意,对于社区组织的文体活动、文化馆、图书馆和博物馆、纪念馆、展览馆等最为不满意(包括分布数量、服务内容、人员服务态度)。具体数据如图 6-7 所示。

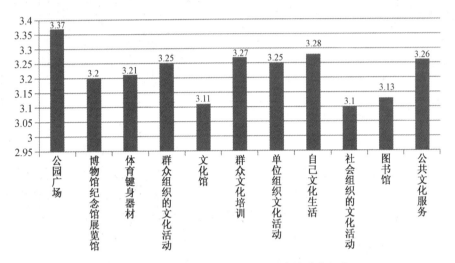

图 6-7　城市居民公共文化服务满意度分类评价

其次,对于公关文化场馆的分布和数量、服务内容和服务态度等进行比较发现,城市居民对相关的分布与数量满意程度最低,对服务的内容其次,对相关工作人员的服务态度满意程度较高。具体如图 6-8 所示。

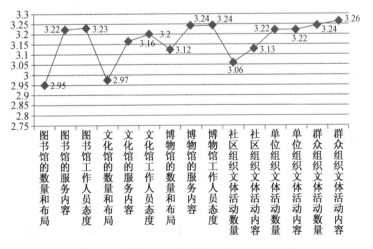

图 6-8　城市居民公共文化服务满意度评价

6.3　新市民和城市居民文化需求的异同

6.3.1　业余文化活动花费意愿异同

经统计分析,新市民和城市居民在业余文化活动花费意愿方面具有统计学意义($X^2=1\,325.123,p=0.000$)。学习培训、体育健身和看电视电影成为新市民最愿意花费的三项业余文化活动,体现的是对自身发展、健康和娱乐的全方位关注。阅读书报杂志与上网也有较高的比例,愿意在文艺活动与社区活动上花费的比例均最低。同时,新市民愿意在学习培训上面花钱的比例最高,体现了较强的学习意愿;城市居民愿意在体育健身方面花费的比例最大,远高于其他方面的花费意愿,同时也远高于新市民在体育健身方面的花费意愿,表现出城市居民对自身身体健康的关注,也表现出对现有身体健康状况不太满意的现实。具体如图6-9所示。

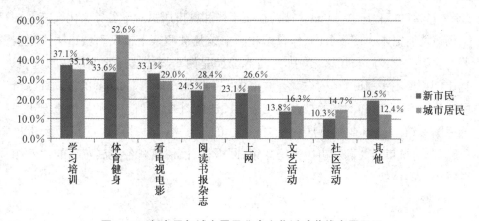

图 6‑9　新市民与城市居民业余文化活动花钱意愿异同

经统计分析,新市民和城市居民在业余文化活动花费方面具有统计学意义($X^2=1\,013.682,p=0.000$)。对于在业余活动上的花费,85%左右的被调查新市民和城市居民认可花费在收入的10%以内,其中,40%左右的被调查人员愿意花费收入的5%以下,城市居民愿意花费收入的6%—10%的比例高于新市民,差异较大。26.4%的被调查新市民不愿意花钱在业余文化活动方面,13.1%的被调查城市居民不愿意花钱在业余活动方面,新市民是城市居民的两倍。无论是新市民还是城市居民,愿意花费在20%以上的比例很少。具体数据如图6-10所示。

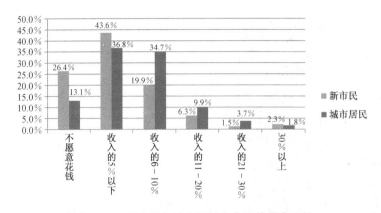

图 6 - 10　新市民与城市居民业余活动花费比较

6.3.2　文化设施需求异同

经统计分析,新市民和城市居民在文化设施需求方面具有统计学意义
($X^2 = 1\ 623.156, p = 0.000$)。被调查新市民和城市居民对于各类文化设施及相
关场馆均有需求。广场公园、体育馆和图书馆是被调查新市民和城市居民最需
要的三类文化设施与场馆,其中,广场和公园是两个群体选择比例最高的选项,
且比例相差不大;48.1%的被调查城市居民选择体育场馆,36.6%的被调查新市
民选择体育场馆;49.4%的被调查城市居民选择图书馆,31.1%的被调查新市民
选择图书馆。被调查城市居民选择文化馆的比例(33.3%)远远高于新市民
(18.8%),城市居民和新市民去博物馆、阅报栏、民俗馆和各类展览馆的比例相
对较小。具体如图 6 - 11 所示。

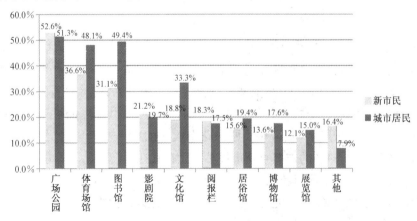

图 6 - 11　新市民与城市居民文化设施的需求

6.3.3　文化参与需求异同

经统计分析,新市民和城市居民在文化参与需求方面具有统计学意义($X^2 =$ 1 723.089, $p=0.000$)。被调查新市民和城市居民对问卷所列的各项文化活动均有参与需求。47.8%的被调查城市居民选择体育健身活动,31.3%的被调查新市民选择体育健身活动。一方面说明,新市民与城市居民所处发展阶段的差异,另一方面也说明新市民群体内部出现了分化。被调查新市民和城市居民的公园广场活动和看电视电影的需求差异不大,都是主要的文化活动参与需求。被调查城市居民"读书看报"的需求要高于被调查新市民。其他具体数据如图6-12所示。

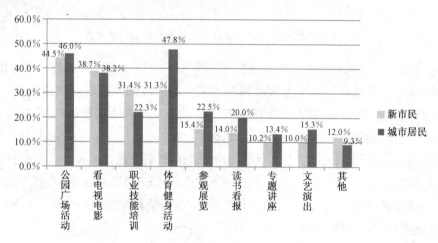

图6-12　新市民与城市居民愿意参与的文化活动情况

经统计分析,新市民和城市居民在文化活动组织者方面具有统计学意义($X^2=1$ 523.147, $p=0.000$)。对于文化活动组织者,35.1%的被调查新市民选择"用人单位",排在所有选择项的第一位,一方面是因为新市民与用人单位最熟悉,另一方面是因为用人单位组织的文化活动更方便新市民参与。42.2%的被调查城市居民选择"政府部门",而只有21.7%的被调查新市民选择"政府部门";24.6%的被调查新市民选择"民间组织",14.6%的被调查城市居民选择"民间组织",这说明"民间组织"对城市居民和新市民的影响是不同的;18.6%的被调查新市民选择"群众组织",8.6%的被调查城市居民选择"群众组织";13.2%的被调查新市民和16.3%的被调查城市居民选择"居委会";31.4%的被调查新市民和33.4%的被调查新市民选择"无所谓",他们认为文化活动的组织者并不重要,重要的文化活动本身。具体数据如图6-13所示。

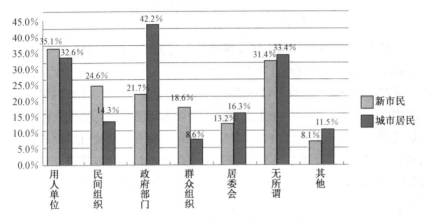

图 6‑13　新市民与城市居民对文化活动组织者的关注

作者对新市民和城市居民是否愿意共同参与文化活动进行了调查。经统计分析,新市民和城市居民在是否共同参与文化活动方面具有统计学意义($X^2=978.056, p=0.000$)。调查结果显示:47.4%的被调查新市民期望(包括非常希望、希望)和城市居民共同参与文化活动,6.1%的被调查城市居民希望(包括非常希望、希望)和新市民共同参与文化活动;39.9%的被调查新市民和44.2%的被调查城市居民选择"无所谓";49.7%的被调查城市居民和12.7%的被调查新市民不想(包括不太希望、不希望)和对方共同参与文化活动,具体数据如图 6‑14 所示。从上述数据可以看出,城市居民对新市民还是有较大程度的排斥心理,不利于推进新市民和城市的有效融合。

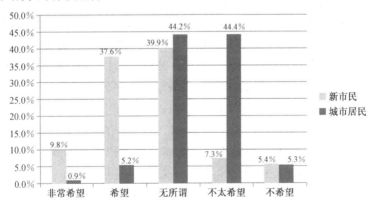

图 6‑14　新市民与城市居民对于共同参与文化活动的评价

6.3.4　文化服务与文化改革需求异同

经统计分析,新市民和城市居民在文化服务内容需求方面具有统计学意义($X^2 = 1\,526.257, p = 0.000$)。就业信息服务、休闲娱乐、体育健身和培训教育四个方面是新市民和城市居民均希望政府提供文化服务的前四位,工作、休闲、健康、发展面面俱到,对政府寄予了较高的期望。其中,新市民期望政府提供就业信息服务的比例最高,而且高于城市居民的比例;城市居民期望政府在体育健身方面提供更多的服务,且显著高于新市民,城市居民对书报阅读场地、展览展示等有较高的关注,比例均超过了20%,也高于新市民。具体如图6-15所示。

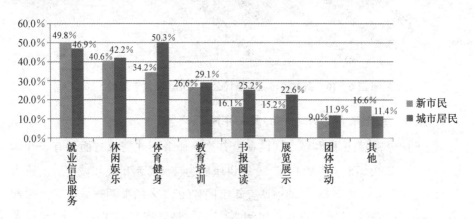

图 6-15　新市民与城市居民期望政府提供文化服务的内容

经统计分析,新市民和城市居民在公共文化改革需求方面具有统计学意义($X^2 = 1\,385.126, p = 0.000$)。被调查新市民与城市居民均有改革公共文化活动的需求,一方面说明新市民和城市居民对现有公共文化服务的不满意,另一方面也说明公共文化活动具有较大的发展空间。70.2%的被调查新市民和57.6%的被调查城市居民选择"增加活动形式的多样化",新市民和城市居民对文化活动形式多样化的需求强度远远高于其他改革要求,说明了当前公共文化活动形式过于单一,已不能满足人民群众日益增长的多元化的精神文化需求。43.4%的被调查城市居民和29.4%的被调查新市民选择"增加图书馆体育馆"等公共文化服务场馆。25.5%的被调查新市民和35%的被调查城市居民选择"增加场馆开放时间",由于工作时间的原因,很多场馆的开放时间与工作人群的工作时间相冲突,从而影响公共文化场馆的使用效率。9.5%的被调查新市民和21.3%被调查城市居民认为需要"加大公共文化服务宣传力度"。具体数据如图6-16所示。

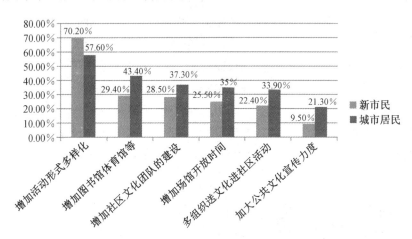

图6-16　新市民与城市居民公共文化改革需求异同

6.3.5　文化服务形式与培训需求异同

经统计分析,新市民和城市居民在公共文化服务形式需求方面具有统计学意义($X^2 = 1\ 289.078, p = 0.000$)。专题讲座成为被调查新市民和城市居民最为喜欢的文化服务形式,44.5%的被调查新市民和40.9%的被调查城市居民选择"专题讲座";28.7%的被调查新市民和30.7%的被调查城市居民选择"兴趣参与";城市居民对"文艺表演"和"文体竞赛"的需求均高于新市民,尤其是文体竞赛之间的差距更大。具体数据如图6-17所示。

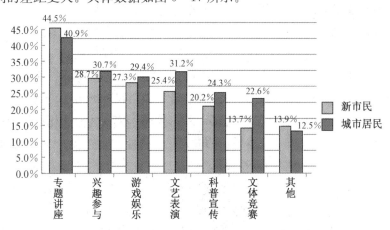

图6-17　新市民与城市居民公共文化服务形式需求差异

经统计分析,新市民和城市居民在培训需求方面具有统计学意义($X^2=$1 489.023,$p=0.000$)。46.5%的被调查新市民和42.2%的被调查城市居民需要"职业培训",31.4%的被调查新市民和37%的被调查城市居民需要"法律常识"培训,29.2%的被调查新市民和29.5%的被调查城市居民需要"创业知识"培训,法律常识和创业知识是新市民和城市居民都比较关注的培训内容,且差异不明显。职业培训、创业知识培训与工作、收入紧密相关,而法律常识培训主要包括大量关于劳资纠纷的培训需求,因此,无论是新市民还是城市居民,对于工作和收入的关注还是首要的。新市民对于职业安全培训和驾照培训的需求强于城市居民,应该和所从事的职业、岗位紧密相关;城市居民对健康常识、心理健康等与个人身心健康相关的培训需求高于新市民。同时,新市民和城市居民均有一定比例不想参加培训,新市民高于城市居民。具体数据如图6-18所示。

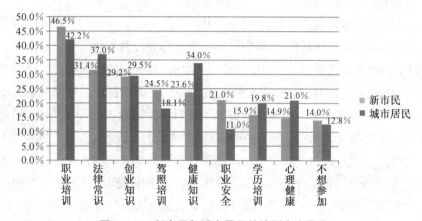

图6-18　新市民与城市居民的培训内容需求

6.3.6　公共文化活动重要性评价异同

经统计分析,新市民和城市居民在公共文化活动重要性评价方面具有统计学意义($X^2=1$ 325.418,$p=0.000$)。对公共文化活动的重要性评价,被调查的新市民和城市居民都有较为清晰的评价,只有3.7%的被调查新市民和2.9%的被调查城市居民表示"不清楚"。39.9%的被调查新市民认为公共文化活动重要(包括非常重要和重要),53.7%的被调查城市居民认为公共文化活动重要(包括非常重要和重要),从一定程度上可以说明城市居民比新市民更加重视公共文化活动。3.9%的被调查新市民认为公共文化活动"非常不重要",0.7%的被调查城市居民认为公共文化活动"非常不重要"。具体数据如图6-19所示。

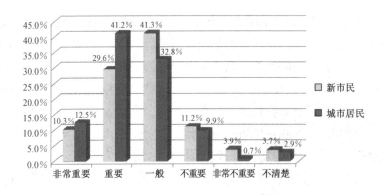

图 6 - 19　　新市民和城市居民对公共文化活动重要性评价比较

6.3.7　公共文化服务满意度评价异同

公共文化服务满意度评价,主要从公共文化服务项目和公共文化服务场馆两个方面进行评价。经统计分析,新市民和城市居民在公共文化服务项目满意度评价方面具有统计学意义($X^2 = 1\ 332.286, p = 0.000$)。根据调查数据结果,无论是被调查新市民还是被调查城市居民对相关的公共文化项目均未做到完全的了解与参与,具体表现为均有一定比例的被调查者对相关问题表示"不清楚"。被调查新市民选择"不清楚"的比例要比城市居民高两成左右。调查结果在一定程度上表明,现有的公共文化服务无法让城市居民和新市民充分了解与接触相关的服务与活动,更难以谈及所谓的充分享受了。具体来看,被调查新市民和城市居民对公关文化场馆,如文化馆、博物馆,群众和社区组织的文体活动"不清楚"的比例较高。

为了有利于比较新市民和城市居民对公共文化满意状况的异同,作者将"非常满意"、"满意"、"一般"、"不满意"、"非常不满意"分别赋予 5 分、4 分、3 分、2 分和 1 分,对调查样本的满意程度进行量化,并比较满意度数值大小。新市民和城市居民对于相关分类问题的满意度得分均在 3.1 分以上,均处在略微超过"一般"的水平,离"满意"还有一定的距离。满意度是预期与实际获得之间的比值,城市居民尽管获得的多,但其预期可能更高;新市民尽管获得的少,但其预期本来可能就不是很高,结果两个群体在一些方面的满意程度差异不大。

在所比较的 11 个项目中,新市民比城市居民高的有 6 个,低的有 5 个。新市民和城市居民对于"公园或广场"的满意程度均是各自最高,城市居民略高于新市民;新市民对于"自己享受的公共文化服务"满意程度最低,城市居民对于

"社区组织的文体活动"满意程度最低;博物馆、文化宫、社区组织的文化活动、自己享受的公共文化服务在新市民与城市居民之间的满意度差距最大,具体数据如图 6-20 所示。

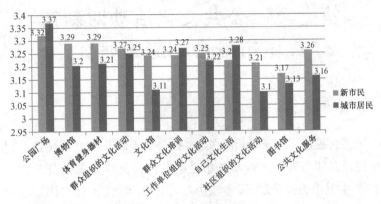

图 6-20　新市民与城市居民的公共文化满意度比较

　　新市民和城市居民对公共文化场馆和文化活动的满意度评价,主要从三个方面进行评价:数量与布局,服务内容和服务人员态度。这样的评价指标体现了对公共文化活动的一个深入体验过程,即从外在的数量与布局,到内在的服务内容,再到工作人员服务态度。现阶段,新市民和城市居民更多的情况是无法接触到足够的公共文化服务,更多的期望是满足在公共文化方面较低层次的需求。经统计分析,新市民和城市居民在公共文化服务项目满意度评价方面具有统计学意义($X^2=1\ 217.713,p=0.000$)。根据调查数据分析,新市民对群众组织文体活动的内容、博物馆服务内容、文化馆工作人员态度和服务内容、图书馆服务内容等方面的满意度相对较高,对图书馆的数量和布局、文化馆的数量和布局的满意度相对较低。整体来看,城市居民对公共文化场馆的满意度均低于新市民。具体数据如图 6-21 所示。

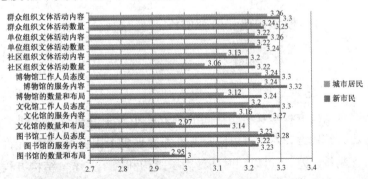

图 6-21　新市民和城市居民对公共文化场馆的满意度比较

第七章 公共文化活动对新市民城市融合的影响研究

十八大报告提出了经济、政治、文化、社会建设和生态文明建设"五位一体"的现代化建设总体布局。十八届三中全会首次提出建立现代公共文化服务体系。2015年中共中央办公厅、国务院办公厅发布了《关于加快构建现代公共文化服务体系的意见》,这充分反映了构建现代公共文化服务体系的重要性。2016年,文化部发布《关于进一步做好为农民工文化服务工作的意见》,要求切实将新市民纳入城镇公共文化服务体系,逐步实现城镇基本公共文化服务覆盖在城镇常住的新市民及其随迁家属,使其平等享受市民权利。随着"以人为本"的新型城镇化的不断推进,新市民城市融合问题将变得日益重要。深入研究公共文化对新市民城市融合的影响机理对于推进市民化具有重要的作用。本章基于城市融合理论和我国新市民城市融合现状,应用结构方程模型,构建公共文化对新市民城市融合的影响模型,实证分析公共文化对新市民城市融合的影响路径和影响效应,尝试从理论上揭示公共文化对新市民城市融合的影响机理,为各级政府推进新市民城市融合水平提供理论参考和借鉴。

7.1 模型构建和研究假设

7.1.1 模型构建

1. 结构方程模型

结构方程是基于变量间的协方差矩阵来分析变量之间关系的一种统计方法。结构方程不但可以同时考虑并处理多个因变量,而且允许自变量和因变量含测量误差,还可以同时估计因子结构和因子关系。结构方程模型可分为测量模型和结构模型,测量模型描述潜变量和观测变量之间的关系,结构模型描述潜

变量之间的关系,具体形式如下:

(1) 测量模型

$$x = \Lambda x \xi + \delta \qquad\qquad y = \Lambda_y \eta + \varepsilon \qquad\qquad (1)$$

x 表示外源指标组成的向量;Λx 表示外源指标与外源潜变量之间的关系,是外源指标在外源潜变量上的因子负荷矩阵;δ 表示外源指标 x 的误差项;y 表示内生指标组成的向量;Λ_y 表示内生指标与内生潜变量之间的关系,是内生指标在内在潜变量上的因子负荷矩阵;ε 表示内生指标 y 的误差项。

(2) 结构模型

$$\eta = B\eta + \Gamma\xi + \zeta \qquad\qquad\qquad (2)$$

η 表示内生潜变量;ξ 表示外源潜变量;B 表示内生潜变量间有关系;Γ 表示外源潜变量对内生潜变量的影响;ζ 表示结构方程的残差项,反映了 η 在方程中未能被解释的部分。

2. 公共文化对新市民城市融合影响的结构方程模型构建

公共文化对新市民城市融合影响的结构方程模型具有特殊性,它受各地政府提供的公共文化内容、形式、质量及新市民个性特点的综合影响。在公共文化服务过程中,当地政府提供的公共文化服务和新市民接受的公共文化活动是同时发生的。新市民通过亲自参与当地的公共文化活动,并与自己的期望、过去的经历、亲戚朋友的评价进行比较,结合自己的感受,对当地公共文化程度进行综合比较而形成一种心理状态。通过参与公共文化活动而形成的心理感受会对新市民城市融合意愿和融合能力产生直接或间接的影响,并最终影响新市民的城市融合水平。公共文化、经济融合、社会融合、文化融合和心理融合均是不能准确、直接测量的潜变量,往往需要用观测变量去间接测量,而传统的研究方法对潜变量无法有效处理。另外,在传统的路径分析中,用来解释或预测其他变量的解释性变量,通常被假设是没有测量误差,或其测量误差可以被忽略。仅有被解释或被预测的变量的残差可以被估计出来。而基于结构方程的路径分析,不论是潜变量或观察变量,测量误差都可以被有效地估计并排除在分析过程之外。因此本文应用结构方程对此进行研究,可以有效解决传统路径分析方法无法处理潜变量的缺陷。

基于上述分析,本书提出了公共文化对新市民城市融合影响的结构方程模型,该模型包含了公共文化、经济融合、社会融合、文化融合和心理融合等潜变量,重点关注公共文化对新市民经济融合、社会融合、文化融合和心理融合的直接影响和间接影响。公共文化对新市民城市融合影响的结构方程模型构建如图7-1所示。

7.1.2　研究假设

根据模型构建的思路,本文提出如下的研究假设:

H1:公共文化对经济融合有显著的正向影响

H2:公共文化对社会融合有显著的正向影响

H3:公共文化对文化融合有显著的正向影响

H4:公共文化对心理融合有显著的正向影响

H5:经济融合对社会融合有显著的正向影响

H6:经济融合对文化融合有显著的正向影响

H7:社会融合对文化融合有显著的正向影响

H8:社会融合对心理融合有显著的正向影响

H9:文化融合对心理融合有显著的正向影响

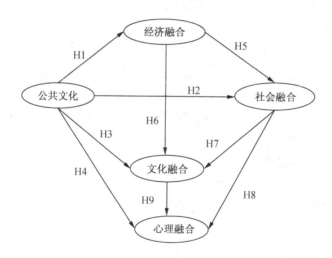

图7-1　公共文化对新市民城市融合影响的结构方程模型构建

7.2　研究方法和数据分析

7.2.1　调研方法和数据收集

本书采用问卷调查的方法来展开,调查问卷采用了广泛应用的 5 分制评分等级量表。1 表示选项的最低水平,5 表示选项的最高水平。为了确保调查问卷质量,首先对调查人员进行了专门培训,并要求调查人员实施一对一问卷调查。

调查样本采用随机抽样和典型抽样相结合的抽样方法,按我国的东、中、西部三类地区分别随机抽取四个省份,具体结果是东部为江苏、山东、浙江、广东,中部为河南、安徽、湖北、江西,西部为陕西、新疆、内蒙古、贵州。然后,在样本省内选择一定地区和行业展开调查,调查对象通过在企业中随机抽样的方法确定,并采用调查员访谈的形式完成调查问卷。

本书的调查对象涵盖我国东部、中部、西部 12 个省(市)的新市民,共发放调查问卷 2 400 份,回收问卷 2 246 份,其中有效问卷 1 932 份。为了确保调查问卷的信度和效度,笔者对调查问卷进行了预调查,根据调查结果重新修改完善,提高了调查问卷的一致性和稳定性。根据对被调查者的深度访谈,对调查问卷的表达方式和用词进行了修改,最后形成了正式的调查问卷,为本书的实证分析打下了坚实的基础。

7.2.2　潜变量及测量

为了准确研究各潜变量之间的结构效应,模型中的公共文化、经济融合、社会融合、文化融合、心理融合等潜变量都是通过调查观测变量获取含有误差的观测数据进行测量的,本书最终确定的潜变量及观测变量如下。

1. 公共文化

公共文化是指新市民参与城市公共文化的意愿和行为。虽然各个地区的公共文化的内涵非常丰富,但是,由于新市民的工作时间和工作收入等现实原因的约束,他们能够参与的公共文化活动还是比较有限的。本文选择了"请问您认为公共文化活动的重要性如何?(X_1)"、"您在文化活动方面的花费占收入的比例?(X_2)"、"您参加社区公共文化活动的频率?(X_3)"、"您去图书馆、博物馆、文化馆的频率?(X_4)"4 个观测变量来测量新市民"公共文化"参与水平。

2. 经济融合

经济融合是新市民与城市全面融合的基础和前提,是新市民立足城市的物质前提和保障。经济融合主要包括收入水平、劳动合同签订、工作时间、社会保险等方面。本文选择了"您签订的是什么性质的劳动合同？（Y_1）"、"您每周的工作天数？（Y_2）"、"您个人的月收入？（Y_3）"、"您参加城市社会保险的年限？（Y_4）"4 个观测变量来测量新市民的"经济融合"水平。

3. 社会融合

社会融合有狭义和广义之分。广义的社会融合指新市民在经济、社会交往、文化、心理等各方面与城市的融合程度。狭义的社会融合是指新市民在社会交往方面的融合水平，新市民不仅要认同城市人群之间的交往理念，而且行为上能够按照城市规矩和习俗办事，社会交往融合体现在日常生活、行为举止以及娱乐休闲等方面。本文的社会融合是指狭义的社会融合。本文选择了"您有多少个城市朋友？（Y_5）"、"您与城市居民的交往意愿如何？（Y_6）"、"您与城市居民交往的情况如何？（Y_7）"3 个观测变量来测量新市民的"社会融合"。

4. 文化融合

文化融合是指新市民对流入城市的语言、风土人情、风俗习惯的了解和认可程度。文化融合是经济融合和社会融合基础上的更高层面的融合。新市民在进入城市的那一刻，就开始受到城市文化的影响。新市民如果长期无法接纳城市社会的主流文化理念与文化形态，他们将会在心理上抵制城市，从而形成与城市对立的亚文化群，将会成为城市不稳定的矛盾根源。作者选择了"您对城市风俗的了解程度？（Y_8）"、"您对城市生活的适应情况？（Y_9）"、"您的普通话的熟练程度？（Y_{10}）"、"您认为自己融入城市的程度如何？（Y_{11}）"4 个观测变量来测量新市民的"文化融合"。

5. 心理融合

心理融合是指新市民对城市的心理归属感，体现了新市民与流入城市的心理距离、归属感及对自己是谁、从何处来、将去何处的认知，它反映的是新市民参与城市生活的深度，是新市民城市融合程度的重要指标。心理融合属于精神层面的融合，它包括自我身份认同、对城市居民的认知、对角色转变的态度等方面。本文选择了"您认为现在自己的身份是什么？（Y_{12}）"、"您觉着城市居民对待您的态度如何？（Y_{13}）"、"您希望取得流入城市户口的程度？（Y_{14}）"3 个观测变量来测量新市民的"心理融合"水平。潜变量和相应的观测变量如表 7-1 所示。

表 7 - 1　潜变量和相应的观测变量

	潜变量	观测变量
外源潜变量	公共文化	请问您认为公共文化活动的重要性如何？（X_1）
		您在文化活动方面的花费占收入的比例？（X_2）
		您参加社区公共文化活动的频率？（X_3）
		您去图书馆、博物馆、文化馆的频率？（X_4）
内生潜变量	经济融合	您签订的是什么性质的劳动合同？（Y_1）
		您每周的工作天数？（Y_2）
		您个人的月收入？（Y_3）
		您参加城市社会保险的年限？（Y_4）
	社会融合	您有多少个城市朋友？（Y_5）
		您与城市居民的交往意愿如何？（Y_6）
		您与城市居民交往的情况如何？（Y_7）
	文化融合	您对城市风俗的了解程度？（Y_8）
		您对城市生活的适应情况？（Y_9）
		您的普通话的熟练程度？（Y_{10}）
		您认为自己融入城市的程度如何？（Y_{11}）
	心理融合	您认为现在自己的身份是什么？（Y_{12}）
		您觉着城市居民对待您的态度如何？（Y_{13}）
		您希望取得流入城市户口的程度？（Y_{14}）

7.2.3　信度和效度检验

信度是指测量结果的一致性和可靠性，信度分析主要是通过测量调查数据间的一致性程度来反映调查问卷的合理性。信度系数常用克朗巴哈所创的 α 系数，α 系数值界于 0～1 之间，值越大，表示调查数据的信度越好。根据吴明隆等人的观点，α 系数值如果在 0.6～0.65 之间最好不要；α 系数值界于 0.65～0.70 之间是最小可接受值；α 系数值界于 0.70～0.80 之间相当好；α 系数值界于 0.80～0.90 之间非常好。通过运行 SPSS 的 α 信度分析程序，得到克朗巴哈信度系数为 0.782，说明问卷数据具有较好的信度。

效度是一个测验在测量某项指标时所具有的准确程度。一个测验的效度越高,表示测验所测结果越能代表所测对象的真正特征。效度可以通过探索性因子分析进行检验,探索性因子分析是从数据出发,找出影响调查问卷变量之间的共同因素。本书对调查数据进行探索性因子分析,根据旋转成分矩阵,各观测变量在各个探索性因子上的最大负荷量都在 0.68 以上,说明调查数据的效度符合要求。

7.2.4　因子适用性分析

用 SPSS 软件对调查数据的因子适用性进行检验,经过总相关系数 CITC 值(Corrected-Item Total Correlation)和效度分析,样本充分性的 KMO 值等于 0.860,样本分布的巴特利(Bartlett)球形检验卡方值为 1 926.68,相伴概率为 0.000,小于显著性水平 0.05,可知各变量独立性假设不成立,故因子分析的适用性可通过。具体数据见表 7 - 2。

表 7 - 2　KMO and 巴特利球形检验

KMO 检验		0.860
巴特利球形检验	卡方值	1 926.68
	自由度	127
	显著性	0.000

7.3　模型检验和模型分析

7.3.1　模型检验

通过信度和效度检验之后,用结构方程模型软件 LISREL8.80 对模型进行拟合检验并对路径系数进行显著性检验。表 7 - 3 为模型初次拟合时标准化路径系数及 t 检验值。

表 7 - 3　模型结构变量路径系数显著性检验

假设	因果关系	标准化路径系数	t 值	显著性与否
H1	公共文化对经济融合有显著的正向影响;	0.35	5.20	显著
H2	公共文化对社会融合有显著的正向影响	0.26	5.98	显著

续表

假设	因果关系	标准化路径系数	t 值	显著性与否
H3	公共文化对文化融合有显著的正向影响	0.43	9.89	显著
H4	公共文化对心理融合有显著的正向影响	0.35	30.78	显著
H5	经济融合对社会融合有显著的正向影响	0.56	5.74	显著
H6	经济融合对文化融合有显著的正向影响	0.26	4.98	显著
H7	社会融合对文化融合有显著的正向影响	0.45	6.61	显著
H8	社会融合对心理融合有显著的正向影响	0.32	4.90	显著
H9	文化融合对心理融合有显著的正向影响	0.51	7.77	显著

一般而言,如果 t 值大于 1.96 时,* $p < 0.05$,该参数可达到 0.05 显著水平;如果 t 值大于 2.58 时,** $p < 0.01$,该参数可达到 0.01 显著水平;如果 t 值大于 3.29 时,** $p < 0.001$,该参数可达到 0.001 显著水平。从表 7-3 可知,所有研究假设的 t 值大于 3.29,说明原有假设都得到了数据验证,并且达到了 0.001 的显著水平。

对"公共文化对新市民城市融合影响的结构方程模型"进行拟合优度检验。表 7-4 为模型的拟合优度指标和参照标准,各项指标均达到理想水平,说明本书建立的结构方程模型具有实际分析意义。公共文化对新市民城市融合影响的结构方程模型如图 7-2 所示。

表 7-4 测量模型变量的拟合指标

拟合指标	CFI 比较拟合指数	RMSEA 近似误差均方根	NFI 规范拟合指数	NNFI 非规范拟合指标	IFI 增量拟合指标	GFI 拟合优度指数
建议值	>0.9	<0.08	>0.9	>0.9	>0.9	>0.85
检验值	0.95	0.076	0.96	0.97	0.94	0.91

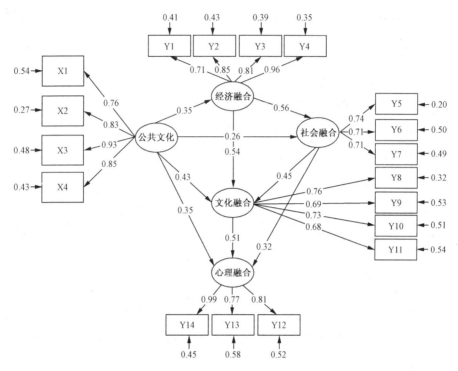

图7-2 公共文化对新市民城市融合影响的结构方程模型

7.3.2 模型分析

根据图7-2,将当地政府公共文化效果满意度结构方程模型中各变量之间的标准化路径系数整理成如表7-5所示。表7-5显示了标准化路径系数及结构变量间的效应(包括直接效应和间接效应)。

表7-5 各潜变量的路径分析及各项效应分解说明

自变量	内生变量			
	经济融合	社会融合	文化融合	心理融合
公共文化				
直接效应	0.350***	0.260***	0.430***	0.350***
间接效应		0.196	0.394	0.566
整体效应	0.350	0.456	0.824	0.916

续表

自变量	内生变量			
	经济融合	社会融合	文化融合	心理融合
经济融合				
直接效应		0.560***	0.540***	
间接效应			0.252	0.583
整体效应		0.560	0.792	0.583
社会融合				
直接效应			0.450***	0.320***
间接效应				0.230
整体效应			0.450	0.550
文化融合				
直接效应				0.510***
间接效应				
整体效应				0.510

* $p < 0.05$；** $p < 0.01$；*** $p < 0.001$

由表 7-5 可知,公共文化对经济融合、社会融合、文化融合和心理融合的总效应分别为 0.350、0.456、0.824、0.916。新市民对城市公共文化的评价越高,越有利于提高自己努力工作程度,有利于提高自身的经济收入,经济融合水平也会逐渐提高,二者有显著的直接效应;公共文化对新市民社会融合、文化融合和心理融合的影响既包括直接效应,也包括间接效应,而且直接效应的影响要大于间接效应的影响。

经济融合对社会融合、文化融合和心理融合的总效应分别为 0.560、0.792、0.583。经济融合水平越高,新市民对流入城市提供的公共文化服务质量会有更高要求,但每个人能感知到的公共文化质量并不相同,受诸多因素影响。流入城市政府需要加大公共文化宣传力度,让新市民充分了解和参与公共文化服务,并且为促进新市民积极参与公共文化服务提供资源保障。经济融合对文化融合由直接效应和间接效应构成,直接效应(0.540)大于间接效应(0.252);经济融合对新市民心理融合没有直接效应,但可以通过社会融合、文化融合两个中介变量产生间接效应。有些新市民流动前对流入地城市缺乏足够的了解,所以往往会对城市抱有过高的期望,一旦达不到理想目标,往往会产生很多负面效应。城市政府需要在新市民流动前加强就业培训和就业指导,避免新市民的盲目流动和无序流动。

社会融合对新市民文化融合和心理融合的总效应分别为 0.450、0.550。社会融合对文化融合的直接影响效应达到 0.450,说明新市民的社会交往对新市民的文化融合水平有显著影响,新市民主要根据自己的社会交往直接感知而进行综合判断。文化融合对新市民心理融合的直接效应为 0.510,说明新市民对流入城市的文化一旦认同,就比较容易产生心理上的归属感和安全感,心理融合水平自然提高。

7.4 研究结论

本章在公共文化和新市民城市融合文献回顾的基础上,结合已有的研究成果和我国新市民公共文化和城市融合现状,构建了公共文化对新市民城市融合影响的结构方程模型,试图研究影响我国公共文化对新市民城市融合的影响机理。本书利用课题调查数据,应用 4 个外源观测变量测量公共文化这个外源潜变量,用 14 个内生观测变量测量经济融合、社会融合、文化融合、心理融合 4 个内生潜变量,研究了公共文化、经济融合、社会融合、文化融合、心理融合的结构关系及影响效应。研究结果表明,结构方程在处理公共文化、经济融合、社会融合、文化融合、心理融合等潜变量关系的研究中具有非常显著的优越性,有效解决了传统方法不能处理潜变量的弊端,而且公共文化对新市民城市融合影响的结构方程模型的拟合效果很好,为解释公共文化对新市民城市融合影响的内在机理提供了有效的量化模型。根据本部分的理论分析与实证研究,结论如下:

第一,公共文化对新市民经济融合具有显著的直接效应(0.35);公共文化对社会融合既有显著的直接效应,也有明显的间接效应;公共文化对新市民文化融合和心理融合不但有显著的直接效应,而且通过多个中介变量和多条路径产生间接影响。第二,经济融合对社会融合有显著的直接效应;经济融合对文化融合既有显著的直接效应,也有社会融合作为中介变量产生的间接效应;经济融合主要通过社会融合和文化融合 2 个中介变量对新市民心理融合产生间接效应。第三,社会融合对文化融合具有显著的直接影响;社会融合既对心理融合产生直接影响,又通过文化融合这个中介变量产生间接影响。第四,文化融合对新市民心理融合有显著的直接正向影响,影响效应达到 0.51。

　　上述研究结果表明,公共文化对新市民城市融合的各个层面均有直接和间接的影响,这也充分说明加快构建现代公共文化服务体系是在我国城镇化发展面临的外部环境、内在要求、基础条件发生深刻变化的宏观背景下提出的,是紧紧围绕促进新市民的全面发展,实现产业结构、就业创业、社会组织、社会融合、公共服务等一系列转变,推进以人为本的新型城镇化的内在要求。切实将新市民纳入城镇公共文化服务体系,逐步实现城镇基本公共文化服务覆盖新市民及家属,使其平等享受市民权利,对促进新市民的经济融合、社会融合、文化融合、心理融合水平具有非常重要的作用和价值,这将有助于有序推进市民化和全面建成小康社会。

第八章 国内外公共文化服务体系
建设的做法和经验借鉴

虽然国外没有新市民的称谓,但是国外促进移民融入城市的公共文化服务政策,可以为我国完善新市民公共文化服务体系提供经验借鉴。

8.1 国外公共文化服务体系建设的做法

西方发达国家的公共文化服务体系建设相对成熟,公共文化服务体系建设主要重视文化主权、文化多元性、区域性、融合性理念,重视民众的文化接触和文化参与,在公共文化服务的基础设施、服务内容、管理模式、政策保障、人才培养机制、反馈和评估等方面取得了较为丰硕的成果,积累了相当多的成功经验。

8.1.1 需求反馈方面

发达国家已经形成了较为完善的公共文化需求反馈机制。发达国家主要是通过在公共文化服务领域引入竞争机制实现公共文化需求的有效反馈,因为只有那些能满足公众文化需求的服务和产品才有竞争力。美国“市场主导、政府间接引导”的公共文化服务模式是指在开放的市场经济和社会环境下,政府只提供宽松的外部环境和严格的法律制度,保障文化和艺术活动能够自由竞争发展。虽然这种模式有许多缺陷,但在保证文化机构自由竞争,促进文化多样化和法制化发展等方面具有明显的优势[168]。以英国、澳大利亚等为代表的政府与社会共建的“分权化”模式,通过设置一级非政府的公共机构作为中介,使政府与社会保持“一臂之距”。这种管理模式减少了政府机关的行政事务,从而提高了政府行政效率,另一方面,政府不直接参与文艺团体的运营,有利于监督检查,避免了腐败的产生[169]。发达国家通过引入竞争的方式有效解决了我国目前存在的公共文化需求不能得到有效满足的问题,非常值得学习和借鉴。

8.1.2　有效供给方面

发达国家的公共文化服务供给比较完备,包括公共图书馆、广播、博物馆、展览馆、科技馆、档案馆、文化遗址、艺术馆等文化设施,还包括动物园、水族馆、公园等设施。如英国伦敦拥有世界著名的博物馆和图书馆 30 余座,共有公共图书馆约 400 个,纽约拥有世界著名的百老汇、林肯艺术表演中心、美国大都会博物馆、美国自然历史博物馆等文化设施[170]。发达国家重视歌剧舞蹈、电视电影、读书看报、运动健身、社区庆典、节日、民俗等文艺活动。法国在文化系统内,推行适度的分权化的改革,倡导各级政府对文化发展责任的担当,鼓励它们制定符合当地实际的文化政策。这样,实现了中央集权与地方分权的结合,有效地调动地方政府参与文化建设,地方投资兴建了地区博物馆、图书馆、影剧院等公共文化设施[171]。2001 年 12 月,英国财政部规定"政府支持的博物馆和美术馆的永久陈列品若对公众免费开放,就可以享受增值税返还。"到 2005 年 10 月,免费开放制度又扩展到英国 48 所大学的博物馆和美术馆。为此,英国文化、媒体与体育部每年拨出 4 000 万英镑补偿其下属 12 家博物馆因免费开放损失的门票收入,而该部门主管的所有 22 家博物馆和美术馆每年还能享受总额为 3.2 亿英镑的预算支持。这种有条件的免费开放使英国博物馆和美术馆参观者大增[172]。

公共文化服务内容方面满足了公民的需求,法国提供的公共文化服务照顾到了全体民众的利益和需求,实现了政府自上而下的任务主导机制和自下而上的反馈机制的良性对接。法国公共文化作为国家提供的公共产品,已经进入了公民的日常生活,公众享受免费的公共文化活动,并且是高质量、受到尊重的服务[173]。发达国家往往通过建立各类文化咨询委员会、召开文化政策听证会、公布咨询文件等方式,吸纳专家及公众参与公共文化服务的决策和文化产品、服务的提供,从而可以提供丰富的、能满足不同阶层基本文化需求的公共文化产品和服务,如图书馆、美术馆、博物馆、文化馆等提供的有针对性的文化服务和产品[174]。

8.1.3　保障方面

发达国家公共文化服务具有健全的法律法规保障体系,比如,英国在 1850年就通过了《公共图书馆法案》,1964 年颁布了《公共图书馆和博物馆法案》,免费向有需求者提供服务。1972 年韩国制定了《文化艺术振兴法》来保证文化发展的持续性和规范性,并在 1995 年做出重大修改,采取了更为积极主动的政策。

法国公共文化法律非常多,总共分为三个层次:一般立法、文化立法和部门立法。一般立法如宪法、税法、社会保障法、劳动法等,是每个部门制定规范/标准的依据;文化立法主要是针对文化领域的立法,如对档案、电影、视觉艺术和文化产品的立法;部门立法则主要针对的是某一个具体部门而言,如视觉艺术和应用艺术部、文化遗产部等确立的法律[175]。法国还设有各类具体的公共文化法律,如《图书馆法》《博物馆法》《文化赞助宪章》《企业参与文化赞助税收法》《文化赞助税制》等法案[176]。在公共广播方面,美国颁布了《1988年公共电讯法令》,英国颁发了《1990年广播法令》,德国颁发了《州际广播协议》,澳大利亚颁发了《澳洲广播公司法令》,加拿大颁发了《1991年广播法令》等都对公共广播公司的职责、责任人、服务标准等方面提出了要求。

发达国家具有多样化的公共文化服务组织保障体系:以法国和日本为代表的文化行政部门主导模式。文化行政部门从全局上对全国的文化事业予以指导,法国首创通过契约形式对全国公共文化进行管理。如法国设立"文化和通讯部"直接管辖全国的文化艺术事业并进行经费的划拨和支助。以美国和加拿大为典型的市场主导模式。在这种形式中,政府主要颁布制度和相关政策规范公共文化主体的行为,而各类文化团体、民间组织等成为公共文化服务体系的主要承担者。如美国不设文化部,但通过设立国家艺术基金会、国家博物馆图书馆会等政府代理机构来资助文化艺术,对文化的支助主要运用税收杠杆来鼓励民间投资。美国于1965年和1967年分别成立"国家艺术基金会"和"公共广播公司",由美国国会直接拨款支持艺术和公共广播事业的发展。以澳大利亚、英国等为代表的"共建制"模式,即公共文化服务体系的管理由政府和社会共同进行。政府设置三级管理体制,第一级是中央和文化各部委负责制定文化政策、划拨和审核经费,第二级是中级地方政府及各中介代理机构,第三级是基层一级,以基层地方政府为主,具体负责使用相关经费。如英国设立了"文化、媒体和体育部"负责艺术、康乐、图书馆、博物馆、广播等部门,并资助艺术委员会、美术工艺局等部门,而具体的文化资源分配则通过各级文化艺术委员会来完成[177]。

资金投入方面,美国政府在通过文化中介机构给予文化社团有限资助的同时,注重综合运用市场化的融资手段及适度的财税优惠,动员民间资本参与公益性文化事业建设[178]。法国对于文化事业的财政投入分中央和地方两级,主要通过两种方式给予文化事业财政支持:一是在国家层面,中央政府先对文化和交流部进行财政拨款,再由文化和交流部对位于首都和其他大城市的重要文化设施和重要文化活动给予资助;二是在地方政府层面,各大区、省和市镇政府通过文化事业专项预算,对本地区一些重要的文化设施和文化活动提供财政支持[179]。法国政府每年文化部的财政预算均占国家财政总预算的1%。法国地方各级政府还要投入两倍于国家预算的资金,用于发展本地文化。国家每年拿出大约50亿法郎扶持新闻、文学、艺术、音乐、电视、电影等行业[180]。随着社会的发展,英国文化体制从单一制逐渐转变为单一制框架内的联邦化地方文化自治管理体制。英国的公共文化事业管理实行"一臂之距"管理模式,即中央政府采取经由中间环节拨款的方式,把资金间接地分配给艺术组织机构,再由艺术组织机构分配给需要扶持的公共文化事业机构[181]。

8.1.4　绩效管理方面

发达国家大都建立了一套比较完善的公共文化服务的数据统计体系和绩效评估体系。英国审计署负责对公共文化服务的资金情况和服务效益进行审计。英国的审计报告有《对皇家公园代管机关的审计》、《国家对科技、艺术的资助项目的审计》。英国审计署还对公共文化服务的质量进行调查、分析和评估。英国主要的公共广播服务提供者BBC也向国家审计署负责,审计署代表议会及"政府账目委员会"审议广播公司的公共开支[182]。美国审计署负责对美国艺术基金会进行审计,评估基金的使用、管理和绩效情况,而美国艺术基金会每年定期向公众发布年度报告书,汇报每年资金的使用情况和绩效情况,并不定期对公众参与文化活动的参与情况进行调查和分析,并颁布相关的调查报告,如《2002:公众艺术参与调查》、《艺术家就业和失业状况:1971—1980》等。

其次,完善了相关的绩效评价制度和规则。英国文化传媒体育部1999年发布了《政府资助博物馆与美术馆效率与效益》,开始对政府资助的博物馆和美术馆进行绩效管理;2001年制定并实施了《全面高效的现代公共图书馆—标准与评估》,制定了针对公共图书馆的绩效评价标准。以英国副首相办公署名义发布的《最有价值绩效指标:2005/06》,这个文件对博物馆和美术馆的评价指标进行了完善;英国广播公司通过发布节目政策声明向公众负责,并坚持原来的评价标准[183]。美国博物馆协会负责定期对美国博物馆设施、服务、运营、资助进行评价,并向政府出具书面报告。美国公共广播局必须就自身的营运、财政状况向国会提交年度报告,其财务交易状况必须交给总审计局审计,审计局将审计结果呈交国会。

加拿大、新西兰和澳大利亚等国家在公共文化的绩效评估方面也建立了比较完备的体系。以加拿大公共广播为例,加拿大广播公司通过文物部部长向国会提交报告,也接受加拿大视讯管理局的牌照管理,其财务制度和管理制度的评估受加拿大审计局的审查。加拿大广播公司通过网址向公众公布其政策和相关的运营情况。新西兰通过文化遗产部对公众参与情况、资金利用情况进行调查。

发达国家的公共文化体系建构具有以下鲜明的特点:首先是政府、市场、民间等主体在公共文化服务体系中起着重要的作用。根据政府在公共文化服务体系中发挥作用的强弱可以把各国的管理模式分为"强调控型"、"弱调控型"和"双元调控型"。不同的模式中,政府在公共文化服务体系中所起的作用的强度各不相同。其次,在资金的筹集和保障上,发达国家的资金来源主要有两大方面,政府的财政划拨或是民间的捐助。再次,在监督反馈方面,发达国家对公共文化的投资情况受议会和社会公众的监督。议会或公众对文化部门的监督和评估也表现在对文化部门的资金使用效率、利用率和文艺人才培养率、公众满意度等情况的监督和评价。第四,发达国家的公共文化服务体系还离不开法律的保障。发达国家非常重视公共文化服务体系的制度完善。

总之,西方发达国家在建设公共文化服务体系方面表现出服务设施比较完备、公共文化服务效率较高、管理体制较完善、保障机制比较健全、绩效评估比较有效、反馈机制比较灵活的特点,为我国公共文化服务体系的建设提供了宝贵的经验。

8.2　国内公共文化服务体系建设的做法

8.2.1　需求反馈方面

为了形成信息畅通的群众基本文化需求反馈渠道和实际有效地满足群众文化需求机制,厦门市文化广电新闻出版局发布了《厦门市群众基本文化需求反馈办法》,并对群众基本文化需求反馈制度进行了界定,主要包括群众基本文化需求信息的反馈、公共文化产品实际效果的反馈、反馈纠偏机制和反馈保障机制等内容[184]。深圳市文体旅游局等政府有关部门注意根据群众文化需求的特点、城市文化资源特点和城市发展的目标定位,策划、设计和组织各类文化活动,同时有意识地将其培育和打造成本土文化品牌,通过品牌活动的影响力、辐射力、凝聚力,吸引人民群众主动热情参与。这些品牌活动包括:"深圳读书月""市民文化大讲堂""社科普及周""深圳大剧院艺术节""中外艺术精品演出季"和"交响乐音乐季""外来青工文化节""鹏城金秋社区文化艺术节""文化遗产日"系列活动等[185]。为了及时掌握群众文化需求,长春市九台市特别建立了群众基本文化需求反馈机制,让老百姓的文化生活得到了最大化的满足,为了及时掌握群众的文化需求,九台市特别建立了文化信息反馈制度,利用文化站、文化馆、图书馆、社区文化活动室及时收集群众的文化需求信息,根据信息需求,研究解决办法及时满足群众需求。九台市向群众发放需求反馈卡,根据群众的需求反馈提供相应的文化活动[186]。

8.2.2　有效供给方面

公共文化服务基础设施是公共文化服务有效供给体系的物质基础,是保障新市民文化权益和文化需求的最基本的物质载体。国内经济发达地区都很重视基础设施的建设。发达地区的公共文化服务基础设施包括电视台、文化馆、博物馆、图书馆、科技馆、美术馆、文化服务站和各社区的文化室等场所。这些设施构成一个从社区到企业,从民间到政府,从正式到非正式的公共文化设施网络。如广东省东莞市的长安镇将文化设施纳入到城市建设整体规划中,形成了一个密布城市中心区、社区、居民小组乃至工业园区的公共文化网络,先后建立了体育馆、博物馆、莲花山书法主题公园、青少年宫、图书馆、电视演播厅、粤艺苑、广场、影剧院、文化馆等设施[187]。上海市在 20 世纪末投资建设了大量的公共文化设施,全市拥有艺术表演团队 103 个,表演场所 150 个,博物馆 28 个,图书馆 30 个,群众文化事业机构 247 个,文化站 217 个,公园 144 个,在全市形成了合理布局、结构合理和设施先进的公共文化设施网络[188]。

公共文化生产运营情况是公共文化有效供给体系的核心。通过生产运营环节,公共文化产品才能顺利提供给人民群众,从而满足人民群众日益增长的文化需求。公共文化生产运营离不开多种社会力量的参与,如政府部门、企业、社区和各种公益性的文化事业单位、中介组织、民间组织等。长安文化学堂是东莞市知名的文化品牌活动之一,包括文化学堂、骄子学堂、艺术空间三个板块,文化学堂主讲嘉宾都是国内文化界的名人大腕,每次学堂活动都采取公益免费的方式进行[189]。长安镇的公共文化运营机制也非常灵活,该镇从 2002 年开始就形成了每三年举办一届艺术节、一届运动会、一次大型活动的文化活动大循环工作机制,鼓励各种民间文艺团体举办各种文艺表演、健身舞会、交谊舞和体育竞赛。企业通过举办各种文娱生活、文学艺术沙龙活动来丰富员工的生活,政府配合企业,以"文艺进企业"的形式来丰富企业员工的精神生活[190]。上海市积极探索公共文化生产运营机制,打造出了一批具有特色的文化品牌。上海市以数量多、档次高、影响大的文化活动为基础,形成了一批具有特色的文化品牌。此外,还有上海市国际服装文化节、上海市国际茶文化节、上海国际芭蕾舞比赛、上海宝山国际民间艺术节等高品味、大规模的文艺活动,打造了京剧《贞观盛世》、话剧《商鞅》、昆剧《牡丹亭》等"国家舞台艺术精品工程"中的艺术精品[191]。浙江省提出公共文化供给要从"单向输送"向"双方互动、供需对接"的方向转变,根据人民群众的文化生活要求与欣赏品位越来越高的情况,浙江省提出注重提升"送"文化的品质和实效,开展文化需求和满意度调查,实行有针对性地配送;引入项目招标等竞争机制,对一些公共文化产品、文化服务项目,通过竞争提高公共文化产品质量;着力从"送"文化向"种"文化的方向转变,搭建各类展示"种文化"成果的平台,吸引广大群众积极参与[192]。昆明市非常重视信息技术在公共文化体系中的运用,信息网络在公共文化体系中的运用为昆明的城市居民、新市民共享宝贵而稀缺的文化资源提供了一条新途径,昆明文化信息资源共享网络已经覆盖了每一个乡镇,为城市居民和新市民提供了各种地方戏曲、专题讲座、影视作品和电子图书等各种文化服务,同时在城市中建立各种文化站、文化室和阅读场所以及博物馆、档案馆等机构[193]。

8.2.3　保障方面

国内经济发达地区采取了一些比较有效做法来保障公共文化服务体系正常运转。首先是从政策法规上予以规范。政策法规能为公共文化服务体系的建立提供制度上的保护和政策上的指导。建立完善的政策体系有助于公共文化服务秩序的形成,有助于提高公共文化服务水平,促进公共文化服务体系更好地发挥作用。促进新市民和城市融合的公共文化服务体系需要从政策法规上予以指导和保障。如苏州市在贯彻《国家"十一五"时期文化发展规划纲要》等文件的基础上,根据本市的实际情况制定并实施了一系列规范公共文化服务体系建设的政策、规则,如《苏州市"十一五"文化发展规划》《"文化苏州"行动计划》等[194]。2011年9月29日,广东省十一届人大常委会通过了《广东省公共文化服务促进条例》(以下简称《条例》),这是全国第一部关于公共文化服务体系建设的综合性地方法规,提供了加强公共文化服务体系建设立法的一种整体思路,具有较强的示范意义,广东的公共文化服务体系建设自此纳入了统一的法制化轨道[195]。广东东莞市长安镇2010年制定了《长安镇建设文化名镇规划纲要(2011—2020年)》,提出用10年左右时间把长安打造成文化设施一流、文化品牌众多、名人名作层出、人文精神丰厚、在全国具有一定影响力和知名度的文化名镇。《长安镇文化名镇建设规划纲要(2011—2020年)》还将歌剧院、新文化艺术中心、社区和企业的文化中心区,以及"十分钟文化圈"等纳入新的10年规划建设[196]。近年来,苏州吴江市、镇两级政府在制度、政策上建立了新市民文化活动机制,宣传文化部门在每年的文化活动规划中,将新市民文化活动列入了全市文化活动的考核体系。市里统一发文、统一部署、统一行动,要求各个部门和各单位重视新市民文化工作,各文化单位(馆、站)每年要有针对新市民开展文化活动的计划和安排[197]。2006年以来,福州先后出台了《福州文化强市建设纲要》《关于进一步扶持福州地方传统艺术事业发展的若干意见》《福州市三坊七巷、朱紫坊历史文化街区保护管理办法》《福州市保护发展传统工艺美术的实施意见》《关于加强非物质文化遗产保护工作的实施意见》《福州公共文化、体育、医疗卫生设施布局专项规划(2008—2020年)》和《福州市茉莉花文艺奖评选奖励办法》等一系列政策法规,有力地推动了文化事业建设走上制度化、规范化的发展轨道[198]。上海市近年来颁布了一系列的公共文化管理规章制度,如《上海市公共图书馆管理办法》、《上海市社区文化服务中心章程》、《社区文化活动中心配置规范》、《关于本市开展街道(乡镇)图书馆等级评定工作的通知》等,这些法律规章为推进上海公共文化服务发展做出了巨大贡献[199]。

其次,公共文化服务体系的保障体系还包括多元资金投入保障。公共文化服务体系需要靠一定量的资金才能顺利运行,在资金投入方面,发达地区大多实行以政府为主导,其他资金注入为辅助的多元资金注入方式。这些辅助的资金包括民间资本、企业赞助、社会捐赠等多样化的来源渠道。通过财政支助、社会捐助、个人捐赠等途径,对公共文化服务体系进行资金资助,采取各种激励措施鼓励文化工作者增强积极性和创造性。如广东东莞长安镇在2003年就制定了文化建设10年规划,每年划拨财政支出的4%用于日常文化建设,2009—2011年共投资10亿元进行文化基础设施建设。此外,该镇对全镇所有的图书馆(室)、广场、公园等公益性文化单位,实行免费开放,由财政全额拨款。对非公益性文化单位如影剧院、文化中心等,也实行适当财政补助。《长安镇文化名镇建设规划纲要(2011—2020年)》中计划从2011年起至2015年,镇财政争取每年投入1亿元用于文化建设,各社区用于文化建设的经费不低于社区财政支出的2%[200]。浙江省始终坚持政府投入与社会参与双轮驱动的做法,积极拓展多方面的融资渠道,确保投入格局多元化,促进了公共文化设施建设[201]。浙江省从两个方面加大资金投入保障,一是坚持财政预算列支,从2007年开始,浙江省财政每年用于公共文化设施建设专项资金达 1.09 亿元并且逐年增加,公共文化事业建设费占财政支出的比重连续七年位居全国第一位;二是始终坚持吸收民间资本。浙江省抓住全省人民生活水平提高后,对文化需求愿望日益强烈的时机,将社会资本丰厚和民间文化底蕴深厚的优势加以充分利用,鼓励社会力量参与到公共文化设施建设中,形成以政府投入为主、民间投入为辅的格局[202]。

最后,公共文化服务体系的建立还离不开人才保障。人才保障包括参与公共文化服务体系的各类文化人才,提供各种文化服务的专业工作者、业余文艺工作者,管理文化服务机构的人员、各种服务社会的志愿者和社会工作者;还包括建设吸引人才、聚集人才、支持人才的环境。从 2008 年起,苏州在全市开始实施"统一培训、统一考试、持证上岗"的基层文化从业人员资格认证制度,培训内容包括文化政策法规、国家公共文化示范区创建、展览展示、非遗保护、摄影、书法、音乐等多个文化工作方面的基础知识、业务知识与技能,培训合格者获得资格证书[203]。浙江省通过构建分层次教育培训机制持续实施全省文化队伍素质提升工程,对全省文化、艺术领域的骨干和乡镇文化员、村级文化管理员进行分层次培训;通过规范专业技术职称评审制度促进职称评审的规范公正,引导基层文化专业队伍的素质提升;通过壮大志愿者队伍为基层公共文化服务注入新生力量[204]。

8.2.4 绩效管理方面

科学、有效、合理的评估监督是绩效管理的重要组成部分。部分发达地区公共文化评估监督依照"宏观调控、市场监管、社会管理、公共服务"的原则进行政府改革,建立了一个科学合理的公共文化监管机构[205]。建立一套科学的、详细的、操作性强的评估标准,用这套标准来衡量地区的公共文化发展水平,考核领导干部为公共文化服务体系的构建所作出的贡献大小。上海的公共文化服务体系建设一直走在全国前列,从 2007 年就开始探索公共文化服务评估体系的建设。在上海市委宣传部和上海市文广局的指导下,上海社科院对此进行了系列研究。首先是对全市现有公共文化机构和重大文化活动进行普查和走访,了解其组织结构、经费来源、运作模式、人力资源和社会反响等,然后整合各方意见,设计了一套力图既体现政府对公共文化服务的要求、又体现公众价值导向的绩效评估指标体系,并对全市社区文化中心和重大文化活动进行了评估。2008 年对全市已建成并运行一年以上的 76 家社区文化活动中心进行试评估,2011 年对全市所有社区文化活动中心展开评估;2007—2012 连续 5 年对上海市重大文化活动进行评估,取得了丰富经验。2010年上半年,文化部在深入调研和反复论证的基础上,形成了国家公共文化服务体系制度设计课题体系,其中"公共文化服务评价考核体系研究"就由上海承担,并选择上海市徐汇区作为主要实践基地[206]。山西省提出"公共文化服务体系建设达标率"这一全新命题,并纳入省委、省政府对市、县地区经济社会发展考核评价体系,重点对公共文化基础设施建设和公共文化服务投入两部分设置相关考核指标,各占总权重的50%[207]。

总之,科学合理的评估监督体系有力地保障了社会主体充分发挥各自力量,满足新市民的公共文化需求,有力地促进了新市民与城市融合。

综上所述,发达地区在公共文化服务体系建构方面一般具有这样的一些特点:首先,具有比较前沿的政府治理理念,在公共文化服务管理方面具有创新的思维和独特的思路。其次,都颁布了一系列的法律、制度、规章来保障公共文化服务体系的建立,并使之走向正规化和规范化。第三,公共文化基础设施比较完备,依托本地发达的经济,建设了一批代表城市文化特点的地标性文化设施。第四,在公共文化人才保障体系方面善于创新,在公共文化运营方式方面勇于探索。

中西部地区的公共文化服务反馈评估机制的建立还处于初始阶段,还需要一段较长的时间才能逐渐完善。中西部地区在公共文化服务体系建构方面的重点主要在于文化基础设施的完善和管理,文化队伍的培育、相关政策的颁布、多渠道筹集资金等方面,对这些方面如何进行监督、评估还没有系统的、规范的规则和制度。就绝大多数地区来看,对公共文化服务体系的监督、评价和反馈仅仅局限于把公共文化服务的投入和成效纳入了政府的工作考核指标之内,完善的和健全的反馈评估体系还需要在实践中逐渐摸索和完善。

总体来看,我国各地各级政府及相关的文化部门在构建现代公共文化服务体系进程中开展了一系列的尝试,采取了一系列的新举措,积累了一定数量的切实可行的相关经验。主要表现在以下几个方面:完善公共文化服务的基础设施建设,创新公共文化服务的内容、形式和机制。各地在各级政府的支持下,集聚社会力量投资公共文化,形成了多渠道投入、多元化发展的良好局面,建设了一批重点文化工程和大型文化设施。

8.3　国内外公共文化服务体系建设的经验借鉴与启示

发达国家的成熟经验和国内发达地区的积极探索为构建新市民公共文化服

务体系提供了较为系统的经验借鉴,同时也带来了很多启示。主要包括以下几个方面:

8.3.1　为公共文化服务建设提供良好的物质环境和现实基础

公共文化服务建设的根本目的是为人民群众提供丰富的文化活动和参与文化活动的机会,这需要具备一些最基本的条件:接受文化服务的受众要有一定的业余时间,工资、社会保险、休息休假等合法权益能得到法律保障。也就是说,如果受众的工作时间太长,公共文化服务的建设就只能流于形式。国外发达国家对于公民的工作权益保障非常重视,有一整套行之有效的法律法规体系保障劳动者的工作权益,因此,发达国家的公民基本上具备了享受公共文化服务的时间条件和其他物质条件。但在国内,即使在经济发达地区也存在着工作时间过长,工作强度过高,工资、社会保险、休息休假等合法权益受损害的情况,新市民群体的合法权益受损尤为严重。因此,要保障新市民和城市居民平等地享受公共文化服务,需要各地政府通过制定切实有效的政策措施来保障新市民和城市居民的经济权益,为新市民和城市居民真正享受和参与公共文化服务奠定物质基础。

8.3.2　建立健全公共文化服务的法律法规制度规章体系

通过对发达国家公共文化服务的研究,可以发现,发达国家建立了一套相辅相成、相互支撑的法律体系,既包括统筹公共文化服务建设的基本法律,也包括配套的、具体实施的规章制度体系。法律体系的建立不仅为公共文化服务建设提供了依据,而且也保障了各参与主体的权利与责任,可以有效引导社会资本积极参与公共文化服务建设。国内公共文化服务做得比较好的地区,也往往是在制定了一系列地方性公共文化服务法律法规的基础上,按照当地的公共文化服务整体规划进行积极建设。

发达国家除健全的法律体系外,还具有完备的公共文化服务建设的制度安排。一般包括:中央政府及地方政府在公共文化服务中的管理制度与模式;公共文化服务资金投入和投资政策优惠;公共文化服务供给主体的管理制度,包括图书馆、美术馆、博物馆、文化馆等提供的文化服务和产品;公共文化服务的绩效管理制度。完备的制度体系可以有效地解决法律的执行和落实问题。我国在公共文化建设中也积极探索了很多好的制度,比如公共图书馆制度、基层"两馆"制度,有效保证了公共文化服务政策的有效落实。

总体来讲,我国在法律体系及制度建设方面还有很大空间,需要进一步加大建设力度,制定符合中国社会文化大繁荣大发展要求的公共文化法律体系,同时建立科学、系统、协同的管理制度,为公共文化服务的发展提供法律保障。

8.3.3　充分发挥政府在公共文化服务建设中的重要作用

无论是以法国、意大利、西班牙、葡萄牙、巴西、阿根廷、俄罗斯、日本等为代表的"政府主导"模式,还是以美国为代表的"市场主导"模式,甚至以英国、澳大利亚等为代表的政府与民间共建的"分权化"模式,政府在公共文化服务建设中都发挥着无可替代的作用,当然,在不同模式中政府的作用是不一样的。无论哪一种模式,政府在公共文化建设中都要发挥以下作用:第一,资金投入作用,三种模式中虽然资金投入的形式有较大差异,但政府都要发挥资金投入的作用;第二,政策引导作用,政府的资金投入除了直接供给公共文化设施、产品与服务外,还应充分发挥公共财政的引导和杠杆作用,引导社会资本参与公共文化服务建设,比如政策优惠、税收减免等;第三,监督管理作用,各级政府是否按照法律的要求投入资金,公共文化服务质量是否符合标准化、均等化的要求等问题都需要发挥政府的监督管理作用,无论哪种模式,政府的监督管理作用都不会减轻或消失,模式创新只表示政府监督管理的内在结构和外在形式发生变化。

由于我国还没有建立起完善的社会力量参与公共文化服务建设的法律及制度体系,政府在公共文化服务建设中的作用将会更加重大。在未来的公共文化服务建设中,政府需要借鉴更多有利于提高公共文化服务效率和效能的做法,充分发挥政府在公共文化建设中的主导作用,形成社会力量和人民群众共同参与公共文化服务建设的局面。

8.3.4　重视公共文化服务均等化,满足人民群众的多元化和层次化需求

不同类型、不同区域的群体可以享受均等的公共文化服务已经成为发达国家的共识和基本的施政纲领。他们会特别注意将公共文化服务资金、服务设施、服务资源和服务活动相对均衡地分散到国家各个地区,兼顾不同区域之间的、群体之间的公共文化服务的平衡和均等化。国内部分经济发达地区政府也认识到为新市民等弱势群体提供公共文化服务活动是当地政府的责任和义务,同时,为新市民提供均等的公共文化服务也会促进当地多元城市文化的形成,从而促进本地社会经济的持续健康发展和社会的和谐发展。

随着社会经济的迅速发展和服务对象需求的变化,各个国家的基层群众的文化需求都变得日益层次化和多元化,发达国家的政府和公共文化服务供给主

体也在积极完善自己的文化供给模式,通过多种形式满足基层群众的文化需求。由于我国的特殊国情,公共文化服务要满足均等化、多元化和层次化的要求还要面对较大的挑战,需要各级各地政府、各类协会、用人单位、非政府组织、社会团体、个人的通力合作,借助现代信息技术和网络平台,为广大人民群众提供可选择的、有价值的、多层次的公共文化服务。

8.3.5　加强公共文化服务人才队伍建设

建立专业化、高素质的公共文化人才队伍是推动公共文化服务事业发展的关键。发达国家对文化人才队伍的培养和建设非常系统,为满足本国公民的文化需求提供了强有力的人力资源保障。国内部分经济发达地区在公共文化人才队伍的规划、招聘、使用、培训开发、职称评审等方面进行了创新,加大力度培训专业技术人才,选拔优秀文艺人才和文艺骨干继续学习或国外深造,重视领导干部的培训工作,培养公共文化服务的优秀干部队伍,鼓励学习文艺的大学生到公共文化服务部门从事实践活动或就业,为公共文化服务体系的建设储备后备人才。鼓励高端文艺技术人才自由流动,引进或培养国内外艺术界优秀人才,为当地公共文化服务的推进和落实、优秀产品的提供和传播提供人才保障。

我国大部分地区对公共文化服务人才队伍建设的重视程度和投入力度都不够,从而导致公共文化服务过程中缺乏足够的人手,再加上我国城镇化水平的不断提升和新型城镇化战略的推进,进入城市的新市民会越来越多,对基层公共文化服务人员的数量和质量要求都会明显提高。而现有的公共文化服务人员配备比例不科学,没有从科学性和合理性的角度配置公共文化服务人员数量,从而导致基层工作人员即使超负荷工作也无法完成工作任务的现象。

另外,还要考虑公共文化服务志愿者队伍和非政府组织等社会力量的建设和使用,充分发挥各类文化服务人才队伍的协同作用,更好地满足基层群众的精神文化需求。此外,高校也可以积极探索新的培养途径,为公共文化服务的未来发展培训应用型和创新型人才,不断提升我国公共文化的人才资源供给数量和质量。

8.3.6　结合各自的历史传统,创建符合地区文化特色的公共文化服务

发达国家在建设公共文化的过程中都特别重视本国的历史文化传统,以此为基础探索和创新适合本国的公共文化产品和服务。法国的文化政策近年来异常关注保护本民族文化特色和文化独立性问题。它在全球化的浪潮中,不遗余

力地主张"文化例外"原则,坚决反对把所有的文化问题(包括文化事业和文化产业问题)纳入世界贸易组织的商业规范之下,借以保护日益受到美国通俗产品侵蚀的民族文化[208]。韩国、日本、英国等国家也同法国一样,不断加大对民族文化的支持和传承。无论是发达地区还是中西部地区,都重视开发本土的文化资源、历史资源作为公共文化服务体系的重要内容。

　　国内各地区的历史文化传统、经济发展水平、地理位置、文化资源等均有较大的差异,各地区在建设公共文化服务体系的过程中,要根据自身的实际情况和文化资源分布情况,以当地群众的精神文化需求满足为出发点,探索和创新公共文化服务内容和形式,以当地历史文化传统和民间优秀文化资源为特色,创建符合自身发展的公共文化服务体系。只有建立在民族文化基础和历史传承之上的公共文化才是具有强大生命力的文化。

第九章　新市民公共文化服务体系理论架构

构建新市民公共文化服务体系不是要单独建立一个针对新市民的公共文化服务体系，而是对原来城市公共文化服务体系的完善和优化。由于新市民已经成为城市的重要组成部分，新市民城市融合程度是影响我国全面建成小康社会的重要因素。因此，党的十八大报告提出了新型城镇化的发展战略，而新型城镇化战略的核心就是"以人为本，公平共享"，让新市民共享社会发展成果，与城市有效融合。文化建设是"经济建设、政治建设、文化建设、社会建设、生态文明建设"五位一体建设中的重要环节，而公共文化服务体系建设又是文化建设的关键内容，因此通过构建现代公共文化服务体系促进新市民与城市融合，进而实现我国文化建设目标，最终实现全面建成小康社会的战略目标就是一项紧急而重要的任务。

9.1　新市民公共文化服务体系的建设目标

新市民公共文化服务体系的建设目标不但涵盖城市传统的公共文化服务体系建设目标，而且要具备更全面的建设目标和承担更大的历史使命。作者认为新市民公共文化服务体系的建设目标包括以下几个方面。

9.1.1　满足人民群众基本文化需求，保障人民群众基本文化权利

"基本文化需求"是一个相对、动态的概念，当前国家对基本文化需求的界定范围主要包括读书看报、听广播、看电视、文化欣赏、参与公共文化活动等方面的需求。"基本文化权利"是包括新市民在内的所有城市人口参与文化活动、享受文化发展成果、开展文化活动及文化创造、文化创造成果得到法律保障的权利。城市的现代公共文化服务体系生产和提供的基本公共文化服务与产品不是仅仅面向城市户籍人口，而是面向整个城市的所有人口，面向包括新市民在内的各类

弱势群体。要满足包括新市民在内的所有城市人口的基本文化需求,保障和实现包括新市民在内的所有城市人口的基本文化权益,这是构建现代公共文化服务体系的出发点和价值基础,也是服务型政府应该承担的职责。

9.1.2　缩小城市群体间的文化差距,引导培育城市主流文化

现代化城市是由多元文化构成的,多元文化之间应该相互包容、和谐共存。但由于城市内部各群体之间的差异,特别是各群体之间的文化差异比较大,各群体之间缺乏有效的沟通和交流,而通过构建新市民公共文化服务体系,一方面加大针对新市民等城市弱势群体的公共文化服务体系投入,保证公共文化服务体系的基础设施、资金、服务和人力资源投入以提升城市弱势群体的文化素质,缩小与城市其他群体之间的差距;另一方面,依托各城市的文化环境、文化传统和文化特色资源,采取针对性措施构建现代公共文化服务体系,培育城市主流文化,为实现城市多元文化的全面融合提供价值基础。

9.1.3　保护和挖掘我国历史文化资源,打造文化品牌,传承民族文化

现代公共文化服务体系的建设不仅仅要满足人民群众的基本文化需求,还要在弘扬、保护和传承中国优秀传统文化方面发挥更重要的作用。习近平说“中国传统文化博大精深,学习和掌握其中的各种思想精华,对于树立正确的世界观、人生观、价值观很有益处。学史可以看成败、鉴得失、知兴替;学诗可以情飞扬、志高昂、人灵秀;学伦理可以知廉耻、懂荣辱、辨是非。”[209]我国各个地方都有着丰富的文化底蕴、卓越的文化资源和独特的风俗习惯。现代公共文化服务体系要依托当地优秀特色文化资源,打造具有地方特色的公共文化品牌,弘扬、传承并不断创新中国传统文化,让城市社会包括新市民在内的各个群体在享受公共文化服务、参与公共文化活动的过程中感受传统文化巨大的精神力量,使中华优秀传统文化成为涵养社会主义核心价值观的重要源泉。

9.1.4　培育包括新市民在内的城市各社会群体共同的精神家园

当前我国人民群众的物质生活水平明显提高,多元价值观并存。我国面临着深刻的社会变革,在形形色色的意识形态和价值观念的碰撞和激荡中,信仰缺失、理想信念缺乏、道德缺损等各种不良现象大量出现,这些都会阻碍我国建成全面小康社会。新市民公共文化服务体系应该以公共文化服务设施网络为载体,以社会主义核心价值体系为灵魂,以满足人民群众基本文化需求为路径,以引导城市社会内部各群体接受社会主义核心价值观和行为准则为目的,将城市

建设成为各社会群体共同的精神家园,形成强大的精神凝聚力,从而为实现中华民族的振兴和社会主义现代化建设提供良好的社会氛围和精神保障。培育城市人口共有精神家园既要符合我国社会主流价值观的本质要求,又要最大限度满足社会各群体多元化的精神文化需求。

9.1.5　提升文化软实力,提高国家竞争优势

在当今世界,国家之间的竞争已上升到文化层面的竞争,各种不同文化之间的竞争日趋激烈。提高国家文化软实力不仅是我国文化建设的战略重点,也是我国建设和谐社会的重要组成部分,更是实现中华民族伟大复兴的重要前提,关系"两个一百年"奋斗目标和中华民族伟大复兴中国梦的实现[210]。而通过建立和完善新市民公共文化服务体系,提高包括新市民在内的城市弱势群体享受文化发展成果、提高参与文化活动的能力,不断提升城市人口的文化素质,从而提高我国在国际上的竞争优势。积极构建公共文化服务体系,有助于我国在更大的程度上获得国际社会的文化认同,在更大程度上参与国际交往规则的制订,让更多中国传统伦理智慧融入人类共同体价值体系,在国际舞台上树立成熟的现代国家形象[211]。

9.2　新市民公共文化服务体系的构建原则

9.2.1　标准化

标准化是指公共文化服务供给部门(机构)在提供基本公共文化服务时要有一个基本统一的服务标准体系。标准化是新市民公共文化服务体系持续健康运转的基本要求。基本公共文化服务标准是指在一定时期内为实现既定目标而对基本公共文化服务所制定的服务范围、服务项目、服务流程、服务环境和设施、流动服务管理标准、保障水平和服务质量等方面的相关规范的总和。基本公共文化服务标准化是确保新市民公共文化服务质量的基本手段和重要抓手。通过制定基本公共文化服务标准体系可以对不同地区的公共文化服务水平进行横向比较,也可以对同一地区公共文化服务发展水平进行纵向评估。中国地域广阔,情况复杂,无论是经济实力、政府治理水平,还是生活方式、风俗习惯都有比较大的差异,因此可以制定强制性的国家标准和选择性的地区标准,强制性的国家标准是"底线标准",它是对政府基本公共文化服务能力的基本要求,是政府对人民的基本承诺,是必须要承担的责任和应尽的义务[212]。地区性标准是各个地区根

据当地的经济发展阶段、公共文化服务能力制定的高于底线标准的地区基本公共文化服务标准体系。无论是强制性的国家标准还是选择性的地区标准都不是一成不变、一劳永逸的,应随着国家或地区的经济发展水平、公共文化服务能力、公共文化服务体系建设目标和使命的变化而动态调整,并探索建立长效的动态调整机制。

9.2.2　均等化

均等化是建设新市民公共文化服务体系的首要原则。十八届三中全会《中共中央关于全面深化改革若干重大问题的决定》明确要求"促进基本公共文化服务标准化、均等化"。这是构建社会主义和谐社会、维护社会公平正义的迫切需要,也是全面建设服务型政府的内在要求,对于丰富人民精神文化生活,提高全民族科学文化素养,具有十分重要的意义[213]。

新市民公共文化服务体系均等化的内涵主要包括:第一,机会均等。所谓机会均等是指新市民与城市居民具有享受基本公共文化服务的均等机会,政府相关部门在公共文化服务网络的设计、规划、布局、实施、服务内容/产品提供、资金保障、人才队伍建设等方面充分考虑新市民的实际情况,在各种公共文化资源分配上没有被排除在外,也没有受到歧视,新市民与城市居民获得基本公共文化服务的起点是公正的。第二,结果均等。所谓结果均等是指新市民和城市居民在享受同样的基本公共文化服务时,应该享受同样的最基本的服务标准。由于基本公共文化服务强调的是一种"底线标准"和"生存服务",原则上保证"底线完全平等"。一个国家的人民无论居住在哪个地区都有平等享受国家最低标准的基本公共文化服务的权利。新市民应该和城市居民享有同样的最基本的公共文化服务权利。第三,动态化均等。新市民基本公共文化服务均等化是一种动态的、发展型的均等化。基本公共文化服务均等化要充分考虑到基本公共文化服务的供给对不同群体发展能力的培养和对社会可持续发展的影响。随着经济社会发展水平的提高,更多的公共服务将纳入"基本"的范畴,新市民应该可以享受到符合中国不同发展阶段、动态的基本公共文化服务。第四,自由选择的均等化。基本公共文化服务均等化应尊重社会各群体的自由选择。在多元化社会中,人民群众的需求千差万别,在提供大致均等的基本公共文化服务过程中,应尊重社会各群体的自由选择权。在"基本公共文化服务"的框架内,要想方设法让新市民有自由选择的空间,不能一讲基本公共文化服务均等化就否定新市民的自由选择权[214]。

9.2.3 开放性

开放性是现代公共文化服务体系的一个重要构建原则,是传统公共文化服务体系不断改革和完善的必然要求。构建现代公共文化服务体系是完善和发展中国特色社会主义制度、推进国家治理体系和治理能力现代化的总目标下的具体制度安排,命题清晰,认识深刻,立意宏大,必将推进中国特色社会主义条件下公共文化服务体系建设迈向新的时代高度和新的历史阶段[215]。新市民公共文化服务体系开放性的内涵主要包括:第一,服务对象的开放性。公共文化是全面建成小康社会的重要目标之一,各级政府要树立起"文化民生"的理念,公共文化服务对象应该涵盖所在地区的全体人员,既要包括城市居民、还要包括新市民等弱势群体,特别是要确保新市民及家庭能获得均等的公共文化服务。第二,服务主体的开放性。各级政府在构建新市民公共文化服务体系时,应当向所有具备资格的服务主体平等开放,既包括政府部门、事业单位,也包括民营服务机构、群众性的文化组织及个人。只有保证服务主体的开放性才能确保公共文化服务体系的生命力和持续健康发展。第三,服务内容的开放性。服务内容是现代公共文化服务体系有效满足广大人民群众文化需求的核心要素,服务主体要积极调查城市社会各类群体的公共文化服务需求内容的差异性和共同点,设计有针对性的公共文化服务和产品,充分发挥基层群众参与公共文化活动积极性,确保公共文化服务内容与基层群众公共文化需求的有效对接,探索公共文化服务内容面向基层、面向不同群体、面向社会真实需求的开放性机制建设。第四,服务时间的开放性。根据我国的实际情况,新市民的工作时间相对较长,公共文化服务场馆的服务时间不能满足新市民特殊需要,公共文化服务场馆的服务时间需要考虑到新市民群体工作时间的特殊性,制定能满足新市民群体公共文化需求的时间安排计划,确保有文化需求意愿的人也能在合适的时间享受到均等的公共文化服务。比如,某些公共设施可以根据新市民群体的实际需求调整相应的服务时间和服务期限。

9.2.4 发展创新性

发展创新性是现代公共文化服务体系实现建设目标和使命的内在要求。发展创新性的内涵包括:第一,服务内容和产品的发展创新性。无论是城市居民还是新市民,他们的文化需求必将随着社会经济发展水平、自身综合文化素质的提升而发生变化,将会产生更加多元、更高层次化和个性化的文化需求。这就要求现代公共文化服务体系在公共文化服务内容和产品方面发展创新,坚持以满足城市社会各类不同群体的多元文化需求为导向,提供能有效满足城市社会各类群体需求的文化产品和服务。第二,服务手段的发展创新性。由于现代科学技术的迅猛发展,特别是互联网和移动互联网的发展,现代信息技术既对传统的公共文化服务手段带来极大的冲击,也为公共文化服务提供了全新的服务平台和载体。现代信息技术不但可以有效突破新市民与城市融合的地理区域障碍、跨部门障碍、阶层障碍等传统障碍,而且可以大幅降低新市民与城市融合的时间成本、经济成本和心理成本,加快新市民与城市融合的进程。各级政府应该努力探索以公共文化服务网络设施体系为依托,努力打造实用、高效的城市网络交流平台,通过推广数字图书馆、手机阅读室、网上博物馆、网络论坛等,促进传统公共服务的"升级换代",进一步增强城市对新市民的吸引力与感染力,促使新市民与城市居民共同自觉践行社会主义核心价值观和行为规范,共同推动新市民与城市的全面融合。第三,公共文化服务管理体制机制的发展创新性。随着公共文化服务体系在经济社会地位的提高和广大人民群众文化需求的多元化,公共文化服务体系的管理体制机制将面临更大的挑战,各级政府需要不断探索公共文化服务在资源整合、经费保障、人员队伍建设、绩效管理等方面体制机制创新,确保公共文化服务体系实现新的使命。

9.2.5　复合协同性

由于我国城市化速度的加快,城市公共文化发展遇到了前所未有的挑战,单纯依靠一个部门很难实现城市公共文化发展目标,需要发挥公共文化服务的复合协同性以提升我国城市化质量。十八届三中全会提出"建立公共文化服务体系建设协调机制,统筹服务设施网络建设;整合基层宣传文化、党员教育、科学普及、体育健身等设施,建设综合性文化服务中心;明确不同文化事业单位功能定位,建立法人治理结构,完善绩效考核机制。推动公共图书馆、博物馆、文化馆、科技馆等组建理事会,吸纳有关方面代表、专业人士、各界群众参与管理。"[216]这充分体现了复合协同性在促进新市民与城市融合的公共文化服务体系建设中的重要性。复合协同需要由党政部门主导协调,公共文化服务机构负责落实,社团参与共建,媒体动员引导,公众参与监督。党政部门是复合协同治理中的主导者和协调者,体现在公共文化服务的决策、组织、协调、监督等全过程中;公共文化服务机构在党政系统的组织协调下,具体承担公共文化服务的落实工作;以专家、学者和社团工作者为主体的公共文化协会、研究会、商会等,发挥咨询、策划、创意和监督等功能,是整个复合协同治理结构中的智力支持;媒体在公共文化服务过程的全程参与,发挥议题征集、方案公示、意见征集、政策解释、公众动员和服务质量监督等重要功能;人民群众则是公共文化服务的最终享用者和评价者。

9.3　新市民公共文化服务体系的构成要素

为了满足新市民与城市居民娱乐、休闲、求知、审美、健身、交际等多方面的需求,建设新市民与城市居民交流融合的平台和载体,将城市建成各群体共同的精神家园,作者认为新市民公共文化服务体系应该包括公共文化服务需求反馈体系、有效供给体系、保障体系、绩效管理体系,这四个要素相辅相成,相互支撑,是不可分割的有机整体。具体构成如图 9-1 所示。

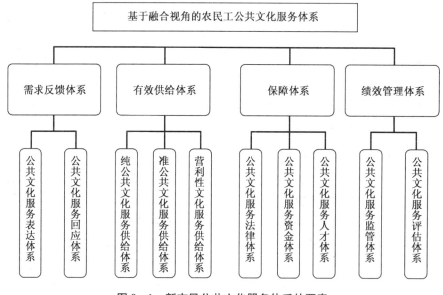

图 9-1　新市民公共文化服务体系的要素

9.3.1　需求反馈体系

公共文化服务需求反馈体系是指城市居民和新市民在民主、法制框架下,通过直接或间接的渠道,向各级政府部门和机构充分反映公共文化服务的种类、数量、质量、结构等方面的需求信息,政府相关部门和机构及时做出回应,确保城市居民和新市民的公共文化需求得以满足的制度规范和系统的总称。根据美国经济学家凯恩斯的有效需求理论,城市居民和新市民对城市公共文化服务的需求决定城市公共文化服务的供给,各级政府部门及社区应该以城市居民和新市民的有效需求为供给决策依据,科学确定公共文化服务供给的种类和数量,以达到城市公共文化服务供给与需求的均衡状态。这就需要建立一个完善的公共文化服务需求反馈体系,让城市居民和新市民能够方便、快捷地表达自己的公共文化需求意愿。

9.3.2　有效供给体系

公共文化的有效供给是指在一定时期内,一个国家或地区的公共文化机构向所辖地区人民群众提供的公共文化产品和服务在数量、质量、层次上能满足个人和社会的多元文化需求。"有效"包括两个方面的含义:一是新市民和城市居民的文化需求得到满足,但并非完全满足,满足的程度与地区发展阶段和个人经济条件密切相关;二是指社会公共文化资源的有效配置,即文化资源没有闲置,公共文化供给增进了社会福利。

公共文化有效供给体系是以新市民与城市融合为出发点,以城市居民和新市民的有效文化需求作为城市公共文化服务供给决策的依据,借助于各种科学有效的程序(包括制度、机制、体制)将新市民和城市居民的多元文化需求转变为城市公共文化服务供给方案,确保新市民和城市居民的实际文化需求能够在公共文化服务供给过程中得到满足。

9.3.3　保障体系

公共文化服务保障体系以提高城市公共文化服务质量为核心,以不断满足新市民、城市居民需要和国家发展战略为目标,以公共文化服务设施、重大惠民工程为基础,运用科学系统的原理和方法,设置统一协调的组织机构,构建协同高效的运作机制,把对公共文化服务工作持续健康发展产生重要影响的法律规章、资金投入、人才建设等核心因素有机地结合起来,形成一个任务明确、职责清晰、权限协调、能够保障和稳步提高公共文化服务水平和质量的有机整体。

公共文化服务保障体系是一个复杂的系统工程,涉及文化部门、宣传部门、财政部门、新闻出版广电总局、文明办、人力资源和社会保障部门、各级地方政府和社区等部门,是多层面多因素共同作用而形成的结果。公共文化服务保障体系是公共文化服务体系的重要组成部分,建立和健全公共文化服务保障体系是从组织、机制、资金、人才等方面保证政府长期地、稳定地提供符合国家强制标准或地方自选标准的公共文化服务或产品的关键要素。

9.3.4　绩效管理体系

公共文化服务绩效管理体系是新市民公共文化服务体系的重要组成部分。公共文化服务绩效管理体系是指由合适的绩效管理主体,在一定的时间周期和空间范围内,根据公共文化服务发展战略、计划和目标要求,应用科学有效的绩效管理方法,依据客观、系统的绩效管理指标体系,对各类公共文化服务主体及其提供的公共文化服务流程和服务数量、服务质量、服务成本及服务效果等方面进行监管和评估,并根据监管和评估结果,不断完善和优化公共文化服务体系的一系列活动、制度和规范的总称。因此,建立健全科学合理的公共文化绩效管理体系对于保障人民群众文化权益、满足人民群众文化需求具有重要的作用。

第十章 新市民公共文化
服务需求反馈体系

公共文化服务需求反馈体系是整个公共文化服务体系的重要组成部分,构建公共文化服务需求反馈体系不仅有其必要性,而且还具有可行性,它的运转效率和效果会影响到整个公共文化服务需求反馈体系的运转效能。本部分主要阐述公共文化服务需求反馈体系构建的必要性、可行性、构成要素、运转机理和构建的对策及建议。

10.1 构建公共文化服务需求反馈体系的必要性

10.1.1 需求反馈体系是保障人民群众文化权益的必要条件

根据我国 2018 年宪法修正案第二十二条规定:"国家发展为人民服务、为社会主义服务的文学艺术事业、新闻广播电视事业、出版发行事业、图书馆、博物馆、文化馆和其他文化事业,开展群众性的文化活动。国家保护名胜古迹、珍贵文物和其他重要历史文化遗产。"这明确表明了人民群众享受和参与公共文化活动是宪法赋予的基本权利。享受和参与公共文化是人民群众自我发展和自我实现的精神需要。随着我国经济水平的提高,人民群众的基本物质需求得到了满足,就有了更高的精神文化需求。新闻广播电视、出版发行、图书馆、博物馆、文化馆是现代社会满足城市居民和新市民文化需求必不可少的基本途径。为了持续满足人民群众的精神文化需求,需要建设公共文化服务需求反馈体系。公共文化服务需求反馈体系要以人民为中心。"以人民为中心"要求公共文化服务体系的建设以及相关的决策、行为和活动都必须体现城市居民和新市民的要求、权利和尊严。关注城市居民和新市民的精神需求,赋予城市居民和新市民更多的知情权、选择权、表达权和监督权。要充分了解人民群众需要的文化产品的类型、品质和数量,为人民群众提供优质的公共文化服务。因此,通过建立公共文化服务需求反馈体系来更好地保障城市居民和新市民的基本文化权益,是时代的要求,是社会发展进步的要求。

10.1.2　需求反馈体系是公共文化服务体系的首要环节

自2005年党的十六届五中全会提出要逐步形成覆盖全社会的比较完备的公共文化服务体系以来,党和政府不断加大公共文化服务体系建设的力度,全面部署公共文化服务体系建设。2007年,中共中央办公厅、国务院办公厅下发《关于加强公共文化服务体系建设的若干意见》,对公共文化服务体系建设做出全面部署,明确了我国公共文化服务体系建设的指导思想、目标任务、工作抓手及工作要求。党的十七大把公共文化服务体系建设上升为国家文化发展的重要战略。党的十七届六中全会提出满足人民基本文化需求是社会主义文化建设的基本任务。人民群众的文化需求是我国公共文化建设的起点,是确定我国公共文化建设目标、计划、效果的前提,建设公共文化服务需求反馈体系是我国公共文化服务体系建设的首要环节,是后续公共文化活动的基础,是公共文化服务活动准确、及时和有效的重要保证。通过建设公共文化服务需求反馈体系不仅可以畅通人民群众文化需求的表达途径,还可以有效运用公共文化需求信息提升公共文化服务水平。

10.1.3　需求反馈体系是解决公共文化供给不足的有效手段

我国传统的自上而下的公共文化服务决策机制已不能满足人民群众对公共文化服务和文化产品的需求,特别是新市民的文化需求。当前公共文化服务的供给主要取决于政府部门的偏好,由他们决定提供公共文化服务的数量和种类,城市居民和新市民缺乏公共文化需求表达渠道,不能有效反映大多数人的公共文化需求意愿。各级政府在政治利益和经济利益最大化的激励下,对能增加政府政绩的公共文化服务有较多的供给,比如,纳入上级政府绩效考核指标的公共文化服务设施和产品的供给较为充足,城市居民和新市民需要但没有纳入上级政府绩效考核指标的公共文化服务和产品的有效供给不足。为了解决传统公共文化有效供给不足的问题,需要建立相应的公共文化服务需求反馈体系,同时建立以需求为导向的公共文化有效供给体系,把城市居民和新市民的公共文化需求及时、有效地反馈给公共文化供给主体,为他们提供符合实际需要的公共文化服务和文化产品。

10.1.4　构建需求反馈体系是提高公共文化服务效率的有效途径

我国自从开始建设公共文化服务体系以来,投入了大量的时间、精力和资金,但公共文化服务的效果却没有达到预期目标,城市居民和新市民的文化活动仍然匮乏,特别是新市民的精神文化生活严重匮乏,非常贫乏和单调,文化层次不高,庸俗化问题突出,主要停留在睡觉、听广播等方式上,即使接触网络,也大多把网络作为打发时间的工具,而没有应用网络在信息传递、文化提升等方面的重要功能[217]。影响新市民公共文化服务效果的因素很多,但其中一个很重要的因素,就是政府相关部门提供的公共文化活动内容、时间、方式、地点等不符合新市民的实际情况,公共文化服务的提供者不了解新市民的兴趣、需求及实际工作情况等,导致服务效果不理想。如果公共文化服务的供给部门能根据新市民的工作时间、工作地点、业余爱好、文化兴趣、个人特长等实际情况选择针对性的公共文化服务,不但可以避免公共文化服务供给机构浪费时间、精力和费用,也可以为城市居民和新市民提供符合其需求的文化服务和产品,从而提高我国城市公共文化服务的效率和效果。

10.1.5　构建公共文化需求反馈体系是提高我国城镇化质量的内在要求

党的十八大提出要加快推进新型城镇化建设,所谓"新"就是要从原来的重视城镇发展速度转变为重视城镇发展的质量和内涵,要提高城镇化质量就要推进在城市工作的2亿多新市民转变成市民,还要加快拆除各类公共服务政策屏障,确保身份转变后的新市民在教育培训、就业、社会保障、住房、医疗、公共文化等方面都能享受到与城市居民同等的待遇。但是,我国目前仍处于"半城市化"状态,"半城市化"是指农村人口向城市人口转化过程中的一种不完整状态,表现为新市民已经离开乡村到城市就业与生活,但他们在教育培训、就业、社会保障等方面不能与城市居民享有同等待遇,未能真正融入城市社会。而通过构建公共文化服务需求反馈体系让新市民享受和参与自己喜欢的文化活动,对促进新市民与城市融合、建立新市民城市归属感具有非常重要的作用和意义。文化融合是不同群体的高层次融合,通过公共文化服务活动,构建城市居民和新市民接触、交流、沟通的平台,不断缩小两类群体的心理距离,逐步消除相互之间的隔阂。通过构建公共文化服务体系提高新市民享受城市文明、满足人的基本生存需求及各种不同层次需求的能力。"完善人和发展人"是我国公共文化服务体系的重要使命,只有加大公共文化服务的力度和层次,提高新市民的综合素质,实现新市民和城市的全面融合,才可能彻底解决我国目前的"半城市化"问题,提高城镇化质量和内涵建设,最终建成"求同存异,和谐包容"的多元城市社会。

10.2 构建公共文化服务需求反馈体系的可行性分析

我国构建公共文化服务需求反馈体系不仅具有必要性,而且具有较强的可行性。

10.2.1 广大人民群众的精神文化需求日益多元化和层次化

自改革开放以来,我国的经济水平取得了长足的进步,城镇居民人均可支配收入从 1978 年的 343.4 元增长到 2015 年的 31 195 元;农村居民人均纯收入从 1978 年的 133.6 元增长到 2015 年底的 11 422 元。城镇居民家庭的恩格尔系数从 1978 年的 57.5% 下降到 2014 年的 35.6%,农村居民家庭的恩格尔系数从 1978 年的 67.7% 下降到 2014 年的 37.9%。人民群众的收入有了大幅度的增长,而用于物质方面的消费比例却在不断下降,说明城乡居民对物质方面的需求相对下降。我国城乡居民精神文化方面的消费虽然发展较快,但精神文化消费在消费结构中的比重不高,2015 年,全国居民平均每人用于教育文化娱乐的支出在消费结构中的比重为 11%,与发达国家相比差距很大。这一方面表明我国居民整体精神文化消费水平不高,另一方面也表明我国居民的精神文化消费具有较大的潜力。通过构建涵盖城市居民和新市民的公共文化服务需求反馈体系来满足广大人民群众日益增长的精神文化需求,可以达到事半功倍的效果,不但可以拉动广大人民群众的精神文化消费,还可以提高人民群众对文化活动的参与度和满意度,提高公共文化服务部门的服务效率和效果,有效促进新市民与城市融合。

10.2.2 人民群众文化素质提升推进公共文化需求反馈体系建设进程

我国城乡居民的文化程度有了较大程度的提升,根据 2015 年 1% 人口抽样调查数据,与 2010 年人口普查相比,每十万人中具有大学文化程度的由 8 930 人上升为 12 445 人,具有高中文化程度的由 14 032 人上升为 15 350 人;具有初中文化程度的由 38 788 人下降为 35 633 人;具有小学文化程度的由 26 779 人下降为 24 356 人[218]。

更为重要的是新市民的文化素质较过去有了较大程度的提升,特别是 90 后新市民基本是初中及以上文化程度,在经济发达地区,新市民的文化程度会更高,高中和中专所占的比例也越来越高,根据作者综合比较各类调查结果发现,90后新市民中大概有40%—50%有高中或中专学历,当然存在区域差异。具备了这样的文化素质,他们也就具备了公共文化需求表达的能力。与上一代新市民相比,90后新市民更加注重个人的长远发展。这一群体不仅仅是为了追求短期的经济收入,还要获得更多个人发展的空间。从实现自我发展的角度看,90后新市民外出工作的首要目的是为了自己事业的发展,是抱着干事业、开阔眼界的想法进入城市,他们不仅仅要解决生存问题,更重要的是追求城市现代化生活方式。作者调查的结果表明,39.7%的被调查新市民是为了过上幸福生活,21.8%的被调查新市民是为了获得财富和地位,14.4%的被调查新市民是为了学习更多的知识和技能。由于90后新市民对于未来发展有更高的期望,他们的学习动机也更为强烈。作者的调查数据表明,95.1%的被调查90后新市民愿意花一半以上的业余时间参加培训。中国青少年研究中心的调查显示,97%的被调查90后新市民表示愿意继续学习,他们对文化知识、专业知识有极强的探求欲和积极的进取精神[219]。90后新市民希望学习的内容非常广泛,不仅仅包括职业技能的培训,还包括文化知识、法律知识、人际交往技能等方面的培训。深圳市总工会的调查显示,90后新市民在未来一年打算中,32%的被调查者希望参加培训获取证书;在培训内容上,73.8%的被调查者需要职业技能培训,55.9%的被调查者需要创业知识培训,48.7%的被调查者需要学历提升培训[220]。广大人民群众文化素质的提升将会推进我国公共文化服务需求反馈体系的建设进程。

10.2.3　党和政府对公共文化服务体系建设日益重视

党中央、国务院已经认识到公共文化服务体系对我国社会经济发展的重大战略意义。自2002年党的十六大以来,党和政府对公共文化服务的重视程度日益提升,十六届五中全会首次提出要逐步形成覆盖全社会的比较完备的公共文化服务体系,十七大把公共文化服务体系建设提升为国家文化发展的重要战略,十七届六中全会提出"加强公共文化服务是实现人民基本文化权益的主要途径,完善覆盖城乡、结构合理、功能健全、实用高效的公共文化服务体系",十八大提出要进一步完善公共文化服务体系,提高服务效能。十九大提出"完善公共文化服务体系,深入实施惠民工程,丰富群众性文化活动"。各相关部门也实施了一系列的公共文化工程及项目。"文化惠民工程"是在党的十七大提出来的,是全国人民物质生活水平快步提高之后的一项伟大工程,是社会主义文化大发展、大繁荣的一项重大举措,也是一项惠及全国人民,普及大众文化的工程。"文化惠民工程"包括广播电视村村通工程、全国文化信息资源共享工程、农村电影放映工程、农家书屋工程、西部开发助学工程和电视进万家工程等重点项目。全国文化信息资源共享工程是由文化部、财政部、中央文明办共同建设,是新形势下构建公共文化服务体系、惠及千家万户的一项重要文化基础工程,是政府提供公益性服务的重大文化项目,是实现广大人民群众基本文化权益的重要途径,对于打破落后地区信息闭塞的状况,缩小"数字鸿沟",提高广大人民的科学文化素质,推进社会主义文化大发展大繁荣和建设和谐社会,具有重要作用。《中华人民共和国国民经济和社会发展第十一个五年规划纲要》把文化共享工程列入公共文化建设重点工程专栏。党的十六届六中全会《中共中央关于构建和谐社会若干重大问题的决定》指出"优先安排关系群众切身利益的文化建设项目,突出抓好广播电视村村通、社区和乡镇综合文化站(室)工程、全国文化信息资源共享工程。"在 2008 年的政府工作报告中两次提到文化共享工程建设[221]。为满足人民群众基本网络文化需求,特别是未成年人、进城务工人员等弱势群体的网络文化需求,建设绿色网络文化环境,文化部在"十二五"期间大力实施公共电子阅览室建设计划[222]。中央财政不断加大对公共文化服务的投入力度,支持构建覆盖城乡的公共文化服务体系,中央财政 2015 年一般公共预算安排公共文化服务体系相关资金 209.8 亿元,比 2014 年增加 1.73 亿元,2003 年至 2012 年累计投入 580.11 亿元,年均增长 82.2%,2012 年中央财政安排公共文化服务体系建设资金 155.21 亿元,比 2011 年增加 25.66 亿元,增长 19.81%[223]。

10.2.4　日益完善的公共文化设施为构建需求反馈体系奠定了物质基础

为了不断满足广大人民群众日益增长的精神文化生活需求,各地各级政府普遍加大了对公共文化设施的建设力度,给持续开展群众性文体娱乐活动提供了良好的物质条件,在丰富活跃群众文化生活、扎实推进精神文明建设,以及不断拓展政府公共文化服务空间等方面,发挥了越来越重要的积极作用。在"十五"期间,全国就完成了县级公共图书馆、文化馆建设;"十一五"期间完成了乡镇综合文化站建设规划,2012 年由国家发展改革委、文化部和国家文物局共同研究编制了《全国地市级公共文化设施建设规划》,是针对地市级公共图书馆、文化馆和博物馆(以下简称"地市级三馆")建设出台的专项规划,是贯彻落实党的十七届六中全会精神的重要举措,是完善公共文化服务体系、推进社会主义文化大发展大繁荣的重要内容[224]。公共文化服务设施的完善为满足人民群众的文化需求提供了平台和载体。

10.2.5　现代信息技术为建设需求反馈体系提供了技术保障

随着互联网技术的迅速发展,我国互联网的普及率迅速提高,根据第 38 次《中国互联网络发展状况统计报告》,截至 2016 年 6 月底,中国网民规模达到 7.1 亿,互联网普及率达到 51.7%,超过全球平均水平 3.1 个百分点[225]。我国已成为全球互联网大国,互联网已深入到国民经济和社会发展各领域。而网络和通信技术的融合发展,又极大地促进了移动智能设备的高速发展,随着移动智能终端的日益普及,移动应用和服务不断丰富,我国也进入了移动互联网高速发展阶段。特别是移动互联网用户数量、终端数量、市场规模的增长速度和态势非常迅猛。据美国市场研究公司尼尔森日前发布的《2013 移动消费者报告》显示,中国的智能手机普及率已经超越美国和英国,仅次于韩国排名第二。智能手机在各国手机用户中的普及率排在前五名的具体数字分别是:韩国 67%、中国66%、美国 53%、英国 51%、俄罗斯 37%[226]。随着智能终端和手机网民的迅速增长,移动互联网改变了人们的工作、学习和生活方式,也为公共文化服务需求反馈体系的构建提供了技术上的保障,公共文化服务需求反馈体系要充分应用现代移动网络技术带来的高效率、低成本、方便、快捷等特点,大大促进公共文化服务需求反馈体系建设进程。

10.3　公共文化服务需求反馈体系的构成因素

本部分主要讨论公共文化服务需求反馈体系的构成要素,只有弄清了其构成要素,才能准确而深刻地把握和理解公共文化服务需求反馈体系的内涵。作者认为公共文化服务需求反馈体系主要由以下几个要素构成:

10.3.1　需求表达主体

公共文化服务需求表达主体是指所有具有认识和实践能力的人,主要包括两类人群,一类是城市居民,即有城市户籍的人口;第二类是新市民,即没有城市户籍、但在城市务工经商的人口。

10.3.2　需求表达客体

客体是指主体以外的客观事物,是主体认识和实践的对象。我国公共文化需求表达的客体是指城市居民和新市民的公共文化权利和义务所指向的对象,主要包括图书馆、博物馆、文化馆、科技馆、公园、广播电视、电影、出版物、报刊、互联网、演出活动、文物等诸多公共文化领域。

10.3.3　需求表达内容

内容是事物内部所含的实质或意义。公共文化服务表达内容包括公共文化服务和产品的类型、数量、结构、层次、方式、时间、地点等方面。

10.3.4　需求表达渠道

公共文化服务需求表达渠道是建立公共文化服务需求反馈体系的关键环节。需求表达渠道可以分为制度化渠道、非制度化渠道和其他渠道。制度化渠道主要是指城市居民和新市民通过人民代表大会制度、政治协商会议、政府部门组织的听证会和座谈会等正式渠道向政府部门反映希望提供的公共文化服务内容、服务形式等。非制度化渠道是指制度外的渠道，包括媒体、网络和非政府组织等合法渠道，可以有效弥补制度化渠道的不足，可以更方便、更快捷地表达城市居民和新市民的公共文化需求。但前提条件是，城市居民和新市民表达需求意愿的强烈性和非制度化渠道反映内容的真实性。城市居民和新市民自发组织的各种民间协会，如"健身协会""老人协会""科技协会"等，这些基于某种利益需求所建立的民间组织，可以将分散的城市居民和新市民的公共文化服务需求信息集合起来形成统一的利益，还可以代表城市居民和新市民将具体的需求通过正式的渠道进入决策圈，并通过组织的力量影响公共文化服务决策的形成与公共文化产品的具体供给。

10.3.5　需求回应主体

回应主体是指负责公共文化服务的基层政府、相关部门及具体的职位。基层政府及相关部门应该设置相应的岗位，具体负责收集、分析并有效回应城市居民和新市民反映的公共文化需求。

10.3.6　需求回应客体

公共文化服务需求回应的客体同表达客体是一致的，是指公共文化权利和义务指向的对象，主要包括图书馆、博物馆、文化馆、科技馆、公园、广播电视、电影、出版物、报刊、互联网、演出活动、文物等诸多公共文化领域。

10.3.7　需求回应内容

需求回应内容是指基层政府和公共文化部门根据收集到的公共文化服务需

求信息进行数据整理及分析后,通过正式的官方渠道向全体城市居民和新市民公布最终确定的公共文化服务和产品,并对不能满足的公共文化需求进行解释和说明。主要包括政府相关部门所提供的公共文化服务和产品的类型、数量、结构、层次、方式、时间、地点等方面。

10.3.8 需求回应形式

公共文化服务需求回应形式是反映基层政府及公共文化部门对城市居民和新市民公共文化服务需求是否重视的一个重要标志。公共文化服务需求回应形式应该是正式的、制度化的回应形式,应用现代媒体,如广播、电视、门户网站等,公开发布公共文化服务内容、服务方式、资金筹措等。

10.4 公共文化服务需求反馈体系的运转机理

需求反馈体系是公共文化服务体系的重要组成部分,是公共文化服务体系有效运转的基础和前提。我国公共文化服务需求反馈体系的运作流程可以分为两部分:第一,公共文化服务需求的表达;第二,公共文化服务需求的回应。公共文化服务需求表达可分为两个步骤:公共文化服务信息的准备和了解、公共文化服务需求的收集。公共文化服务需求信息的准备和了解是指城市居民和新市民调查、了解和熟悉公共文化服务需求信息,形成有效的公共文化服务需求表达的基础条件。政府公共文化部门和社区应通过各种宣传渠道、各类媒体向所辖区域的城市居民和新市民提供公共文化服务的内容、渠道、时间、地点等相关信息,了解和熟悉公共文化服务信息是城市居民和新市民有效表达公共文化需求的前提条件。同时,还要建立和完善公共文化服务需求信息的收集渠道,公共文化部门为了及时掌握基层群众的公共文化服务需求就必须建立和完善通畅有效的需求信息交流渠道,要充分利用现代信息技术,方便、快捷收集公共文化需求信息。公共文化部门还要制定具体的公共文化需求调查计划,主要包括公共文化需求调查工作的时间进度、各项具体工作在执行时可能会遇到的问题、应对方案和注意事项等。具体见图 10-1。

公共文化服务需求的收集是指按照公共文化服务需求调查计划,按计划规定的行动依次开展公共文化服务需求的收集工作。这一环节是城市居民和新市民的公共文化服务需求是否能有效传递的关键环节,城市居民和新市民可以借助正式和非正式的渠道来表达自己的公共文化服务需求,让社区和公共文化部门了解并关注自己的真实需求,在这一环节,如何激起城市居民和新市民的公共文化需求表达兴趣是一个值得研究的问题。

　　公共文化服务需求的回应是公共文化部门及基层组织对城市居民和新市民公共需求表达的一种反应,这一环节又可以分为两个层次:识别公共文化服务需求和瞄准对接公共文化服务需求。服务需求识别是指公共文化部门将收集来的公共文化服务需求信息进行整理、汇总并进行深入分析的过程,从中确定符合实际的、具有可操作性且是大多数居民和新市民最为关心的公共文化服务需求。公共文化服务需求信息来源于不同的信息采集渠道,需求信息形式会有较大的差异,因此,社区文化部门管理者有必要对收集来的公共文化服务需求信息进行分类,并根据公共文化服务需求的差异进行信息归档和整理,并对公共文化服务需求信息进行统计。对统计好的公共文化服务需求进行仔细分析,区分出城市居民和新市民的公共文化服务的共性需求、个性需求、当前需求和未来需求,在此基础上对公共文化需求的重要程度和紧迫程度进行排序。

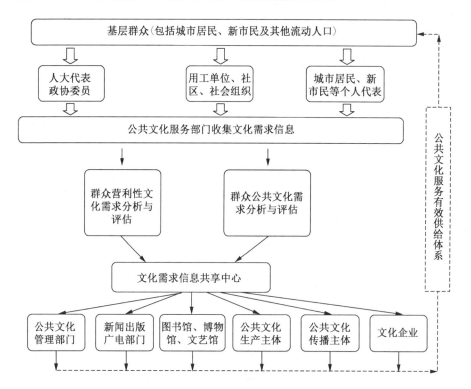

图 10 - 1　新市民公共文化服务需求反馈体系的运转机理

公共文化服务需求的瞄准对接则是指政府公共文化部门对甄选出的公共文化服务需求信息要通过各种方式和途径做出积极的回应。政府公共文化部门要将公共文化服务需求分析的结论形成书面报告-公共文化服务需求分析报告,其目的在于对收集汇总上来的公共文化服务需求做出解释和评估结论,最终确定大多数城市居民和新市民需要的、具有操作性的公共文化服务,并对不能满足的公共文化服务需求进行解释和说明。公共文化服务需求分析报告通过各种方式和渠道传递给公共文化服务需求主体及公共文化服务的决策部门。公共文化服务需求分析的瞄准对接是确定公共文化服务目标、制定公共文化服务计划的重要依据和前提。

10.5　构建公共文化服务需求反馈体系的对策建议

10.5.1　提高城市居民和新市民公共文化服务需求表达的意识和能力

城市居民和新市民是城市公共文化产品和服务的需求者,又是公共文化服务需求反馈体系的表达主体。他们的文化素质、表达能力和表达意识对构建公共文化服务需求反馈体系具有极其重要的作用。城市居民和新市民要不断提高公共文化需求的表达能力和表达意识。第一,政府相关部门和用人单位要加大对城市居民和新市民的科学文化知识培训的投入力度,特别是要加强对新市民文化知识培训的重视程度和培训力度。城市居民和新市民也要树立终身学习的意识,随着我国科技水平的迅速发展,不坚持学习将会被社会淘汰。提高城市居民和新市民的文化素质不仅有利于他们提升自身文化权利认知,而且有利于他们客观认识所在城市地区的经济社会发展现状,有能力采取理性的行为表达自己的文化权益和文化需求。第二,基层政府和用人单位要通过各种渠道,采取各种形式加强法律知识宣传和教育,逐步提高人民群众的公共文化权利意识,重点宣传人民群众比较关注的公共文化服务享受和参与的权利,转变原来的"只强调义务,不强调权利"的宣传模式,确保城市居民和新市民对自己的公共服务权利能够有较为充分的认识和了解。比如,可以通过社区的阅报栏、文化站(馆)、宣传栏、宣传册、移动互联网等形式向宣传人民群众应该享有的公共文化权益及参与公共文化需求反馈的重要性、渠道等知识。第三,城市社区通过大力开展社区居民自治活动,将社区相关活动决策权逐步归还给社区居民(包括新市民),让城市居民和新市民在社区活动的民主选举、决策、管理和监督的过程中,启蒙社区居民(尤其是新市民)的民主意识和权利意识。通过参加具体社区自治活动,促进社区居民学习参与社区自治活动的知识,了解参与社区自治活动的程序,提高参与社区自治活动的能力,懂得合法、理性争取自己的权益。除此之外,还要考虑到目前新市民与城市(社区)融合的困难和障碍,要特别关注增强新市民的民主法律意识和主人翁意识,制定符合新市民实际情况的措施,突出和细化新市民文化权益表达的具体权限,引导他们积极参与社区或用人单位组织的公共文化需求调查、公共文化服务活动,并通过实践锻炼,增强新市民参与社区自治活动的能力,不断提高公共文化资源使用效率。帮助城市居民和新市民形成城市主人翁意识和民主法制意识,能自觉主动行使法律赋予的基本公共文化服务权利及其他基本权利,不断推进我国法治社会建设进程。

10.5.2　建立健全公共文化服务需求反馈的基础设施和平台

公共文化需求反馈的基础设施建设是公共文化服务需求反馈体系建设的主要依托和平台,是提供丰富的公共文化服务需求的基本载体,是收集和了解广大人民群众精神文化需求的前提条件。第一,建立健全公共文化需求反馈的设施网络,在原有公共文化设施周边建立切实有效的需求反馈设施,比如在文化馆、图书馆、广播电视台、文化活动室等配备相应的反馈设施,可以及时地将群众的需求信息上传、汇总并进行分析,从而为公共文化的供给提供有效的支撑。特别是互联网和通信技术的迅速发展,为公共文化服务需求反馈体系的建设提供了非常便利的条件。第二,可以在人流量比较大的地方配备一些公共文化服务(不仅仅是公共文化服务,还可以包括其他的公共服务,这样可以实现规模效应)需求反馈设施,比如,地铁站、火车站、汽车站、机场、著名景点等设置一些类似触摸设备的反馈设施,既能起到宣传城市公共文化服务体系的作用,也能收集群众的公共文化需求和反馈信息。

10.5.3　完善和拓展公共文化服务需求的制度化反馈渠道

要实现公共文化服务的最优供给就需要建立和完善制度化的公共文化服务需求反馈渠道。第一,要充分发挥人大代表、政协委员等表达渠道的功能,增加城市居民和新市民在人大和政协等权力机构中的比重,将代表的责任与公共文化服务需求表达和利益维护直接挂钩,组织人大代表和政协委员定期和不定期地收集公共文化服务的需求信息和反馈信息,并整理成书面建议向相关部门反映,保障城市居民和新市民对城市公共文化服务和产品的需求意见及时得以充分反映。通过影响公共文化服务的政策制定和公共文化服务的有效供给,保障城市居民和新市民公共文化权益的实现，以促进新市民和城市的有效融合。第二，要充分发挥社区居民委员会的自治功能，充分表达城市居民和新市民的公共文化服务需求，有效处理社区居民自治权利和政府行政权力之间的关系，提高社区居民委员会的公共文化服务需求表达能力。基层政府可以借助社会调研、大会交流、政府热线、座谈会、领导接待、民主恳谈、听证制度等方式收集城市居民和新市民的公共文化服务需求信息，不断探索和创新各种有利于广大人民群众表达公共文化服务需求的路径，努力建设城市公共文化服务需求表达平台，调动城市居民和新市民参与文化服务需求与供给活动的积极性。公共文化部门可以尝试建立规范化的公共文化服务需求反馈制度，将公共文化服务需求反馈分为常规性反馈和临时性反馈两种类型，常规性反馈是定期的反馈，比如每年或每半年反馈一次等；临时性反馈是针对特殊的或专门的公共文化项目进行的需求表达和反馈。因此，政府部门要通过不断完善和拓展制度化的公共文化服务需求反馈渠道，深入了解广大人民群众（特别是新市民）的公共文化服务的实际需求，加强公共文化服务需求和供给信息传递的准确性、有效性和及时性，确保新市民能和城市居民一样平等地享受公共文化服务。

10.5.4 探索公共文化服务非制度化的需求反馈渠道

公共文化服务的制度化需求反馈渠道是收集广大人民群众公共文化服务需求信息的重要保障，但是由于制度化反馈渠道的行政化、滞后性的弊端，还需要非制度化的反馈渠道进行有效的补充。第一，发挥各类新闻媒体的宣传作用，强化公共文化服务需求反馈的监督职能。新闻媒体具有信息传递快、覆盖面大等优势，可以较快地引起相关政府部门的关注和重视。由于不同级别的新闻媒体在表达和反馈公共文化信息时受到相关政府部门的制约和影响，考虑到我国实际情况，建议多应用中央级和省级的新闻媒体对基层政府的公共文化服务建设进行监督和反馈，这种层面的新闻媒体能相对独立地表达人民群众的公共文化服务需求信息及反馈信息。国家及各级广电总局要加强对新闻媒体的监督和管理，确保新闻媒体报道的公正客观，以理性反映群众文化需求为出发点，以保障群众文化权益为基本原则。探索新闻媒体下基层的制度建设，鼓励广大新闻媒体深入到城市一线，深入了解不同行业、不同层次的人民群众的文化需求，仔细询问、认真观察基层群众的文化需求偏好，客观地报道城市公共文化服务的需求信息表达，并监督公共文化服务的有效供给。第二，探索创新多样化的需求反馈渠道。随着社会分工的不断细化，公共文化的需求反馈途径也要不断创新，探索新的、有效的公共文化服务需求反馈途径。有条件的基层政府可以尝试将公共文化服务需求表达和反馈外包,即以项目招标或课题申报等形式外包给专门的调查机构,如科研机构、调查公司、高校、咨询公司、中介机构等,中标机构要按照合同约定的要求开展公共文化服务需求调研活动,并将调查结果在规定的时间内提交委托部门。利用第三方进行专门调研,既可以发挥第三方的专业、设备、人员优势,又能够较为客观地收集、反映基层群众真实的文化需求。第三,在公共文化服务需求反馈体系建设中,要密切关注科学技术发展带来的便利条件,提高公共文化服务需求表达路径收集信息的效率。随着移动互联网技术的迅猛发展,即时通信工具被广泛使用,手机 APP、微博、微信、QQ 群以及群发软件等新型媒介在信息收集过程中发挥着日益重要的作用,有条件的基层政府可以在公共文化服务需求反馈过程应用这些较为先进且日益普及的移动互联网技术,提高公共文化服务需求信息收集效率,降低公共文化服务需求反馈体系建设成本。

10.5.5　设立公共文化服务需求回应机构,统筹管理需求回应

公共文化服务的公共属性决定了政府在公共文化服务供给上的主导地位,政府公共文化部门只有建立了与公共文化服务需求表达相对应的回应反馈机制及机构,才能更有效地了解、关注和重视城市居民和新市民的公共文化服务需求表达。当前,我国还没有建立正式的公共文化服务需求回应机构,公共文化服务需求的回应行为具有偶然性、分散性和临时性的特征。要建立公共文化服务需求回应体系,可以从以下四个方面着手:第一,加强宣传,提高认识,树立全心全意为人民服务理念。现代服务政府要改变传统的行政组织命令模式,增强为基层群众服务的意识,建立"以顾客为导向"的服务模式,将公共文化服务需求表达主体看作顾客,坚持"顾客至上"的服务理念,切实贯彻全心全意为人民服务的宗旨。第二,设置专门的公共文化服务需求回应岗位,或者在公共文化服务岗位职责中增加需求回应的职责,主要是接受各种定期的和临时性的公共文化服务需求信息,对这些信息进行收集、整理,并深入分析公共文化需求偏好,并将需求信息上报给相关的政府部门,最后把政府部门的回馈和反应传达给人民群众。建立公共文化服务需求回应机构可以看作是政府以主动、负责任的态度为基层群众提供及时、多层次的公共文化服务的一个良好开端。第三,与公共文化相关的政府部门之间要加强合作,发挥各部门的协同作用。政府文化管理部门要改变传统的行政方式,积极主动地为"顾客"服务。基层政府部门要重视文化需求主体的建议和意见,注重文化部门、广电部门、宣传部门与公共文化表达主体的及

时沟通,积极地回应、满足和实现城市居民和新市民的公共文化服务需求。宣传、文化、广电部门在提供公共服务和产品时,要进一步加强协作与配合,统筹使用公共文化资源,在横向政府部门、纵向上下级之间无缝对接,发挥各部门的协同作用,以满足广大群众的公共文化服务需求为第一要务。通过部门协作,可以提高公共文化服务需求反馈和公共文化服务建设的效率和效果。第四,探索政府公共文化服务需求回应的制度建设。建立制度化的回应机制是增强政府相关部门积极回应的公共文化服务需求的重要保障。高一级政府要加强对低一级政府政务公开的监督和管理,不断完善政务公示制度,根据公共文化服务需求表达主体的要求,对公共文化的政策、制度、服务、项目等方面进行公示,确保社区居民和新市民对公共文化服务工作的知情权。同时,还要建立健全相关部门回应的奖惩制度,对于基层群众的公共文化服务需求及时回应并得到群众良好评价的政府部门进行奖励,或者在年终考核时加分;而对于消极回应或不回应的政府部门要进行相应的惩罚,根据情节轻重予以不同级别的惩罚,以保证政府回应的履行和公共文化表达主体表达权利的有效行使。把政府部门对基层群众的需求回应及其效果纳入单位和领导干部的年终政绩考核体系,提高各部门对政府回应机制的重视。

10.5.6　提高城市居民和新市民的组织化程度,形成需求表达的合力

城市居民和新市民如果想将自己的文化需求信息有效反馈到公共文化决策部门,仅仅靠个体的力量是不现实的,需要不断提高基层群众的组织化程度。通过提高他们的组织程度来增加他们的公共文化权益表达和博弈的能力,最终达到提高广大人民群众公共文化需求表达的有效性。第一,充分发挥工会的组织优势和网络优势。工会是工人阶级的群众性组织,根据中华总工会的数据,到2012 年,中国企业法人单位工会建会率要达到 90％以上,职工入会率达到 92％以上,基本实现企业依法普遍建立工会组织的目标[227]。各级工会也将会进一步加大力度推进新市民加入工会[228]。工会是联系政府和群众的重要纽带和桥梁,是维护职工利益的代表,要把维护职工的物质文化利益和精神文化利益有效地结合起来,要积极承担起职工文化需求表达的职能,把职工的合理文化权益诉求有效地反馈给公共文化供给部门。工会在长期的工作实践中,拥有相当数量的文化、教育、宣传设施和场地,比如,职工之家、职工活动室、图书馆(室),要充分发挥这些阵地的作用,组织职工参加各种形式的文化活动,充分发挥和调动广大职工在文化活动中的主人翁精神和主力军作用,充分听取并向相关文化部门

反映广大职工对公共文化活动的合理化建议。第二,加强对公共文化领域民间组织的科学管理,使其成为公共文化反馈体系的重要组成部分。各城市均有自发组建的以业余文艺团队形式存在的民间组织,它们以健身休闲、自娱自乐、非盈利、造福群众为目标。大量的民间组织具有灵活性、成本低、了解基层群众实际需求、易创新性、效率高等正规组织所不具有的优势,使其在满足基层群体的实际文化需求方面具有政府与市场不可替代的作用。民间组织可以在公共文化服务需求表达中集体行动,体现民间组织的团队凝聚力,形成公共文化服务需求表达的合力,获得基层政府和公共文化部门的关注和重视。公共文化部门也可以通过经费支持、品牌建设、专业人员指导等优惠政策鼓励此类民间组织积极参与到公共文化服务建设过程中,既可以"上传"来自基层群众的文化需求和偏好,也可以"下达"公共文化部门的公共文化服务供给信息,促进公共文化服务需求和供给的有效对接。北京市曾做过有益的尝试,北京 2006 年启动优秀文艺品牌团队评选活动,首批入选的 25 支品牌团队分别从政府获得了 6.8 万元—13.6 万元的创作、培训专项资金。除了资金,品牌团队还可以获得更多的公益性演出和包装宣传机会。同时,品牌团队也必须接受政府部门的定期检查。这些措施为民间团队的健康发展提供了导向和支持,使这些来自基层的团队开阔视野、提高水平、加强交流,从而带动全市艺术团队的进步[229]。各地可以借鉴北京等地区的成功经验,结合自己地区的实际情况,探索有效的公共文化服务需求表达的组织化程度,形成公共文化服务需求的表达合力。

城市居民和新市民的精神文化需求多样化和复杂化已成为文化消费的主要趋势,满足城市居民和新市民的基本文化需求是建设公共文化服务体系的主要目标。各级政府要坚持以满足城市居民和新市民文化需求为出发点,以深入基层调查研究城市居民和新市民的基本文化需求为基础,实现公共文化服务的供给内容、形式和与城市居民和新市民的现实需求之间达到平衡,实现公共文化信息资源共享。构建和完善公共文化服务需求反馈体系是政府部门有针对性地提供公共文化产品和服务的重要体系保障,也是解决公共文化服务供求关系失衡、防止公共文化服务资源浪费的重要举措,同时还是城市居民和新市民参与公共文化建设和维护自身合法文化权益的内在要求。增强城市居民和新市民公共文化服务需求表达的能力,拓宽需求表达的渠道,完善需求表达的机制是提高公共文化服务供给效率和质量的根本要求。

第十一章 新市民公共文化
服务有效供给体系

第十章阐述了建立公共文化服务需求反馈体系的必要性、可行性及相应的对策建议。但是,仅仅建立公共文化服务需求反馈体系还是不够的,还需要建立新市民公共文化服务有效供给体系。通过建立有效的公共文化服务供给体系,不断满足包括新市民在内的广大人民群众日益增长的精神文化需求,保障人民群众共享文化发展成果,提高人民群众的文化生活水平,也是建设服务型政府的客观需要。通过构建有效的包含新市民在内的公共文化服务供给体系,不仅为新市民群体提供学习文化知识、参加娱乐活动、享受文化权利的平台,更重要的是为新市民群体提供了突破原有人际交往范围、拓展新的社会关系、了解城市和居民、增加城市归属感、增加社会信任的机会和场所。新市民与城市居民之间、新市民之间、城市居民之间通过公共文化活动或文化服务中的相互接触、交往、了解、熟悉,最终形成一定程度的社会信任,不仅有利于新市民突破以地缘、血缘、亲缘、业缘为基础的社会网络,拓展城市的社会关系网络,增加他们了解、认识城市和城市居民的机会,而且也有利于城市居民更客观地了解和认识新市民这个为城市做出巨大贡献的特殊群体,促进城市多元文化的和谐共存。

11.1 公共文化服务有效供给体系构成要素

新市民公共文化有效供给体系的构成要素主要包括以下几个方面:供给主体、供给内容、供给方式、供给对象、供给决策机制、供给载体(空间、渠道),供给模式。

11.1.1 供给主体

公共文化服务有效供给主体是一个广义的概念,是指负责公共文化服务的计划、组织、领导、协调、监督及具体实施的部门和机构。在我国现行的公共文化管理体制下,供给主体起着主导性的作用,公共文化服务政策的制定、公共文化服务产品和公共文化服务设施的提供都离不开供给主体。供给主体主要包括:第一类是决策主体,是各级公共文化部门的主管部门,比如,宣传、文化、新闻出版、广电等部门;第二类是执行主体,主要是指文化事业单位,是在文化领域从事研究创作、精神产品生产和文化公共服务的组织机构,文化事业单位是政府财政拨款建立、根据党和政府部门的文化方针政策、实施公共文化服务的机构。比如,图书馆、博物馆、纪念馆、文化馆、各类艺术表演团体、广播电视、新闻出版等机构。第三类是供给参与主体,主要包括社会举办的非营利公共服务机构、用人单位、群众组织和个人,它们在当地政府的公共文化政策指导下独立或配合文化事业单位完成各类公共文化服务,是公共文化服务体系的重要参与力量。

11.1.2　供给内容

公共文化服务有效供给体系的供给内容包括三个方面:第一是公共文化服务的制度供给,即提供公共文化主体参与的法律环境、制度安排、运转机制及监督管理,为公共文化服务的良好运转提供保障。第二是公共文化服务的产品供给,主要是提供广大群众所需要的公共文化服务产品,包括产品的表现形式、产品的数量、质量。第三是公共文化服务设施供给,它既是一种公共文化产品,又是开展其他形式公共文化服务的载体和平台,公共文化服务设施供给的数量及质量也从一个侧面反映了当地的公共文化服务水平。

11.1.3　供给对象

供给对象也可以称为服务对象,我国的公共文化服务对象是指依法享有文化权利的全体公民,公共文化服务对象的素质、层次、文化需求会决定公共文化服务的内容、服务方式、服务时间、服务地点以及相关的文化服务政策。服务对象既是公共文化有效供给体系的起点,又是公共文化有效体系的终点,即服务对象的需求决定着有效供给体系的内容和形式,而服务对象的满足程度又是衡量一个国家或地区公共文化供给体系的效率和效果的评判标准。在一个有效的公共文化供给体系内,辖区内的任何公民都应该有享受公共文化的权利和机会,政府公共文化部门提供的公共文化产品和服务必须要充分考虑不同群体的特殊需要。

11.1.4　供给决策系统

公共文化服务决策系统是公共文化服务供给体系的核心要素,是公共文化服务供给的"大脑中枢",在我国目前的行政管理体制下,可以探索成立公共文化服务领导小组,由地方政府分管领导任组长,公共文化服务相关部门及新市民协调机构任组员,比如,宣传、文化、广电、新闻出版、新市民领导小组办公室、工商、税务、财政、人社、工会等相关部门,由文化部门负责牵头,并与其他部门鉴定公共文化服务管理责任书,并纳入到年终考核。公共文化服务供给决策系统在需求反馈体系的信息收集处理的基础上,负责制定当地公共文化的财政、人才、投资和监督政策法规、公共文化环境和设施建设、公共文化产品和服务的战略规划,具体的任务由文化等相关牵头部门负责实施、监督和管理。

11.1.5　供给方式

供给方式是指公共文化服务供给主体采用何种方式向服务对象提供公共文化服务产品和服务。按不同的分类标准,供给方式有不同的类型。按供给主体的数量,可以分为一元主体供给方式、多元主体供给方式;如果按决策的机制可以分为集中决策供给方式、民主决策供给方式和民主集中供给方式。在服务型政府理念的指引下,未来的公共文化供给方式应该鼓励各类资本、各类社会组织进入公共文化领域,改变原来的政府供给方式为政府、市场、社会多元供给方式,改变原来的集中决策供给方式为民主集中决策供给方式,可以更好地满足包括新市民在内的广大人民群众的精神文化需求。

11.2　公共文化服务有效供给体系的运转机理

公共文化服务有效供给体系的运转是建立在公共文化服务需求反馈体系正常运转的基础上。政府公共文化服务供给决策系统和公共文化执行部门根据国家文化发展战略、国内外环境的动态变化以及公共文化服务需求反馈系统收集整理的公共文化服务需求信息,通过专门的部门和机构进行综合分析,针对所辖地区的公共文化服务设施、公共文化服务法律法规、公共文化服务的制度、机制和体制建设以及公共文化服务的产品、活动、项目等方面进行科学规划、合理布局,明确公共文化服务发展方向和布局,从宏观、长远、科学的角度,为公共文化服务制定一个整体的规划、布局和安排,并有条不紊地逐步实施。同时还要协调各供给主体之间的利益整合力度,形成公共文化服务供给的统一规划和协调。

公共文化服务产品、活动和项目由三类供给主体提供,纯公共文化产品由政府部门和各公益性文化事业单位提供,准公共文化产品及服务由政府部门、市场和社会组织等多元供给主体协同供应,营利性文化产品实施市场化运作,政府文化执法部门负责对多元供给主体及公共文化供给的内容进行监督和管理。政府主导型、政府市场协调供给型、市场引导型三大公共文化服务供给平台就构成了整个的公共文化服务供给体系,三大平台之间相互影响、相互促进、相互制约,具有明显的耦合性特征。同时,通过有效的制度保障、科学的协同合作机制、先进的信息共享机制、效果评估反馈机制协调和平衡各供给主体之间、供给主体和需求主体之间的利益诉求,形成一个科学有效的公共文化供给体系。

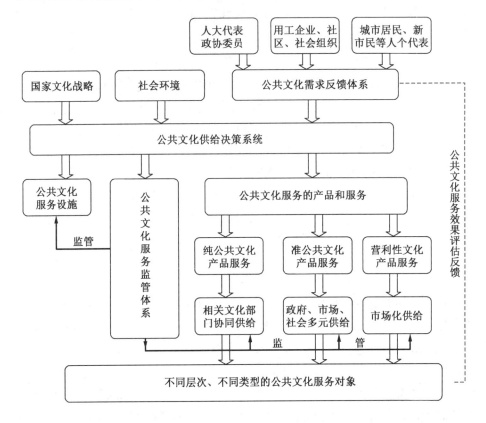

图 11 - 1　新市民公共文化服务有效供给体系运转机理

11.3　构建公共文化服务有效供给体系的对策建议

我国公共文化服务才刚刚起步,在公共文化服务建设方面还有很多需要改进和完善的地方,再加上我国区域差距较大以及社会经济发展的不断变化,要构建新市民公共文化有效供给体系,需要从多个方面加强建设。

11.3.1　在全社会范围内营造重视公共文化服务的氛围

各级政府部门要充分认识到建设公共文化服务体系的战略作用和价值,认识到公共文化服务建设对社会经济发展的持续驱动作用,把公共文化服务建设纳入到国家和地方国民经济与社会发展规划,全面提高公民文化素质。随着我国经济水平的迅猛发展,公共文化服务建设不仅仅是为了满足新市民和城市居民的文化需求,更是为了提高他们的文化素质、促进经济发展、促进社会和谐。因此,各级政府部门要迅速改变对待公共文化服务的态度,改变原来"重经济、轻文化"的执政与服务理念,充分认识到新形势下公共文化服务建设的重要性和紧迫性。宣传、文化、广电等相关部门要充分利用传统媒体与现代媒体的强大舆论宣传网络,利用各种渠道宣传公共文化服务建设对个人、用工单位、社会的积极作用和重要价值,在全社会范围内营造重视公共文化服务的环境,形成从中央到地方、从政府官员到普通市民都重视公共文化、参与公共文化服务建设的氛围,树立科学的公共文化服务供给理念,把社会经济发展和文化的同步提升作为衡量社会发展与否的重要标准。

11.3.2　培育相互协同、相互支撑的公共文化服务多元供给主体

形成相互协同、相辅相成、相互支撑的多元公共文化供给主体是新市民公共文化服务持续健康发展的重要保障。要构建真正意义上的"政府主导、企业共建、社会参与"的公共文化服务多元供给主体需要从以下几个方面着手:第一,要明确政府(包括中央政府和地方政府)和文化部门在新市民公共文化服务供给中的主体责任意识。中央政府负责公共文化服务的顶层设计和统筹规划,以法律形式保障和促进公共文化服务的发展。省级政府根据国家公共文化服务战略要求,结合省情,制定和细化公共文化服务政策实施细则和地方公共文化服务政策和法规,确保中央的要求落到实处。建立各级政府共同负责的促进新市民与城市融合的公共文化供给和服务的机制,重新界定中央、省、市、县各级政府在公共文化服务的财政供给职责,科学、合理划分公共文化服务的事权范围。完善政府公共文化供给职能,明确地方政府、文化主管部门、相关行政部门在公共文化服务过程中的分工:各级政府是当地公共文化服务建设的领导机构,研究解决当地公共文化服务建设的全局性问题,统一负责、领导本行政区域内的公共文化服务工作;文化主管部门是当地公共文化服务体系建设的具体执行部门,公共文化服

务体系建设的各项工作主要由文化主管部门承担。同时,公共文化服务是个系统工作,其中的很多事项会涉及其他部门的职能,需要有关部门的大力配合。

第二,要积极创新社区组织,引导社区组织为城市居民和新市民提供灵活多样的公共文化服务。社区作为基新市民公共文化服务管理的重要组织和平台,要积极创新社区组织结构,社区党团组织、业主委员会、居委会要积极参与公共文化管理活动,为辖区内的城市居民和新市民提供公共文化服务活动参与的平台,有针对性地举办适合社区各类群体工作生活特点的文化活动,促进新市民与社区的有效融合。新兴社区非营利组织及其他社团组织、公益事业组织及原有的居委会和由街道办事处派生出来的社区组织,正在努力演化为我国城市社会结构的中间层,这些中间层已经成为我国政府公共服务供给体系和基层民主治理体系的有益补充[230]。相关部门要制定有效的文化政策积极鼓励社会组织直接深入基层社区,引导各种中介机构、自治团体、民间社团、慈善组织、文化协会、基金会等各种社会组织为新市民和城市居民提供形式多样的公共文化服务,使其成为城市公共文化多元供给主体的重要组成部分,以解决"政府和市场共同失灵"所带来的公共文化服务供给问题。

第三,积极发挥公益文化单位的骨干作用。公益性文化单位是公共文化服务供给的骨干主体,比如,图书馆、博物馆、纪念馆、文化馆、各类艺术表演团体、广播电视、新闻出版等单位。文化部门作为牵头部门,要充分利用公益性文化单位的专业资源和网络优势,进一步规范和提高公益性文化单位为人民群众服务的水平,加大对该类单位的考核力度及激励约束制度,提高该类组织参与公共文化供给的社会责任感和积极性,发挥公益性文化单位的骨干作用。

第四,提高用人单位参与新市民公共文化服务供给的积极性和社会责任感。用人单位是为新市民提供公共文化服务的重要主体,它们不仅了解本企业新市民规模、群体特征及文化需求,而且熟悉新市民的工作时间安排,是最具可行性的公共文化服务供给主体。但是,由于用人单位管理层对公共文化服务的认知差异,有些用人单位为新市民提供公共文化服务的积极性不高,动力不强。这就需要公共文化服务牵头部门及相关部门要加强对用人单位领导的宣传和引导,提高用人单位领导对公共文化服务建设的认知水平,把公共文化服务建设与企业文化建设、员工素质提升、企业的持续发展紧密联系起来,提高企业参与公共文化服务的自觉性。同时,还要通过税收优惠或减免、财政补贴、其他政策优惠等利益导向政策引导和鼓励企业将新市民公共文化纳入到企业文化活动范畴,为员工提供各种形式的文化活动,使之成为公共文化供给服务体系的有益补充。

11.3.3　持续创新新市民公共文化服务内容

新市民是城市的重要组成部分已成为整个社会的共识。但由于新市民特殊身份和传统户籍制度的影响,还需要积极探索和创新新市民公共文化供给的内容和服务形式。了解和掌握新市民公共文化服务的新特点和新需求是创新公共文化供给的前提和基础。根据作者的调查结果,大部分被调查新市民希望获得职业技能方面的培训,收入越低的被调查新市民参与职业技能培训的欲望越强烈。这种情况一方面说明新市民的文化需求与其目前的工作状况、收入水平存在着密切关系;另一方面也说明在解决经济压力之前,新市民对娱乐型和享受型的公共文化服务需求相对较低。为新市民提供的公共文化服务内容要充分考虑新市民收入状况、工作需要和现实生活需要等因素所导致的文化需求差异性,提供有针对性的公共文化服务。由于新市民群体内部的不断分化和分层,新市民群体对于文化的需求也有层次性,要为不同层次的新市民提供相对应的公共文化产品、服务和活动,才能更有效地提高新市民接受和参与公共文化的积极性和动力,从而提高他们的生活质量和满意度。作者根据新市民在城市的发展状况,尝试将新市民分为三类亚群体,生存型(经济压力较大,以挣钱主要目的)、发展型(经济压力稍小,以个人发展为目的)和成就型(无经济压力,事业成功)。对于生存型的新市民群体,结合其谋生需求,社区、用人单位和相关公益文化单位可以为其提供文化知识和职业技能培训为主的公共服务,以提高其职业技能水平,提高工资收入,解决其经济压力。而对于发展型的新市民群体可以重点提供有利于其未来发展的公共文化活动,比如娱乐性、健身性、知识性文化服务。对于成就型的新市民群体重点提供象征性、审美性、参与性和互动性的公共文化服务。

文化部门要积极创作、提炼反映"新市民精神"的公共文化服务品牌。新市民在默默无闻地为城市建设做贡献的过程中展现出了宝贵的精神品质,形成了"新市民精神"—"信念坚定,敢闯敢试;吃苦耐劳,自强不息;诚实守信,甘于奉献;爱岗敬业,开拓创新;艰苦创业,回报桑梓。"[231]公共文化服务部门要积极鼓励文化工作者深入新市民生活和一线基层,创作反映新市民工作、生活和精神的文化产品,提升新市民形象,宣传"新市民精神",不断挖掘"新市民精神"的文化价值,为广大人民群众提供有丰富精神内涵的文化产品,从而形成"多元共存,和谐包容"的城市文化。

11.3.4　积极推进新市民参与公共文化服务

文化部门及其他公共文化供给主体要积极探索和创新新市民公共文化供给形式,积极推进新市民参与公共文化服务。供给形式是公共文化供给主体和供给客体之间的桥梁。当前新市民公共文化服务大多依靠政府文化部门及公益文化事业单位自上而下的单向提供,可称为"送"文化。这种供给方式越来越不适应社会发展的需要,易导致服务错位、资源浪费、参与不足、满意度不高等诸多问题。因此,要把"送文化"和"种文化"结合起来,把新市民从文化的旁观者和看客转变为参与者,同时还要通过建立各种机制推动"送文化""种文化"的深入开展,比如,政企合作机制、创新激励机制、群众参与机制、培育原创机制[232]。文化部门要通过简化程序、资金支持和优惠政策来积极引导和鼓励有意愿、有能力、有兴趣、有专长的新市民成立新市民文化组织,为新市民文化创造提供必要的帮助和培训,让新市民自己参与和创造富有新市民特色的文化产品。

政府文化部门要积极创建和创新新市民和城市居民之间公共文化交流的平台和形式。城市公共文化服务体系仅仅向新市民开放还不够,还需要积极吸引和引导新市民参与到公共文化服务活动。文化馆、博物馆、图书馆、美术馆等公益文化单位要积极创新服务形式,兼顾新市民流动和固定的不同需要;团委、工会、人力资源和社会保障等部门可以培养公共文化品牌,如文化嘉年华、文化大看台、文艺比赛、职业技能比赛等,以多种形式创建新市民和城市市民共同了解、接触和交流的平台,加强城市居民与新市民的交流与互动,消除城市居民之间、新市民之间、新市民与城市居民之间的隔阂与疏离感。鼓励新市民和城市居民通过文化组织的形式实现与企业、社区、政府部门之间的良性互动,在互动过程中实现"满足公众文化需求、参与文化活动,享受文化产品"的目标。政府、文化部门及其他各类公共文化供给主体通过提供丰富多彩的文化产品和形式多样的文化供给形式不断提高新市民和城市居民的生产能力、文化素质、道德素质、城市归属感和凝聚力。

11.3.5　加强公共文化服务有效供给体系的监督评估

要确保新市民公共文化服务供给体系的良好运转,就必须建立和强化公共文化服务有效供给体系的监督与评估。本部分的监督评估与后文的绩效管理体系是不同的,本部分的监督评估是仅仅针对公共文化的供给体系的。加强公共文化供给的监督评估也逐渐成为地方政府的共识。如山西省开展了"公共文化服务体系建设达标率"测评工作。"公共文化服务体系建设达标率"作为山西省地区经济社会发展考核评价体系的一项统计指标,第一次纳入了各级政府的工作考核目标[233]。因此,地方政府要从公共文化供给体系角度进行监督与评估,建议从要供给主体、供给内容、供给产品和服务、供给活动、供给所需要文化资源等方面加强监督和评估,构建包括监督和评估主体、评估标准、评估实施过程、评估频率、评价结果反馈等方面去建立科学有效的监督评估机制。

由于新市民在城市仍处于弱势群体,在纵向上要加强对新市民常住地政府的考核,考核内容应包括新市民公共文化供给的财政投入、体系建设、人员队伍和制度建设等方面。而常住地政府和文化牵头部门要强化对公益性文化单位、用人单位、社区和社会组织的监督检查力度。新闻部门、宣传部门、广电部门要积极发挥舆论监督作用,及时积极地曝光侵犯新市民权益的违法行为,配合文化管理部门规范文化市场,形成整个社会监督网络。文化相关部门、媒体及公益文化单位要利用各种渠道和平台向新市民宣传文化权益保护的法律常识,逐步提高新市民维护自身文化权益的意识和能力。

建立一个高效运转的、涵盖新市民的公共文化服务有效供给体系是一个长期的系统工程,需要各级政府、文化部门、公共文化事业单位、用人单位、社会组织和个人在内的各届力量的共同参与。公共文化供给体系的重要性将会随着广大群众对于精神文化需求的日益增长而显得更为重要。

第十二章 新市民公共
文化服务保障体系

在构建了新市民公共文化服务的需求反馈体系和有效供给体系后,还不能确保二者能持续健康正常运转,还需要构建新市民公共文化服务的保障体系。通过构建公共文化服务的保障体系,可以为公共文化服务提供稳定的法律环境、标准化的公共文化服务和产品、充足的公共文化服务资金投入,稳定且有活力的公共文化服务人才队伍,以保证公共文化服务体系能实现预期的建设目标和使命。

12.1 构建公共文化服务保障体系的必要性

12.1.1 保障体系是营造公共文化服务发展环境的重要途径

虽然各级政府部门对公共文化服务体系的重视程度较过去有了较大的提升,但与公共文化服务体系应该达到的地位相比,还有较大的差距,公共文化服务体系发展的外部环境和氛围还需要进一步发展。构建新市民公共文化服务的保障体系有利于营造公共文化服务体系发展的外部环境和制度化氛围。通过大力推进公共文化服务的法律制度建设,明确各级政府和各类参与主体在发展公共文化服务体系中的责任、权限和义务,完善公共文化服务投融资体制改革的配套制度,为公共文化服务的发展提供强大的法律保障;通过制定公共文化服务设施和服务产品标准体系,规范各类公共文化服务的生产主体、供给主体、服务主体和管理主体的生产、供给、服务管理行为,从而确保公共文化服务的标准化和均等化,更有效地满足基层群众的公共文化服务需求,吸引更多的新市民和城市居民参与、享受城市提供的公共文化服务,提升公共文化服务在整个社会经济发展中的作用和地位;通过建立和完善公共文化服务的资金投入保障体系,形成公共文化服务资金投入与当地经济发展速度有效联动的机制,避免"公共文化服务资金投入数量受制于领导人重视程度"的弊端，形成公共文化资金投入的法制化和制度化环境；通过建立和完善公共文化服务的人才保障体系，为公共文化服务体系建设提供充足的人才资源支撑，吸引更多优秀人才参与到公共文化服务的生产、供给、传播、服务等各个环节，稳步提高公共文化服务的水平和质量，增强公共文化服务对基层群众的吸引力，提高公共文化服务在文化建设中的战略地位，为公共文化服务体系建设创造良好的宏观环境和氛围。

12.1.2　保障体系是建立公共文化服务跨部门协作机制的坚实基础

要建立现代公共文化服务体系还存在着很多障碍需要克服，比如公共文化领域的行政管理体制仍然存在着多头管理、条块分割、缺乏统筹协作等顽疾，从而导致公共文化服务的低水平重复建设、资源浪费、效率低下等各种问题。针对上述问题，党的十八届三中全会提出了"建立公共文化服务体系协调机制"，并将其作为构建现代公共文化服务体系的重要任务之一。通过建立公共文化服务的保障体系，强化落实政府在公共文化服务体系建设中的主导责任，构建公共文化服务体系的法律保障体系、服务标准体系、资金保障体系和人才保障体系，各部门在此基础上的沟通、交流、协调将会更有效率，也更容易形成富有建设性的协调成果，真正形成高效的跨部门协调机制。各级政府可以从整体上统筹规划本地区的公共文化服务体系，协同发挥各参与部门的力量及优势，整合各类公共文化服务资源，提供更加符合新市民和城市居民等各类社会群体需求的基本公共文化服务，提高公共文化服务覆盖群体范围，缩小公共文化服务的群体差距，确保新市民等城市弱势群体可以享受到均等的公共文化服务。

12.1.3　保障体系是提高公共文化服务体系稳定发展预期的必然要求

党的十七届六中全会首次提出建设"社会主义文化强国"，明确提出要把文化发展建设纳入经济社会发展总体规划、纳入地方政府科学发展考核评价体系。中国共产党第十八届中央委员会第三次会议通过的《中共中央关于全面深化改革若干重大问题的决定》提出"要紧紧围绕建设社会主义文化强国、增强国家文化软实力，深化文化体制改革，加快完善文化管理体制和文化生产经营机制，建立健全现代公共文化服务体系、现代文化市场体系，推动社会主义文化大发展大繁荣。"《决定》将公共文化服务体系建设提到了前所未有的政治高度，公共文化服务体系的建设进程将会影响到我国全面建成小康社会进程中文化建设目标的实现程度，也就是说公共文化服务体系的建设将会对"丰富人民精神文化生活，让人民享有健康丰富的精神文化生活"这一全面建成小康社会的重要内容产生重大影响。因此,要让各级政府及相关部门充分认识到建设现代公共文化服务体系的重要作用,非常有必要通过构建完善的公共文化服务的法律体系、服务标准体系、资金投入体系和人才资源体系等一整套的保障体系为公共文化建设提供长期稳定的发展预期,让更多的部门和群体认识到公共文化服务体系的建设是具有法律保障的政府长期行为,是公共文化服务体系有效运转的体制条件,是我国制度建设总目标下的重要组成部分,而非短期个人行为。

12.1.4　保障体系是推进新市民与城市融合程度的重要手段

新市民在城市中属于弱势群体,虽然各地提出了公共文化服务的均等化,也加大了对新市民公共文化服务的重视程度,但由于新市民的工作性质、工作时间、工作地点等微观原因和缺乏有效的法律、服务标准、资金和服务人员等保障体系等宏观原因,往往导致新市民很难真正享受到均等的、长期的、稳定的公共文化服务,他们享受到的公共文化服务往往是"运动式的、宣传式的"。这种"运动式"的新市民公共文化服务对于推进新市民与城市的融合起不到太大的作用,也无法达到"丰富新市民精神文化生活,让新市民享有健康丰富的精神文化生活"的目的。而新市民公共文化服务的保障体系从法律法规、服务标准、资金投入和人才队伍建设等方面对新市民公共文化服务提出了法律规范和制度要求,形成新市民公共文化服务"有法可依、有标可参、有钱可投、有人可用"的"四有"局面,确保新市民的公共文化服务能够落到实处,新市民可以享受到城市发展的成果,增加与城市居民沟通、交流、融合的机会、平台和载体,有效解决新市民身份认同、文化融合和心理融合问题,推进"以人为本"的新型城镇化进程,提高城镇化质量。

12.2　公共文化服务保障体系的构成要素

12.2.1　法律保障体系

法律保障体系是规范新市民公共文化服务体系的发展方向、运转机制、各级政府及相关部门的职责权限、责任界限以及公共文化服务的投资、税收、招标等活动的规范流程及要求的总和。公共文化服务的法律保障体系对于确保城市公共文化服务体系的公平性、规范性、效率及稳定性具有重要的意义。当前我国公共文化服务的立法总体上还比较滞后,远远不能适应我国公共文化服务发展对法律法规的需求。相关政府立法部门需要将公共文化服务作为一个有机整体来考虑，在已有的公共文化服务体系的相关法律法规与制度政策的基础上，积极吸收采纳地方政府在公共文化服务体系建设方面立法的成功经验，将之上升到国家法律层面予以确认和保障，形成以《公共文化服务保障法》为基本法，以《公共图书馆法》《博物馆法》等单项的、专门的法律法规为辅助的公共文化服务法律体系，从而形成具有中国特色的现代公共文化服务法律保障体系。

12.2.2　公共文化服务标准体系

公共文化服务标准体系是实现我国公共文化服务均等化的前提和基础，是提升我国公共文化服务水平的有效途径。公共文化服务标准体系是基于各类发展目标和不同部门的职能要求，通过一整套的公共文化服务标准体系来明确各管理主体、供给主体的责任，以标准化的形式将各方的建设责任精细化、明确化和指标化，从而确保公共文化服务的有效开展，避免各参与主体相互扯皮、推卸责任。公共文化服务的标准体系需要从我国文化建设的战略目标、发展规划、投入规模等方面出发，明确基层公共文化服务设施和载体的建设标准、服务标准、绩效考核标准和政府保障标准，对公共图书馆、博物馆、文化馆等基础设施要有明确且合理的规范。另外，还要对公共文化服务主体的服务内容、服务手段、服务形式、服务数量加以明确和规范，以保障公共文化服务质量稳定。由于我国的实际情况，新市民公共文化服务标准体系应该包括国家标准、地方标准两个不同层面的标准，而国家标准应该是强制性标准体系，地方标准体系是在国家标准基础上的、具有更高要求的标准体系。

由于我国东、中、西部经济发展水平差异较大，各地对公共文化服务的认识水平不同，从而导致公共文化服务设施分布不均衡，对城市不同群体提供的公共文化服务和产品的质量和水平有较大的差别，有些地区的达标率和利用率较低。党的十八大报告将"公共文化服务建设的标准化"作为首要的要求做了明确的规定。中国文化部牵头成立了"国家公共文化服务体系建设协调组"，首要任务就是"协调推进重大公共文化服务法规、政策、标准的制定、实施和考核"。标准化建设将是重点推进的工作，制定公共文化服务基本保障标准、技术标准和评价标准，争取在3到5年内逐步建立起较为完善的基本公共文化服务标准体系框架，实现各级政府保障责任和义务的标准化，公共文化设施建设、管理和服务的标准化，工作评价的标准化[234]。文化部已经出台了《公共文化服务体系建设协调机制工作方案》、《基本公共文化服务标准化工作方案》，各省（市、自治区）也应在此基础上,根据本省(市、自治区)公共文化服务发展的实际情况,制定相应的配套实施方案,以推进本省(市、自治区)公共文化服务标准体系的规范化建设。

12.2.3　资金保障体系

资金保障体系是新市民公共文化服务体系健康发展的最重要的保障。各级政府作为公共文化服务投入的主导力量,需要从我国及各地区经济社会发展的整体规划出发,制定新市民公共文化服务资金投入保障体系,确保公共文化基础设施和其他公共文化服务需要的资金有稳定的来源和保障,特别是针对新市民等弱势群体的公共文化服务资金投入。资金投入及保障体系要建立各级财政对公共文化的资金投入的动态增长机制,确保各级财政对公共文化的资金投入幅度不低于各级经济发展的增长幅度。各级政府要建立公共文化服务资金投入方式及使用的办法,明确规定政府采购、减免税收、项目补贴、贷款贴息和定向资助等政策的使用范围及具体要求,同时统筹规划各类公共文化服务设施、载体、项目建设投入的综合协同效应。各级政府除了作为主要的资金投入主体外,还要通过制定优惠的政策和激励约束机制引导、鼓励社会力量将资金投入到公共文化服务体系建设,形成科学有效的公共文化服务资金投入保障体系,保障现代公共文化服务体系建设有足够的资金支持。

12.2.4　人才保障体系

新市民公共文化服务体系要持续健康发展需要一支数量充足、结构合理、专业精深的高素质公共文化服务人才。人才队伍是新市民公共文化服务"落地、生根、结果"的关键。公共文化服务的人才不仅仅包括公共文化的服务人才,还包括公共文化的创作人才、成果传播人才、管理人才、技术人才等多种类型的人才。人才保障体系是推进公共文化服务体系建设的必然要求,人才保障体系包括各类公共文化服务人才的需求预测与供给预测、培训与开发体系、绩效管理体系、薪酬管理制度、职称评审制度、激励约束机制等要素。要设计科学合理的定编定岗原则,以城市常住人口为公共文化服务定编定岗的基数,明确公共文化服务人员配备标准,确保公共文化服务人员编制和待遇得到保障,提高公共文化服务岗位的吸引力;通过科学的工作岗位分析,建立公共文化服务人员的准入制度、培训开发制度和薪酬激励制度;通过构建公共文化服务人才保障体系提高公共文化服务人才的综合素质和服务能力、提升公共文化服务质量和水平,从而确保新市民公共文化服务体系高效运转。

12.3 构建公共文化服务保障体系的对策建议

12.3.1 构建公共文化服务法律保障体系的对策及建议

(1) 转变建设思路，以法律体系建设推进公共文化服务体系建设进程

新市民公共文化服务法律保障体系建设必须转变思路，改变传统的公共文化服务体系建设"重设施轻法制、重投入轻使用、重物质轻精神"的建设思路，法律保障体系的建设要站在全面建成小康社会、建设社会主义文化强国、促进社会主义文化大发展大繁荣的高度，通过构建完善的公共文化法律保障体系来确保新市民公共文化服务体系的法制化、制度化运转，使其处于不断满足新市民和城市居民文化需求的动态互动过程中，不断丰富新市民和城市居民的精神文化生活，为新市民和城市居民构建有效沟通、交流、融合的法律环境和长效机制。通过公共文化服务法律保障体系的不断完善来保障党中央对公共文化建设的高度重视和战略定位能够在地方政府的施政方针和公共文化服务规划执行中得到贯彻和落实。

(2) 抓紧时间制定《公共文化服务保障法》的配套法律体系在完善公共文化服务法律保障体系时，要全盘考虑、统筹兼顾，首先要处理好公共文化服务立法的现实需求和未来长期发展需求，把目前最急需的公共文化法律制定出来，并且要考虑未来公共文化服务发展的战略需要，有效结合公共文化服务法律体系的近期、中期和长期立法目标和立法规划，使其有效统一于我国的公共文化法律体系。其次，要考虑公共文化服务基本法律与单项法律之间的关系。公共文化服务的基本法律是公共文化服务领域的根本大法，《公共文化服务保障法》作为公共文化服务的基本法律，就相当于整个公共文化服务法律体系中的"母法"，它具有连接宪法和单行公共文化法律的桥梁作用，它可以有效避免宪法和公共文化单项法律脱节的现象，它统帅和规范着各类实体法和程序法，是国家的重要法律。我国立法机构要加快《公共文化服务保障法》的配套法律体系的建设进程，推动和保障我国公共文化法律体系的完善。

(3) 尽快制定公共文化服务的专项配套法律和地方性法规

在公共文化服务基本法律出台的前提下，提前做好公共文化服务专项法律和相关法律的准备工作，处理好公共文化服务的基本法与专项法律和相关法律之间的关系，避免两者之间的冲突和空白，确保两类法律之间能够达到良好的衔接、相互支撑、相辅相成的关系，形成以基本法律为主、专项法律为辅的完整的公

共文化服务法律体系。此外,还要处理好国家公共文化服务法律与地方性公共文化服务法规之间的关系。由于我国地域辽阔,各个地区之间的差别较大,如何将国家公共文化服务法律法规有效地贯彻、实施和落实,需要各地区制定相应的实施细则,确保国家公共文化服务法律在执行的过程中更具有可操作性和可实施性。通过制定公共文化服务基本法、专项法、相关法、地区法规,最终形成立意深远、层次清晰、结构完整的公共文化服务法律体系,为我国现代公共文化服务体系的建立保驾护航。

(4) 发动社会力量,推动社会群体参与公共文化服务的法律体系建设

公共文化服务法律体系建设的目的是为了保障新市民和城市居民的基本文化权益、满足其文化需求,立法部门在制定公共文化服务法律时也要充分发挥广大人民群众的力量,利用各种现代信息技术和各种社会参与方式,引导、鼓励广大人民群众参与到公共文化的立法工作,既可以确保公共文化服务法律的客观、公正,又可以引导社会各类群体对涉及公共文化服务问题及法律本身进行长期有益的讨论,加强社会各群体之间的沟通和交流,引起社会各界对公共文化服务立法的关注,可能产生更多有生命力的法律构想。最关键的是通过广泛讨论,提高了包括新市民在内的社会各类群体对公共文化服务的认识和理解,使其明白了自身的公共文化服务权益,对于公共文化服务法律的普及具有非常重要的现实意义。

12.3.2 构建公共文化服务标准体系的对策及建议

党的十八届三中全会提出了公共文化服务的标准化,文化部也已经组建了公共文化服务协调小组,但公共文化服务的标准体系还没有雏形。因此,公共文化服务标准体系的制订过程还需要进一步加快,否则会影响各地区公共文化服务体系的建设进程。公共文化服务标准体系要按照"分类制定、先行先推、逐步完善"的原则进行。第一,调研现有公共文化服务设施的建设现状,特别是已有建设标准的公共文化设施,像公共图书馆、文化馆等场馆,由公共文化服务协调小组将具有实施基础的公共文化设施的"硬性"标准进行比较、分类,统一和清理"硬性"标准之间的不协调甚至矛盾现象。将规范统一的"硬性"标准作为国家公共文化设施的建设标准推向全国,特别是在针对新市民等弱势群体所构建的公共文化设施要严格按照"硬性标准"进行要求和实施。第二,组织专门力量研究公共文化服务的"软性"标准。随着我国公共文化服务建设进程加快和发展阶段的变化,公共文化服务的"软件"建设将更加重要,因此,公共文化服务的"软性"

标准建设进程需要提到议事日程,组建专门的力量研究公共文化服务的"软性"建设标准,在借鉴国内外成功经验的基础上,研究设计公共文化服务的保障标准、技术标准和评估标准,特别是针对新市民等弱势群体的标准体系要更加科学、有效、可操作。第三,建立、完善与国家公共文化服务标准体系相配套的管理评估监督机制,使公共文化服务标准的考核评估制度化。在建立公共文化服务标准体系的同时,还要建设一套确保公共文化服务标准体系有效实施和执行的监督管理机制,利用现代信息科学技术,构建网络监督评估平台,提高公共文化服务标准评估的效率,降低评估成本和评估的人为障碍,确保公共文化服务标准落实的公开、均等、长效。第四,建立健全公共文化服务的标准体系的信息平台。公共文化服务的信息化建设是未来发展趋势,虽然各类公共文化服务的工程和项目也在考虑信息化和网络化建设,但由于建设标准和目标不同,其应用价值并不是很大。未来的公共文化服务的标准体系信息平台应该涵盖国家和地方公共文化服务的保障标准、技术标准和评估标准,公共文化服务的需求反馈、设施分布、公共文化服务活动、公共文化服务评估平台等很多内容。第五,加强公共文化服务的诚信制度建设。建立公共文化服务的生产、供给、服务主体的诚信制度建设,为他们建立诚信档案,定期和不定期发布公共文化参与主体的诚信信息,对于那些严格按照国家公共文化服务标准体系提供文化服务或产品的企业、机构、群体、个人,并定期公布,提高其信用等级,并给予相应的奖励、政策优惠和发展机会。而对于那些不按照标准提供公共服务的主体,要进行惩罚,拒不改正的,取消其提供公共文化服务的资格。

12.3.3　构建公共文化服务资金保障体系的对策及建议

（1）建立健全以常住人口为基础的公共文化服务财政资金投入保障机制

公共文化服务本身的性质就决定了政府是公共文化服务投入的主导力量。政府投入不足仍然是我国建设现代公共文化服务体系的首要瓶颈,严重制约了我国公共文化服务体系的服务能力。因此,加快出台公共文化服务体系政府投入要求的法律法规和相关的制度就显得极为急迫。建设现代公共文化服务体系就要从法律上确保国家各级财政对公共文化服务的法定责任,各级政府的投入应该逐年增长,并建立与经济发展速度、财政支持增长幅度联动机制,确保各级政府对公共文化服务的投入增长比例不低于同级财政支出增长比例。特别是中央政府对公共文化服务的投入要率先垂范,为地方政府在加大公共文化服务投入方面做出表率,并且还要对地方政府的公共文化服务财政投入加强监督和考核。尤为重要的是,各级政府对公共文化服务投入的预算依据应该以当地的常住人口为基准,将新市民等城市流动人口纳入各级流入地政府的财政预算,这样才有可能保证新市民等弱势群体平等地享受公共文化服务。

(2) 完善和创新公共文化服务财政资金使用方式

确保政府加大对公共文化服务的投入,只是具备了建设现代公共文化服务体系的一个条件,还要进一步完善和创新公共文化服务资金的使用方式。各级政府要统筹兼顾,将有限的公共文化服务资金投入到最急需、最能产生社会价值和社会效益的领域,避免公共文化资金的低效率使用、重复化建设。这就需要各级政府加强对本地区公共文化服务体系的整体规划和统筹安排,有效整合各类公共文化服务的设施、资源、人员等,发挥各类公共文化服务设施的协同作用。各级政府除了关注公共文化服务设施的建设外,还要研究各类公共文化服务设施的运行和后期维护,公共文化服务产品的生产和传播,这些环节所发生的费用也应该纳入本级政府公共文化服务的财政预算。各级政府还要在现有财政投入的基础上,组织专门的力量研究公共文化服务投入的方式,不断完善和创新公共文化服务财政资金投入方式,提高财政资金使用效率。相关政府部门要确保新市民公共文化服务财政预算真正用到新市民身上,避免挪用、套用新市民公共文化服务财政预算,将预算资金真正用来提高新市民公共文化服务水平、丰富新市民精神文化生活,有效促进新市民与城市的融合。

(3) 创建吸引社会资本进入公共文化服务领域的利益导向机制

单纯依靠政府投入的公共文化服务体系建设会受到很大的制约,因此,各级政府除了确保本级公共文化服务的财政投入、财政资金的有效使用外,还要积极创建吸引社会资本进入公共文化服务领域的利益导向机制。各级政府需要进一步改革和创新投资、融资管理体制,降低进入门槛,鼓励民间资本和国外资本进入公共文化服务领域;相关政府部门还要充分利用政策优惠吸引各种性质的社会资本进入公共文化服务设施的建设、公共文化实体的创办、公共文化服务产品的生产和供给等关键环节,不断完善鼓励单位和个人捐赠公共文化服务方面的税收优惠政策,鼓励各类学校、机关事业和企业等单位的文体设施向社会开放,形成以政府为主导、社会积极参与的公共文化服务资金投入保障体系。

12.3.4 构建公共文化服务人才队伍保障体系的对策及建议

公共文化服务人才队伍的建设是一个系统的复杂工程,涉及很多方面,无论哪个环节出了问题,都会影响到公共文化服务人才队伍的建设。

（1）逐步完善各省公共文化服务人才队伍建设规划

党的十八大报告明确提出了建设现代公共文化服务体系的要求，现代公共文化服务体系建立的关键问题之一是能否建立一支稳定、高效的公共文化服务人才队伍。建议文化部（或者联合其他部委）在《全国文化系统人才发展规划（2010—2020年）》的基础上，出台相关文件，促进各省（市、自治区）建立和完善公共文化服务人才队伍建设规划。各省（市、自治区）的公共文化服务人才队伍建设规划要明确公共文化服务人才队伍建设的目标、重点、路径和保障措施，这样，有利于促进各省级政府对此问题的重视，也有利于各级文化部门从上级政府争取到更多的财政、基础设施、人力、科技等方面的投入和支持，同时，也便于公共文化服务队伍建设和管理，吸引更多优秀人才加入到公共文化服务队伍中来，从而确保公共文化服务的持续健康发展。

（2）科学合理地配备基层公共文化服务人员

科学合理配备公共文化服务人员，既包括公共文化服务人员配备的数量，又包括公共文化服务人员的质量。所谓科学配备公共文化服务人员，就是说既要达到工作的满负荷，又要符合人的生理和心理要求，不能超越身心的极限；既要带给公共文化服务人员一定的压力和不安感，又要保证其身心健康。各地要以现有公共文化人才队伍为基础，根据公共文化服务机构的功能设置和服务人口，适当增加编制，同时积极发展文化志愿者和文化活动积极分子，扩大基层公共文化服务的人才总量。

各地可以根据当地的实际发展情况制定和实行公共文化服务机构从业人员的职业技能等级标准和准入制度，提升公共文化人才队伍的整体素质和服务能力。以苏州为例，苏州市结合自身公共文化服务体系建设实际，以资格认证管理制度为队伍建设抓手、"姑苏文化产业人才计划"培养和引进领军人才、以比赛为手段促高技能人才脱颖而出等多项措施加强文化人才队伍建设，全面提高了公共文化从业人员的职业素养和职业技能，打造了一支数量合理、结构优化、素质优良、有良好职业道德与服务能力的人才队伍[235]。

（3）加强教育和培训，努力提高公共文化服务人员的能力和水平

目前，公共文化服务工作已进入了一个新的历史发展时期，面对新形势、新任务、新要求，公共文化服务人员的能力和素质已经出现了不能适应新形势下的工作要求，公共文化工作已成为政府履行社会管理和公共服务职能的重要组成部分，公共文化服务人员需要掌握为群众解难事、办实事、做好事的本领。通过

建立有效的教育培训体系来不断加强公共文化服务人员的教育和培训力度,努力提高公共文化服务的能力和水平,更好地适应新形势和新任务的要求。

加强公共文化服务的培训需求分析,提高培训的针对性和有效性。建立有效的公共文化服务培训体系,最关键也是最基础的工作就是培训需求分析。通过培训需求分析可以找到产生培训需求的真正原因,并确定是否能通过培训来解决。培训需求分析既是确定培训目标,设计培训规划的前提,也是进行培训评估的基础,是培训活动的首要环节。公共文化服务培训需求分析的焦点不是放在上级部门提供什么样的培训,而是根据公共文化服务的绩效考核标准,关注他们学习的需求,即他们为了完成自己的工作职责需要学习到的知识、技术、能力、态度等方面。

进一步完善公共文化服务培训规划,提高培训活动的系统性和持续性。公共文化服务培训需求分析工作做得越仔细,发现的问题往往越多,总结、提炼的培训需求也就越多,试图通过一两次培训活动就能解决所有的问题,不太现实。现实的解决办法是对归纳之后的诸多培训需求,根据文化部门工作任务和工作要求进行排序,并制定切实有效的培训开发计划。公共文化服务培训计划是按照一定的逻辑顺序排列的记录,根据新形势新任务的要求,在全面、客观的培训需求分析基础上做出的对培训目标、培训时间、培训地点、培训教师、培训对象、培训方式和培训内容等的预先设定。培训计划必须满足上级文化部门和公共文化服务两方面的需求,兼顾计生经费及公共文化服务素质基础,并充分考虑公共文化服务培训的超前性及培训结果的不确定性。公共文化服务培训计划的实施主要是由县(市、区)、乡镇文化部门来完成。当准备工作进展到一定阶段的时候,培训组织者就要把这些前期工作的成果汇总起来,并付诸实践。

应用多样化的培训手段,提高公共文化服务培训效果。随着公共文化服务培训需求的多样化和公共文化服务工作要求的提高,传统的培训方式已不能完全满足公共文化服务多样化的培训需求,建议利用多种途径,采取多种形式,搞好现有人员的分类培训,使公共文化服务人员及时掌握和更新从事公共文化服务工作所必需的基础知识和基本技能,不断提高公共文化服务人员正确、高效履行职责的本领,增强整体素质,为开展工作创造良好的软环境。

建立健全公共文化服务培训的效果评估机制。公共文化服务培训不仅能提高公共文化服务完成一定任务所要求的技能,提高公共文化服务的工作绩效,改变公共文化服务的行为模式和态度等,而且能提高公共文化服务适应文化部门新形势新任务的能力。在实施培训体系过程中往往需要考虑以下问题：公共文化服务培训后能力获得了哪些提高？实施培训后文化部门的工作绩效如何？培训整个过程的投入是多少？只有明确了这些问题才能知道培训体系的实施是否有效，公共文化服务培训效果评估既是对整个培训活动实施成效的评价和总结，同时评估结果又是以后培训活动的重要输入，为下一个培训活动、培训需求的确定和培训计划的制定提供依据。

（4）改革公共文化服务部门的用人制度和分配制度

进一步改革公共文化服务部门的用人制度和分配制度，打破传统的"干部能上不能下、能进不能出"的原则，采用更加灵活的用人形式和用人机制，以劳动合同形式明确双方的责任、权利和义务关系；改革文化部门和文化机构的职称评审制度，推进职称评审和职位聘任分离机制，加大对专业技术职务的聘任考核力度，确保建立竞争激励的用人制度；构建形式多样的薪酬分配制度，引进具有激励性的分配方式，提高公共文化服务人才队伍的工作积极性。

第十三章 新市民公共文化
服务绩效管理体系

公共文化服务绩效管理既是公共文化服务的重要组成部分,也是公共文化服务内部控制和外部监督的重要手段。对于新市民公共文化服务体系而言,公共文化绩效管理体系显得更为重要。本部分的绩效管理体系包括新市民公共文化服务的绩效计划、绩效监管、绩效评估、绩效考核等内容。本部分主要对公共文化服务绩效管理体系进行分析和研究。

13.1 构建公共文化服务绩效管理体系的意义

13.1.1 可以有效推进我国公共文化服务的建设质量和进程

绩效管理体系是新市民公共文化服务体系持续、健康运转的关键环节和重要组成部分。新市民作为城市中最大规模的弱势群体,其公共文化建设是城市公共文化服务体系中最薄弱的环节,加强新市民公共文化服务建设的重要任务就是要构建一个面向城市全体人员(包含新市民)的、开放的、能向每个成员平等地提供公共文化服务的体制和机制框架。通过公共文化服务绩效管理体系,城市中的每个成员都能真正了解公共文化服务体系的功能和作用,评估公共文化服务的实际效果,感受公共文化服务的价值,强化对公共文化服务过程的监督和控制,提高新市民参与公共文化的积极性和满意度;政府文化部门可以通过公共文化绩效管理体系评估新市民和城市居民的公共文化服务工作是否实现了预期目标,分析和判断公共文化资源的配置及使用是否合理,了解城市居民和新市民对公共文化服务及相关活动的满意状况,更好地满足城市居民和新市民的文化需求,促进城市经济、社会和文化的协调发展。作为公共文化服务体系的重要组成部分,绩效管理体系可以提升地方政府对新市民公共文化服务体系建设的重视程度,不断加大各投资主体对公共文化服务的投资力度,进而提升公共文化服务水平。因此,建立公共文化服务绩效管理体系可以有效推进我国公共文化服务体系的建设质量和进程。

13.1.2 有利于提高政府公共文化服务资源的配置能力

各级政府用于公共文化服务方面的社会资源是有预算和限制的,如何把有限的公共文化服务资源转化为广大城市居民和新市民所需要的公共文化服务和产品,是各级政府非常关心的问题。要提高公共文化资源配置效率,就需要了解现城市居民和新市民的公共文化服务活动、项目和产品的现状,通过科学有效的方法分析和评估公共文化服务的效率、效果和效益。经过科学评估和实践证明能满足效率、效果和效益要求的公共文化服务活动、项目、设施、政策等,要继续坚持并增加投入;对于那些和预期目标有差距的公共文化服务,要分析问题,探究原因,不断加以改进、优化和完善;对于那些明显滞后于社会发展和社会需要或存在重大缺陷的公共文化服务要坚决取消,避免继续浪费公共文化资源。另外,还要加强城市居民和新市民公共文化绩效管理效果的反馈,对于能满足效率、效果和效益要求的公共文化服务的相关组织、部门、决策人、执行人等进行表扬和嘉奖;反之,要进行批评、教育,对于涉嫌违法乱纪问题的相关人员还要及时移送司法机关。通过公共文化服务的绩效评估,可以使得政府文化部门及其他监管部门更客观地了解城市居民和新市民公共文化服务的现状、进程及障碍,进而采取更加积极的措施,不断改进和优化城市居民和新市民公共文化服务供给。因此,公共文化服务绩效管理是各级政府科学有效配置公共文化服务资源的重要手段。

13.1.3 有利于保障新市民和城市居民的公共文化权益

随着我国社会经济的迅猛发展,新市民和城市居民的文化需求内容日益多元化和层次化。通过构建基于需求导向的公共文化服务体系来满足广大人民群众的多层次需要已成为各级政府的共识。新市民作为城市人口的重要组成部分,文化需求随着其经济收入和社会地位的不断提升而发生变化。虽然中央政府对新市民的公共文化建设非常重视,多次出台专门文件提出要求。但是,很多地方政府对新市民公共文化建设的重要性,仍然认识不足,从而导致新市民公共文化服务进展缓慢,广大新市民的文化权益和需求仍不能得到有效保障和满足,这将会严重制约我国新型城镇化发展和经济结构转型的进程。通过构建促进新市民与城市融合的公共文化绩效管理体系,将城市居民和新市民公共文化服务纳入地方政府的考核指标体系,就可以提高地方政府对公共文化服务的重视程度;通过强化公共文化服务的内部评估和考核,各级政府和文化部门就能清楚地了解和掌握公共文化服务的经济效益和社会效益,从而提升地方政府重视公共文化服务建设的动力。通过加强对各类公共文化机构的考核和评估,可以进一步提高公共文化服务产品和服务活动的供给质量。新市民公共文化服务绩效管理体系就是评价一个城市的公共文化服务水平的一把"标尺",有了这把"标尺",就可以评价地方政府和文化部门对公共文化服务的重视程度和供给水平。通过这把"标尺",也可以了解一个地区的城市居民和新市民文化权益的满足程度。

13.1.4　有利于各级政府提高公共文化服务的责任意识

在我国目前的公共文化管理体制下,政府既是公共文化政策的制定者,又是公共文化政策的执行者,他们也希望自己的公共文化政策能达到预期目标。但由于决策方法及其他多种因素的综合影响,公共文化服务的效果并不由政府的主观愿望所决定。通过构建新市民公共文化服务绩效管理体系可以评估政府公共文化服务决策的实际效果与预期效果之间的差距,分析差距产生的根本原因并提出改进的对策与建议,不断完善公共文化服务决策机制和决策方法,提高公共文化服务质量。通过城市居民和新市民公共文化服务的绩效评估,政府文化部门及其成员可以比较直观地了解和分析城市居民和新市民公共文化服务的效果,衡量所在部门或机构的公共文化服务效果,并与部门和个人的奖惩挂钩,强化问责制度,这将非常有利于强化政府相关部门或机构及其工作人员的责任意识。因此,新市民公共文化服务绩效管理体系是有利于各级政府提高公共文化服务政策质量及责任意识。

13.2　公共文化服务绩效管理体系的构成要素

作者通过大量的文献阅读和实地调研,并结合国内外的成功经验,经过反复讨论,最后认为,新市民公共文化服务绩效管理体系是由一系列的相辅相成要素构成并独立运转的系统。该体系的主要构成要素包括:依据、主体、客体、内容、方式、指标与标准、程序、渠道(手段与平台)、结果应用与反馈。

13.2.1　绩效管理的依据

所谓绩效管理依据是指对公共文化服务的绩效管理的法律根据,即为什么要进行绩效管理活动,公共文化的绩效管理是政府部门的行政行为,在法制社会里,政府部门的行政行为需要具有一定法律效力的法律、法规和规章制度作为依据。在此基础上进行的管理才能"名正言顺",有法可依。

13.2.2　绩效管理主体

新市民公共文化服务的绩效管理主体包括监管主体和评估考核主体,对监管主体和评估考核主体的要求是不一样的,因此二者往往不是同一主体。监管主体一般是具有执法资格的政府部门,比如,审计部门、司法部门、文化执法部门。评估考核主体,即谁来评估考核,是指直接或间接地参与新市民公共文化服务评估的组织、团体或个人,是评估活动的组织者和执行者。当前我国评估考核主体主要有:上级党委、人大、政府、政协;同级党委、人大、政府、政协;下级党委、人大、政府、政协;社会公众;专家和社会机构等[236]。评估考核主体的选择方法、选择标准、选择程序和选择范围对公共文化服务评估的结果和成败具有至关重要的作用。因此,要根据所在地区的实际情况,慎重选择评估考核主体。

13.2.3　绩效管理客体

绩效管理客体也称为绩效管理对象,是指绩效管理行为的接受者。凡是为新市民和城市居民提供公共文化服务的组织和部门都是绩效管理的客体。绩效管理的客体范围非常广泛,包括各类图书馆、文化馆、博物馆、美术馆、公共文化设施的提供者、文化企业、社会组织、社区、重大文化项目、行业协会及相关政府部门。由于绩效管理客体涉及责任追究以及后续的公共文化服务提供,因此,在绩效管理以前,要明确绩效管理的客体以及相应的职责和权限,从而确保绩效管理结果能够追究到相关组织和个人责任,以保障促进新市民与城市融合的公共文化绩效管理体系的持续健康运转。

13.2.4　绩效管理内容

绩效管理内容是指新市民公共文化服务绩效管理的范围,即要管理什么,要明确界定管理的具体范畴。公共文化服务范围非常广泛,评估内容主要包括公共文化基础设施、公共文化活动开展、文化场馆服务质量、文化骨干队伍水平、新市民和城市居民的满意度等。不同类型的公共文化服务绩效管理的内容也会有较大差异。比如,对公共图书馆和社区文化中心的绩效管理内容会有较大的不同。对公共文化服务绩效管理的内容既要考虑公共文化服务结果又要考虑公共文化服务过程,因为服务过程是服务结果的重要保障。新市民公共文化服务绩效管理的内容既可以从经济、政治、社会等方面进行考虑和设计,也可以从效率、效益、公平等方面进行设计,主要以高效满足新市民和城市居民的公共文化需求和实现公共文化战略目标为基本原则。

13.2.5　绩效管理指标体系

绩效管理指标体系是绩效管理内容的外在表现形式,是指绩效管理主体对客体从哪些方面对公共文化服务进行衡量和评估。由于新市民公共文化服务绩效管理内容纷繁复杂,要想全部都纳入绩效管理范围是一种不现实的想法,在现实中也不具有可行性。根据管理学的"二八原理",在任何特定的群体中,重要的因子通常只占少数,而不重要的因子则占多数。因此,只要控制重要的少数,即能控制全局,反映在数量比例上,大体就是 2∶8,即提炼能反映 80% 的绩效管理内容的指标,因此,各地区要根据当地的实际情况、公共文化服务门类,从众多的监管和评估内容中提炼最主要的、最关键的和最可行的指标体系。绩效管理标准是指各个指标应该达到的水平。绩效管理标准可以分为基本标准和优秀标准。基本标准是对被评估对象而言必须达到的水平。其作用是用于判断被评估者的绩效是否能够满足基本的要求。优秀标准是远远高于基本标准的水平,通常对被评估对象不做要求和期望,但是通过努力可以达到的绩效水平。其作用主要是为了识别角色榜样。由于各地新市民公共文化服务的基础、重视程度和经济实力的差异,完全按同一种标准进行评估也是不现实的,因此,需要设计不同层级的标准以满足不同地区的监管和评估需求。

13.2.6　绩效管理方法

所谓绩效管理方法是指绩效管理主体为达到特定目的而采取的管理手段与行为方式。目前的绩效管理方法有很多种,常见的有:以经济(Economy)、效率(Efficiency)和效益(Effectiveness)为主的 3E 评估法、标杆基准法、平衡积分卡法、层次分析法、关键绩效指标、元评估、绩效棱柱模型等方法。每种方法都有优缺点和适用范围,如何根据当地的实际情况比较、选择、探索、创新监管和评估法是一个非常重要的问题,唯有如此,才能保障新市民公共文化服务绩效管理的高效、准确和权威。

13.2.7　绩效管理程序

绩效管理程序是指实施新市民公共文化服务绩效管理的过程及所包含的各个阶段。绩效管理程序是有效开展新市民和城市居民公共文化服务绩效管理活动的重要保障,因此要对此进行科学设计、严格规范。绩效管理程序一般包括:

明确目标和原则、制定绩效管理计划、实施绩效管理、绩效管理结果诊断、绩效管理总结等步骤。公开、公正、科学、合理的绩效管理程序可以有效避免新市民公共文化服务绩效管理工作流于形式。

13.2.8　绩效管理信息系统

所谓绩效管理信息系统是由计算机硬件、网络和通信设备、计算机软件、公共文化服务资源和规章制度组成的以监管和评估公共文化服务为目的的人机一体化系统,它是新市民公共文化服务绩效管理的平台。提高新市民公共文化服务绩效管理的信息化是未来发展趋势,可以有效提高政府文化部门公共文化服务的能力和效率,拓展公共文化服务绩效管理的空间,进一步提升政府文化部门管理科学化和决策现代化水平,同时可以让更多的新市民和城市居民参与到绩效管理活动,提高新市民和城市居民参与公共文化服务绩效管理活动的简便、透明和高效。

13.2.9　绩效管理结果应用与反馈

绩效管理结果应用是指将促进新市民与城市融合的公共文化绩效管理活动的结果应用于相关部门评估、个人发展以及责任追究等方面。即对相关主体进行激励或惩罚,将绩效管理结果与相关主体、相关人员的利益密切挂钩,它是新市民公共文化服务进一步改进和优化的依据。通过深入分析公共文化服务绩效管理结果可以发现公共文化服务供给过程中存在的问题,从而有利于提出改善和优化的措施,可以提高相关主体的责任意识和工作积极性。

13.3　公共文化服务绩效管理体系的运转机理

公共文化服务需求反馈体系、有效供给体系和保障体系的正常运转是公共文化服务绩效管理体系的前提和基础。国家文化部门根据有关公共文化服务的立法和相关法规,由公共文化服务绩效管理机构专门负责公共文化服务的绩效管理工作,并成立专门的、临时的和综合性的绩效管理小组。各绩效管理小组负责制定绩效管理方案,包括绩效管理主体、绩效管理对象、绩效管理指标标准、绩效管理方法以及绩效管理所需的数据。绩效管理主体包括从专家库中随机抽取的人员,也要包括社会公众代表和新市民代表;绩效管理需要的数据可以从新市民和城市居民公共文化数据库和专项调查获取。根据绩效管理方案,绩效管理小组对新市民和城市居民公共文化服务实施监管和评估,并形成新市民和城市

居民公共文化绩效管理报告。公共文化服务绩效管理体系的运转机理如图
13-1所示。

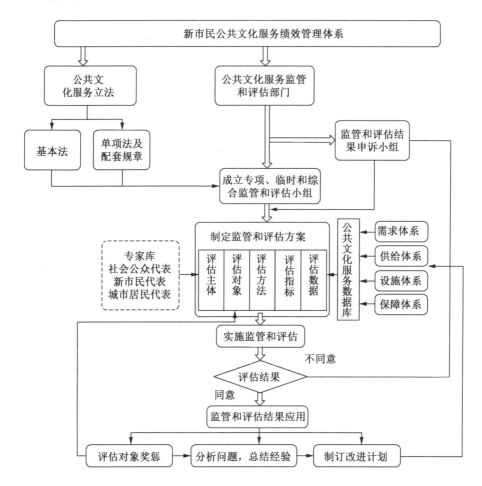

图 13-1　新市民公共文化服务绩效管理体系运转机理

　　如果评估对象对于绩效管理结果没有异议,就进入绩效管理结果的反馈与
应用,具体包括三部分内容:根据绩效管理结果,对于绩效管理对象实施相应的
奖惩,并分析存在问题及原因,最后形成改进计划,既包括监管和评估改进计划,
也包括新市民和城市居民公共文化服务需求反馈体系、有效供给体系及保障体
系的改进和提升计划。如果绩效管理对象对于绩效管理结果有异议,可以向公

共文化服务绩效管理申诉小组申诉并提出申诉请求及相关证据,由申诉小组负责再次审核,并给出最终评估结果。在新市民公共文化服务绩效管理体系中增加评估申诉流程可以更好地体现监管和评估工作的公开、透明,并提高监管和评估主体的责任意识和评估水平,以确保监管和评估工作权威性。

新市民公共文化服务绩效管理体系是一个开放和动态调整的体系,它应该随着被考核地区的新市民和城市居民的公共文化服务水平的变化而动态调整相应的要素。比如,对一个地区不同时期的新市民和城市居民公共文化服务水平的评估指标和权重需要根据实际工作情况而不断做出调整。新市民公共文化服务绩效管理体系动态调整的目的是为了应用评估指标指导各地的公共文化服务,不断提高服务水平和服务效率,高效和持续地满足新市民和城市居民的文化权益,以促进新市民与城市的有效融合。

13.4　构建公共文化服务绩效管理体系的对策建议

13.4.1　加强宣传,提高认识,营造重视公共文化服务绩效管理的氛围

由于目前对新市民公共文化服务绩效管理工作还没有正式开始,需要加强宣传,提高认识,营造各级政府重视新市民公共文化服务绩效管理氛围,可以从以下几个方面着手:首先,充分利用各类新闻媒体向全社会介绍公共文化服务绩效管理对公共文化发展的作用和价值,公共文化绩效管理工作所取得的效果,使各级领导和社会公众对公共文化绩效管理工作有更直观、深入的了解,让绩效管理的理念深入人心,并培养社会公众绩效管理意识,为公共文化服务绩效管理工作的开展营造良好的社会氛围。第二,结合服务型政府建设,推动政府文化部门树立以公众满意度和公共文化服务质量为价值取向的公共文化服务理念,加强政府文化部门公共文化管理的效能建设及问责机制。第三,将新市民公共文化服务纳入到各级党委政府领导任期目标考核责任制是提高各级领导重视的核心措施。各级党委、政府领导的任期目标考核是政府工作的"指挥棒",只有加强各级政府领导在新市民公共文化方面的行政考核力度,各级领导才会真正重视该项工作,才有可能将新市民公共文化纳入党委政府的议事日程,纳入经济社会发展规划及年度计划,纳入各级政府财政预算,纳入各级领导任期目标考核责任制,纳入文化体制机制改革目标。唯有如此,各级领导才能加大本地对新市民公共文化服务的监管和评估力度。

13.4.2　建立和健全公共文化服务绩效管理的法治化和制度化建设

尽管我国出台了一些与新市民公共文化服务有关的法律或条例,但是与我国公共文化服务发展的法律需求相比,还有较大的差距,严重滞后于新市民公共文化发展需求。在新市民公共文化服务发展过程出现的许多现实问题经常无法可依,只能依靠地方政府文化管理部门的行政干预,从而影响新市民的文化权益。新市民公共文化服务绩效管理的公平性和公正性均需要完善的法律来保障,建立健全公共文化服务法律法规是公共文化服务走向法治化的前提和基础。新市民公共文化服务绩效管理的法治化就是把新市民公共文化服务绩效管理中具有规律的、有效的和符合公平、公正的原则、措施和办法,以法律、条例、规定的形式固定以来,作为政府文化部门、相关评估主体、评估机构在新市民公共文化服务绩效管理工作中的法律规范,由国家强制实施,从而确保我国新市民公共文化服务绩效管理工作有法可依。

我国应借鉴西方发达国家公共服务领域依法监管和评估的成功经验,多角度、多层面收集、提炼适合我国公共文化服务实际情况的绩效管理内容、评估主体和评估机构资质,积极完善与公共文化服务绩效管理的法律及相关实施文件,以法律的形式要求政府文化部门对公共文化服务进行监管和评估,从法律层面确保新市民和城市居民公共文化服务绩效管理的地位、绩效管理工作的独立性和权威性,以确保新市民和城市居民公共文化服务绩效管理的合法性。通过公共文化服务绩效管理的法制化建设,将绩效管理结果转化为法律责任,从绩效管理的目标和计划开始,直到绩效管理结果的形成、反馈和应用,都列入法律的保护之下,从而使新市民公共文化服务绩效管理有法可依,确保促进新市民与城市融合的公共文化绩效管理的有效性、权威性和持续性。

公共文化服务的法律建设既要考虑单项法律,又要考虑综合法律,建议国家发布全国统一的公共文化服务法律及相关规定,同时还要不断完善单项法律和具体的配套措施及条例,进一步明确新市民公共文化服务及其监管和评估的具体要求。

除了加强新市民公共文化服务绩效管理的法治化建设外,还要进行绩效管理的制度建设,确保新市民公共文化服务绩效管理的制度化和长效机制。第一,加快研究制定一批公共文化服务绩效管理制度及具体实施办法,比如,《公共文化服务绩效管理办法》《公共文化服务绩效管理指标体系设置办法》《公共文化服务绩效管理方法选择及工作程序》《公共文化服务绩效管理计分办法》《公共文化服务绩效管理结果反馈及应用规定》等一系列制度规范,统一规定对新市民和城市居民公共文化服务绩效管理的相关问题,确保新市民和城市居民公共文化服务的绩效管理工作的制度化和规范化;第二,明确新市民和城市居民公共文化服务绩效管理的财政部门、审计部门、绩效管理主体、绩效管理参与机构和个人的职责和权限划分等方面的制度建设。

13.4.3　明确公共文化服务绩效管理主体

明确绩效管理主体是开展公共文化绩效管理的关键环节,绩效管理主体选择影响到公共文化绩效管理的有效性、可靠性、公正性和可行性。因此,需要明确适合我国实际情况的公共文化服务绩效管理主体。第一,成立专门的公共文化服务绩效管理机构。如英、美等国在改革期间成立的绩效管理执行局等,从而在组织机构上保障公共文化机构绩效管理作为一项制度得到持续有效地推行[237]。鉴于我国政府的实际情况,新设机构的可能性不大,建议成立公共文化服务(含新市民)绩效管理领导小组,组长由地方领导或分管领导担任,其他具备监管的政府部门领导任组员。第二,加强和完善政府绩效管理主体建设。目前,我国的绩效管理主体仍然以政府职能部门、主管部门和立法机构为主,短期内大幅度改革有很大的难度,因此,需要加强政府绩效管理主体的综合素质建设,通过宣传、培训、考核等手段不断提高部门人员的责任意识、服务意识、公平意识、专业水平和能力素质,从而提高政府部门的绩效管理水平,确保新市民公共文化服务体系健康持续运转。第三,提高新市民和社会公众的绩效管理参与度。新市民和社会公众的需求和满意度是新市民公共文化服务的出发点和落脚点,缺少了新市民和社会公众的绩效管理体系是不完整的。因此,根据绩效管理主体选拔制度,选择有能力、有意愿的新市民代表和社会公众代表参与到公共文化服务绩效管理工作,并不断提高新市民代表和社会公众代表在绩效管理主体中所占的比重,提高公共文化服务绩效管理的公信力、客观性、全面性和有效性。同时,还要积极引导城市居民和新市民参与公共文化服务的评估,增加城市居民和新市民了解和参与公共文化服务的决策、服务、监督和评估的机会,不断提升城市居民和新市民参与公共文化活动和评估活动的积极性。第四,促进第三方公共文化评估机构的建设和参与。目前我国独立的公共文化评估机构非常少,目前只有“上海东方公共文化评估中心”一家,因此,国家和地方政府应出台相关政策,鼓励和引导第三方公共文化评估机构的建设,同时,鼓励第三方公共文化评估机构参与公共文化服务的评估工作。第五,发挥各类监督机制的协同作用。

单个的监督机构的作用是有限,但如果把各类监督机构结合起来,发挥他们的协同作用,那么公共文化的监督效果就会大大提升。因此,行政机关内部监督和外部监督要相互结合,内部监督包括党内监督机构和行政机关执行监督,外部监督包括法院、审计、社会团体和个人监督。公共文化管理部门和监督检查机构要整体联动,打破部门界限,成立联合执法小组,维护公共文化服务体系正常运转。通过公共文化服务检查、日常巡查和专项检查,将公共文化服务的监督检查与日常业务管理有效结合。

13.4.4　构建科学有效的公共文化服务绩效管理指标体系

构建科学有效的指标体系是新市民公共文化服务绩效管理体系的核心环节。第一,明确新市民公共文化服务绩效管理的目的。一般来说,绩效管理有以下几个目的:诊断、监测、导向、规范、控制、沟通。在制定公共文化服务绩效管理指标前,要明确绩效管理目的,目的不同,选择的评估方法、评估主体和评估指标会有较大的差别。第二,制定新市民公共文化服务绩效管理的原则。制定原则就是明确城市居民和新市民公共文化服务绩效管理的准则和基本指导思想,根据我国目前的实际情况,作者认为公共文化服务绩效管理应遵循人民满意、民主、公开透明、公平公正、科学合理等基本原则。第三,确定新市民公共文化服务绩效管理范围和内容。合理确定公共文化服务绩效管理范围和内容是构建指标体系的基础。根据国外发达国家公共文化服务的实践经验和我国的实际情况,作者认为公共文化服务绩效管理的内容应该包括:政府部门关于公共文化服务决策、公共文化服务供给主体的资质和条件、公共文化服务内容和质量、公共文化服务效果及满意度、公共文化服务支出、公共文化服务设施等方面。第四,构建不同层次、不同类别、不同阶段的公共文化服务绩效管理指标体系。“不同层次”可以设计为三层:第一层次是由统一性指标和专业性指标构成的指标体系;第二层次是由基本指标、专用指标和评议指标构成的指标体系;第三层次是由定量指标和定性指标构成的指标体系[238]。“不同类别”是指要根据不同的绩效管理对象设置指标,如对政府部门和公共文化服务机构分别设置指标,以确保评估指标的针对性。“不同阶段”是指监管和评估可以分阶段进行,一般可以分为服务前、服务中和服务后三个阶段,每个阶段的绩效管理目的、方法和指标会有独特性。不同层次、不同类别、不同阶段的指标体系构成了相辅相成、有机结合的公共文化服务绩效管理指标,这是由公共文化服务的多层次性、内容的复杂性、时间的长期性所决定的。第五,合理确定公共文化服务绩效管理标准。评估标准是衡量公共文化服务效果、效率和效益的标尺,要充分考虑评估指标与评估标准的对应关系,针对不同地区的不同评估对象研究评估标准,在广泛收集评估标准数据的基础上,建立动态调整的公共文化服务绩效管理标准数据库。由于我国的地域广阔,各地的社会经济发展水平、自然环境、地方文化具有较大的差异,制定全国统一的公共文化服务评估标准是不现实的,但是,国家可以分类制定"必选项目"、"可选项目"的评估指标和标准库,各省也可以在必选项目的基础上增加"创新项目"指标和标准;也可以根据绩效管理的层级差异分别制定国家标准、省级标准、市级标准,为公共文化管理部门、社会团体、城市居民和新市民提供评估的参考依据,实现对公共文化服务绩效管理指标的动态管理。

13.4.5　探索和创新公共文化服务绩效管理方法

绩效管理方法既是新市民公共文化服务绩效管理体系的重要组成部分,又是绩效管理效果的重要手段,对提升公共文化服务效果具有重要的作用。目前绩效管理的方法还比较传统,对现代公共管理的富有效率和效益的新工具缺乏借鉴和引用,对传统的管理手段缺乏拓展和创新,目前的评估手段大多流于形式,通过开座谈会、汇集资料、自查自报、查看各种报表等方法并不能真正评估实际情况,致使评估工作效果不理想,公共文化服务绩效管理的经济性、效率性、效益性难以有质的提升。比如,对党政领导的评估主要集中在保障指标,如经费投入、人员编制等方面,如果仅仅通过开座谈会汇报的方式,很难评估出真正的问题,可以组织专业人员对党政领导的公共文化经费投入进行审查,特别是新市民公共文化服务经费,不仅要审查费用的预算,还要审查具体费用的使用和流向。国内一些地区在公共服务领域不断探索和尝试一些新的评估方法,如关键绩效指标、平衡积分卡、标杆管理法等。在实际工作中,究竟选择哪些方法,取决于评估目的、评估主体、评估对象、评估内容、评估数据等多种因素。因此,第一,国家或文化部应积极鼓励各地区根据本地区新市民公共文化服务的实际情况,分析比较各种绩效管理方法的优缺点,扬长避短,在原有评估方法的基础上,融入更加科学先进的技术元素,不断探索和创新新市民公共文化服务的监管和评估方法。第二,国家及文化部要经常组织各地的文化部门总结、交流新市民公共文化服务的绩效管理方法,分享经验,互通有无。一旦发现有比较成熟且效果比较好的绩效管理方法,要及时推广。第三,由于新市民公共文化服务的内容和涉及的部门较多,在公共文化服务绩效管理的具体操作过程中,要鼓励对不同部门采用不同的评估方法,既可以确保评估的针对性,也可以了解各种方法的适用性和优缺点。

13.4.6　建立公开透明的公共文化服务绩效管理程序

公开透明的程序有利于提高公共文化服务绩效管理的权威性,也符合公共文化服务要加强过程管理的发展趋势。一个完整的绩效管理程序应该包括以下五个阶段。第一,制订公共文化服务绩效管理计划。绩效管理计划是公共文化服务绩效管理活动的前提和基础。明确绩效管理对象以及相互关系,即要正确回答"谁来管理,管理谁";根据绩效管理对象,选择合适的绩效管理方法;设计各类绩效管理对象的指标体系,即"评估什么,如何进行衡量和评估";针对绩效管理的运行程序、实施步骤提出具体要求,即"如何组织实施评估,在什么时间做什么事情"。第二,收集公共文化服务绩效管理信息。该阶段是在完善绩效管理计划的基础上,组织有关部门、组织和个人贯彻绩效管理制度的过程。在此阶段,需要收集大量的宏观信息和微观信息,这些信息既包括新市民和城市居民公共文化服务绩效管理指标体系,也包括各地区新市民和城市居民公共文化服务数量、质量、成本及成果等信息,还包括新市民和城市居民个人满意度等方面的信息。需要文化部门定期或不定期地采集、整理相关信息,为下一阶段的评估工作提供准确、可靠和翔实的新市民和城市居民公共文化服务数据资料。第三,分析公共文化服务数据,实施公共文化服务绩效管理。这是公共文化服务绩效管理的重心,它不仅关系到整个公共文化服务绩效管理体系运行的质量和效果,也涉及新市民和城市居民当前和长远的文化权益,需要当地政府部门和所有参与监管和评估的人员高度重视,并要注意绩效管理工作的准确性和公正性。第四,总结和改进公共文化服务。公共文化服务的评估者和被评估者均需要完成评估工作的总结,各个部门及有关责任人应当根据各自的职责范围和要求,对新市民和城市居民公共文化服务绩效管理的各项活动进行深入全面的总结,完成绩效管理活动的总结工作。总结内容可以从新市民和城市居民公共文化服务绩效管理制度、评估指标体系、评估主体、评估对象等方面进行,分析问题,要及时反馈给相关部门,以确保新市民公共文化服务绩效管理体系持续改进。第五,绩效管理结果的应用与开发。无论绩效管理结果与什么样的奖惩挂钩都不是其根本目的,最终是为了推进公共文化服务效率和效益的全面提高和全面发展,因此,有关部门应当根据绩效管理结果和改进计划,从本部门出发,针对现在的各种问题,分清主次,按照重要程度逐一解决,不断满足新市民和城市居民的文化服务需求。

13.4.7　加强公共文化服务绩效管理信息系统的顶层设计

当前,各地因地制宜,采用先进的信息技术手段,通过互联网(电子政务外网、虚拟专网)、移动互联网,卫星、有线电视(数字电视)、移动硬盘、光盘等多种方式,实现了文化共享工程资源的快捷、稳定传输[239]。但是,由于全国没有缺乏统一的技术标准,各地方的公共文化系统具有较强的地方特色。因此,要加强公共文化服务信息系统的顶层设计,特别是绩效管理系统的顶层设计。第一,由文化部牵头统一设计公共文化服务数据库(含新市民等弱势群体),具体构成可以分为两大类,一类是"必选模块",第二类"创新模块"。建立公共文化服务数据库有利于当地政府了解本地的公共文化服务资源,为公共文化服务决策奠定基础并提供数据支撑。第二,由文化部统一设计公共文化服务绩效管理信息系统。在公共文化服务数据库建设的基础上,设计公共文化服务绩效管理信息系统,绩效管理所需要的数据和资料均可以从公共文化数据库调取,大部分绩效管理指标可以利用数据库资料生成,评估的主体可以从评估专家信息库中随机选择,这样可以极大地提高公共文化绩效管理的效率和客观性。第三,由文化部统一设计公共文化服务宏观管理和决策系统。构建公共文化服务信息系统的目的是为了更好地应用信息技术为公共文化服务,因此,应该在上述两个信息系统的基础上,建设公共文化服务宏观管理和决策系统,充分发挥其作用,在实践中不断改善、优化。公共文化服务信息化的建立和发展将为政府公共文化管理科学化和现代化提供强有力的技术支持,提升公共文化服务绩效管理效率,并降低公共文化绩效管理成本,并实现公共文化绩效管理的高效、透明与简便。

13.4.8　加强公共文化服务绩效管理结果的有效应用与反馈

绩效管理结果不仅仅是对上一阶段公共文化服务工作的总结,也是对下一阶段公共文化服务工作进行指导、提升的基础。因此,要加强新市民和城市居民公共文化服务绩效管理结果的有效应用与反馈。

第一,要强化新市民和城市居民公共文化服务绩效管理结果反馈。需要将绩效管理的结果反馈给相关部门的主管人员,而且要提供考核结果的依据。及时的反馈,有助于评估对象知道自己工作的优点与不足,明确将来工作努力的方向。客观的依据,也必然增加对评估公信力的认可。

第二,需要强化新市民和城市居民公共文化服务绩效管理结果的奖惩。无论是奖励、惩罚还是批评,均需要根据绩效管理的结果及时进行。这里强调是要有结果，不能只有检查、评估而无结果；而且需要及时，不能让基层部门等待时间太长。越及时的奖励或惩罚，越具有效力。

第三，应用新市民和城市居民公共文化服务绩效管理结果促进公共文化服务水平提升。绩效管理的终极目的是为了提升公共文化服务水平和服务效率。根据公共文化服务绩效管理的阶段，可以将公共文化服务绩效管理结果分为建设性评估和总结性评估。建设性评估就是在服务过程中以改进公共文化服务或项目为目的的评估。对于公共文化服务建设性评估，要高度重视，充分运用，根据公共文化服务建设性评估结果，对公共文化服务或项目过程给予必要的干预和调控、对所需要的各类资源给予及时、必要的调整，这样就会对公共文化服务的改进取得立竿见影的效果，促进监管和评估工作的良性循环。总结性评估是对促进新市民与城市融合的公共文化整体评估结束后形成的评估结果。对于总结性评估结果，可以应用于政府部门、社会组织等，通过总结、交流和借鉴经验，为下一阶段的公共文化服务做好准备工作，积累经验，不断提升新市民和城市居民公共文化服务水平。

结论与展望

一、主要结论

调查比较新市民和城市居民在经济水平、社会交往、文化融入、身份认知和公共文化需求等方面的共同点和差异化,从经济、社会、文化、心理四个层面全面剖析新市民城市融合的问题;梳理我国公共文化服务发展历程,客观评价公共文化服务成就,深入剖析公共文化服务问题;应用结构方程模型,构建公共文化对新市民城市融合影响的机理模型,研究了公共文化、经济融合、社会融合、文化融合、心理融合的结构关系及影响效应。在此基础上,提出了构建新市民公共文化服务体系的理论构架,研究结果表明:

新市民与城市融合程度不高。经济融合方面,新市民的就业层次、就业范围受限、工资水平偏低、工作不稳定,新市民应用城市公共就业服务的能力有待提高,新市民的总体消费水平较低,但群体内部消费观念和消费水平出现分化。社会文化融合方面,新市民缺乏与城市进行社会文化融合的时间保障、交往意愿和交往机会、交往平台、公共就业服务平台和社会网络支持。心理融合方面,大部分新市民的身份认同模糊,对自己的未来缺乏明确规划,对城市居民的认知存在着一定的矛盾和困惑,增加了新市民主动与城市融合的畏难情绪,缺乏与城市融合的信心和能力。

当前公共文化服务体系无法满足新市民与城市居民日益增长的精神文化需求。需求反馈方面,城镇居民和新市民公共文化利益的表达意识不强,表达效果较差,公共文化需求表达的组织性缺失,缺乏有效的需求表达渠道,政府部门缺乏正规的、系统化的公共文化需求表达体系和正式回应体系。有效供给方面,部分政府部门对公共文化供给的重要性认识不够,缺乏有效供给理念,公共文化财政经费投入有较大缺陷,新市民专项经费无法律保障,公共文化部门间缺乏有效的协同供给,新市民公共文化缺乏有效的绩效考核体系,没有形成公共文化供给的长效机制和制度保障,新市民公共文化供给的整体创新能力较弱。保障方面,没有形成一整套相辅相成、相互支持的公共文化服务法律体系,缺乏由国家强制标准和地方选择标准构成的公共文化服务标准体系,公共文化服务投入缺乏法律保障,现有公共文化人才队伍的观念、知识结构、能力素质等方面还不能满足建设现代公共文化服务体系的需要。绩效管理方面,缺乏新市民公共文化服务绩效管理的法律规范、制度保障、专门机构、指标体系和激励约束机制。

新市民与城市居民在参与公共文化活动和文化需求方面既有共同点,又有差异。

新市民和城市居民参与最多的文化活动是广场健身活动、看电视/电影、聊天逛街/逛公园、上网/玩游戏、看书/报/杂志,参加比例比较低的活动是社区活动、观看文艺演出和参观展览。城市居民观看综艺类演出和大型演唱会的比例高于新市民,新市民观看戏曲的比例高于城市居民。文化需求方面,新市民最想参加的是职业技能培训,城市居民最希望参加的是体育健身活动,二者也存在很多共同需求,公园活动、广场文化活动、看电视电影、体育健身活动。说明新市民与城市居民的文化活动需求既具有明显的层次性,也存在共同的文化活动需求基础。新市民和城市居民对于公共文化服务的期望较高,新市民和城市居民对政府提出的共同希望是提供就业信息服务、休闲娱乐、体育健身和培训教育服务。其中,新市民最需要政府提供就业信息,城市居民期望政府在体育健身方面提供更多的服务。文化服务形式需求方面,讲座与培训成为新市民和城市居民均最为喜欢的服务形式,兴趣参与、游戏娱乐、文艺表演与科普宣传等也有较高的比例。城市居民对于文艺表演和文体竞赛的需求均高于新市民。

公共文化对新市民城市融合具有显著的直接影响和间接影响。应用4个外源观测变量测量公共文化这个外源潜变量,用14个内生观测变量测量经济融合、社会融合、文化融合、心理融合4个内生潜变量,研究了公共文化、经济融合、社会融合、文化融合、心理融合的结构关系及影响效应。研究结果表明,结构方程在处理公共文化、经济融合、社会融合、文化融合、心理融合等潜变量关系的研究中具有非常显著的优越性,而且公共文化对新市民城市融合影响的结构方程模型的拟合效果很好。公共文化对新市民经济融合具有显著的直接效应,公共文化对社会融合、文化融合和心理融合不仅有显著的直接效应,而且通过多个中介变量和多条路径产生间接影响。这充分说明切实将新市民纳入城镇公共文化服务体系,逐步实现城镇基本公共文化服务覆盖在城镇常住的新市民及其随迁家属,使其平等享受市民权利,对促进新市民的城市融合水平具有非常重要的作用和价值。

　　新市民公共文化服务体系的理论架构。建设目标包括人民群众的基本文化需求,保障人民群众的文化权益;培养城市主流文化;保护和挖掘我国历史文化资源,打造各地的文化品牌,传承民族文化;培育城市群体共同的精神家园;提升文化软实力,提高国家竞争优势。公共文化服务体系建设的基本原则:标准化、均等化、开放性、发展创新性、综合协同性。公共文化服务体系的基本要素包括:需求反馈体系、有效供给体系、保障体系、绩效管理体系。

　　构建公共文化服务需求反馈体系的对策。提高城市居民和新市民文化需求表达的意识和能力;构建和完善公共文化需求反馈的基础设施建设;不断完善和拓展公共文化需求的制度化反馈渠道;建立健全城市公共文化非制度化的需求反馈渠道;设立公共文化需求回应机构,统筹管理公共文化需求回应;提高城市居民和新市民的组织化程度,形成公共文化需求表达的合力。

　　构建公共文化服务有效供给体系的对策建议。强化认识,提高公共文化服务的战略地位,在全社会范围内营造重视公共文化服务的氛围;建立健全公共文化服务的法律保障体系,特别是针对新市民等弱势群体的法律保障体系;建立相互协同、相辅相成、相互支撑的公共文化多元供给主体;创新针对新市民的公共文化服务内容;积极探索针对新市民的公共文化服务形式;建立健全新市民公共文化供给体系的监督评估制度。

　　构建公共文化服务保障体系的对策。公共文化服务保障体系包括法律保障体系、标准体系、资金投入保障体系和人才队伍保障体系。以法律体系建设推进公共文化服务体系建设进程;抓紧时间出台《公共文化服务保障法》,制定公共文化服务的专项配套法律和地方性法规;发动社会力量,推动社会群体参与公共文化服务的法律体系建设。组织专门力量研究公共文化服务的"软性"标准;建立和完善与国家公共文化服务标准体系相配套的管理评估监督机制;建立健全公共文化服务的标准体系的信息平台。建立健全以常住人口为基础的公共文化服务的财政资金投入保障机制;完善和创新公共文化服务财政资金使用方式;创建吸引社会资本进入公共文化服务领域的利益导向机制。建立和完善各省公共文化服务人才队伍建设规划；科学合理地配备基层公共文化服务人员；加强教育和培训，提高公共文化服务人员的能力和水平；改革公共文化服务部门的用人制度和分配制度。

　　构建公共文化服务绩效管理体系的对策建议。加强宣传，提高认识，营造各级政府重视新市民公共文化服务绩效管理氛围；加强新市民公共文化服务绩效管理的法治化和制度化建设；完善新市民公共文化服务绩效管理主体；构建科学有效的新市民公共文化服务绩效管理指标体系；探索和创新新市民公共文化服务绩效管理方法；建立公开透明的新市民公共文化服务绩效管理程序；着手建立新市民公共文化服务绩效管理信息系统的顶层设计；加强新市民公共文化服务绩效管理结果的有效应用与反馈。

二、研究不足和进一步研究的问题

1. 研究不足

第一，构建公共文化服务体系需要的深层次体制机制改革涉及较少

要构建理想的现代公共文化体系要涉及文化部门、新闻部门、广电部门、财政部门、人社部门等众多部门，各部门之间的协调与沟通将是一个非常困难的问题，这需要深层次的体制机制改革，这些问题的难度和深度远远超出了本书的研究内容，因此，本书没有对此进行深入研究，这是本书的薄弱之处。

第二，个案研究的缺失

新市民公共文化服务体系研究既是一个理论问题，又是一个实践问题。理论的分析需要有具体的案例研究予以配合，本文没有能选取合适的案例分析予以支持相关的理论阐释，这一缺憾可能会导致论文在整体上缺乏理论和实践的相互印证。因此，缺乏个案研究也是本文研究的不足之处。

第三，研究视角的局限

本书主要从构建公共文化服务体系的视角研究新市民城市融合，这仅仅是影响新市民城市融合的一个角度，新市民城市融合是一个长期的系统工程，还需要从经济、社会、文化、心理、技术等角度来进一步深入研究新市民与城市融合问题。

2. 进一步研究方向

第一，如何找准公共文化服务体系的供给侧结构性改革这一立足点，以社会

需求倒逼公共文化服务体系改革,提高我国公共文化服务体系的精准性?

第二,如何应用现代信息技术和"互联网＋"打造公共数字文化服务平台? 如何加强多网、多终端应用开发和内容服务? 如何整合公共文化机构和社会力量形成供方资源,为群众提供多元化和层次化服务?

第三,如何深入推进新市民与城市融合程度来提升市民化水平,如何有效应用现代信息技术研究新市民群体差异及相关因素的影响程度,如何构建城市群体间融合交流平台,如何创新新市民城市融合的体制机制等都是未来研究的方向。

参考文献

［1］国家统计局. 2015 年国民经济和社会发展统计公报［EB/OL］. http://www. stats. gov. cn/tjsj/zxfb/201602/t20160229_1323991. html.

［2］国家统计局. 2015 年国民经济和社会发展统计公报［EB/OL］. http://www. stats. gov. cn/tjsj/zxfb/201602/t20160229_1323991. html.

［3］国家统计局. 2015 年国民经济和社会发展统计公报［EB/OL］. http://www. stats. gov. cn/tjsj/zxfb/201602/t20160229_1323991. html.

［4］杨群. 城市化率过半, 要警惕"半城市化"［EB/OL］. http://www. people. com. cn/h/2012/0523/c25408 - 1307006527. html.

［5］中国发展研究基金会. 中国发展报告 2010：促进人的发展的中国新型城市化战略［M］. 人民出版社, 2010.

［6］卢晖临. 政府和富豪从农民工生产体制受益［EB/OL］. http://news. ifeng. com/exclusive/lecture/special/luhuilin/shilu/detail _ 2013 _ 02/17/22199754_0. shtml.

［7］江泽民. 全民建设小康社会. 开创中国特色社会主义事业新局面［M］. 人民出版社, 2003.

［8］胡锦涛. 高举中国特色社会主义伟大旗帜. 为夺取全面建设小康社会新胜利而奋斗［M］. 人民出版社. 2007.

［9］汪勇. "农民工"称谓的历史演变及其启示［J］. 南京社会科学, 2007(11).

［10］陈安民、刘晓霞. 中国"农民工"——历史与现实的思考. 华龄出版社, 2006：22.

［11］国务院研究室作者. 中国农民工调研报告. 中国言实出版社, 2006. 04, P1.

［12］郑功成、黄黎若莲. 中国农民工问题与社会保护［M］. 人民出版社, 2007：15.

［13］韩俊.中国农民工战略问题研究［M］.上海出版社,2009:1.

［14］王佃利等.新生代农民工的城市融入——框架构建与调研分析［J］.中国行政管理.2011(2).

［15］任远、邬民乐.城市人口的社会融合:文献评述、人口研究.2006(3).

［16］Park R E,Burgess E W. Introduction to the science of sociology. 1921. Reprint［M］. Chicago:The University of Chicago Press,1969.

［17］Park R E. Assimilation, social［M］. Seligman E, John-son A Encyclopedia of social sciences. Macmillan:New York,1930.

［18］Schwarz Weller H. K. Parental Ties and Social Integration of Rural to Urban Migrants. Journal of Migrants. Journal of Marriage and the Family, 1964(4).

［19］任远、邬民乐.城市流动人口的社会融合:文献述评［J］.人口研究. 2006(3).

［20］马西恒、童星,敦睦他者:城市新移民的社会融合之路—对上海市 Y 社区的个案考察［J］.学海.2008(2).

［21］马西恒、童星.敦睦他者:城市新移民的社会融合之路—对上海市 Y 社区的个案考察［J］.学海.2008(2).

［22］杨聪敏.农民工权利平等与社会融合［M］.浙江工商大学出版社, 2010:23.

［23］龙冠海.社会学［M］.三民书局,1983:188.

［24］(英)爱德华·泰勒.原始文化［M］(连树声译)上海:上海文艺出版社,1992.

［25］(加)夏弗.文化:未来的灯塔［M］.退肯汉:金刚合金出版社,1998(D. Paul Schafer, Culture:Beacon of the Future, Twickenhan:Adamantine Press, 1998.)

［26］荣跃明.公共文化的概念、形态及特征［J］.毛泽东邓小平理论研究. 2011(3).

［27］李少惠、余君萍.西方公共文化服务体系综述及其启示［J］.图书馆理论与实践.2012(3).

［28］曹爱军、杨平.公共文化服务的理论与实践［M］.科学出版社, 2011:244.

［29］李军鹏. 公共管理学［M］. 北京：首都经济贸易大学出版社，2005：5.

［30］吴九思、张乾瑾. 论构建公共文化服务体系中的公民参与［J］. 中国经贸导刊. 2012(1).

［31］孔进. 公共文化服务供给：政府的作用［D］. 山东大学，2010.05.

［32］张云峰. 黑龙江省建设农村公共文化服务体系研究［D］. 东北农业大学. 2010.04.

［33］吴九思、张乾瑾. 论构建公共文化服务体系中的公民参与［J］. 中国经贸导刊. 2012(1).

［34］陈威主编. 公共文化服务体系研究［M］. 深圳报业集团出版社，2006，4.

［35］Gordon，Milton M.（1964），Assimilation in American life，New York：Oxford University press.

［36］Josine Junger-Tas，Ethnic minorities，social integration and crime. European Journal on criminal policy and research 9：5 - 29，2001. P5 - 29.

［37］Barbara Schmitter Heisler，The Future of Immigrant Incorporation：Which Models? Which Concepts? International Migration Review，Vol. 26，No. 2，Special Issue：The New Europe and International Migration（Summer，1992），pp. 623 - 645.

［38］Josine Junger-Tas，Ethnic minorities，social integration and crime. European Journal on criminal policy and research 9：5 - 29，2001. P5 - 29.

［39］Han Entzinger & Renske Biezeveld，Benchmarking in immigrant integration，Erasmus University Rotterdam，2003.

［40］Ludger Pries，Labour migration，social incorporation and transmigration in the New Europe. The case of Germany in a comparative perspective，http://www. ruhr-uni-bochum. de/soaps/download/publ - 2003_lp_labourmigration. pdf.

［41］Ratna Omidvar & Ted Richmond，Immigrant settlement and social inclusion in Canada，Perspectives on social inclusion working paper series，Laidlaw Foundation，2003.

［42］John Goldlush & Anthony H. Richmond，A Multivariate Model of Immigrant Adaptation，International Migration Review，Vol. 8，No. 2，

Special Issue: Policy and Re-search on Migration: Canadian and World Perspectives (Summer, 1974),pp. 193 - 225.

[43] Alejandro Portes. 1998. Social Capital: Its Origins and Applications in Modern Sociology. in Annual Review of Sociology, edited by John Hagan and Karen S. Cook. Palo Alto, C. A. : Annual Review Inc.

[44] Alejandro Portes & Julia Sensenbrenner, Embeddedness and immigration: notes on the social determinants of economic action, The American Journal of Sociology, Vol. 98, No. 6 (May, 1993), pp. 1320 - 1350.

[45] Pauline Hope Cheong et al, Immigration, social cohesion and social capital: A critical review,Critical SocialPolicy 2007; 27; 24.

[46] Silvia Dorr & Thomas Faist, Institutional conditions for the integration of immigrants in welfare states: a comparison of the literature on Germany, France, Great Britain, and the Netherlands, European Journal of Political Research 31: 401 - 426, 1997.

[47] Noah Lewin-Epstein et al, Institutional structure and immigrant integration: a comparative study of immigrants' labor market attainment in Canada and Israel ,International Migration Review, Vol. 37, No. 2 (Summer, 2003), pp. 389 - 420.

[48] Martion Papillon, Immigration, diversity and social inclusion in Canada's cities, Canadian Policy Research Networks Inc, 2002.

[49] 李明欢. 20 世纪西方国际移民理论[J]. 厦门大学学报（哲学社会科学版). 2000(4).

[50] 朱力. 论农民工阶层的城市适应[J]. 江海学刊. 2002(6).

[51] 周敏、林闽钢. 族裔资本与美国华人移民社区的转型[J]. 社会学研究. 2004(3).

[52] 任远、邬民乐. 城市流动人口的社会融合：文献述评[J]. 人口研究. 2006(3).

[53] 田凯. 关于农民工的城市适应性的调查分析与思考[J]. 社会科学研究. 1995(5).

[54] 马西恒. 敦睦他者：中国城市新移民社会融合形态的探索性研究—对上海市 Y 社区的个案考察. 学海. 2008(2).

[55] 张继焦. 差序格局: 从"乡村版"到"城市版"—以迁移者的城市就业为例[J]. 民族研究, 2004(6).

[56] 风笑天. "落地生根"? —三峡农村移民的社会适应[J]. 社会学研究. 2004(5).

[57] 杜鹏、丁志宏、李兵等. 来京人口的就业、权益保障与社会融合[J]. 人口研究. 2005(4).

[58] 杨黎源. 外来人群的社会融合探讨——基于对宁波社会调查的分析[J]. 宁波大学学报. 2007(6).

[59] 张文宏、雷开春. 城市新移民社会融合的结构、现状与影响因素分析[J]. 社会学研究. 2008(5).

[60] 陆康强、程英、钱文杰. 上海市农民工城市融合状况分析[J]. 统计科学与实践. 2010(4).

[61] 悦中山、李树茁、费尔德曼. 农民工社会融合的概念建构与实证分析[J]. 当代经济科学. 2012(1).

[62] 赵延东等. 城乡流动人口的经济地位获得及决定因素[J]. 中国人口科学. 2002(4).

[63] 姚先国. 城市农民工的职业分层及其人力资本约束[J]. 浙江大学学报(人文社会科学版). 2006(9).

[64] 曾旭晖. 非正式劳动力市场人力资本书: 以成都市进城农民工为个案[J]. 中国农村经济. 2004(3).

[65] 李珍珍、陈琳. 农民工留城意愿影响因素的实证分析[J]. 南方经济. 2010(5).

[66] 赵树凯. 纵横城乡—农民流动的观察与研究[M]. 中国农业出版社, 1998.

[67] 彭庆恩. 关系资本与地位获得[J]. 社会学研究. 1996(4).

[68] 李培林. 流动民工的社会网络和社会地位[J]. 社会学研究. 1996(4).

[69] 渠敬东. 生活世界中的关系强度—农村外来人口的生活轨迹[A]. 载柯兰君等. 都市里的村民: 中国大城市的流动人口[C]. 中央编译出版社, 2001.

[70] 李汉林. 关系强度与虚拟社区—农民工研究的一种视角[A]. 载于李培林主编. 农民工: 中国进城农民工的经济社会分析[C]. 社会科学文献出版社, 2002.

[71] 曹子玮. 农民工的再建构社会网与网内资源流向[J]. 社会学研究. 2003(3).

[72] 李强. 户籍分层和农民工的社会地位[J]. 中国党政干部论坛. 2002(8).

[73] 潘泽泉. 中国城市流动人口的发展困境与社会风险:社会排斥与边缘化的生产和再生产[J]. 战略与管理. 2004(1).

[74] 王春光. 农民工的国民待遇与社会公正问题[J]. 郑州大学学报(哲学社会科学版). 2004(1).

[75] 任远."逐步沉淀"与"居留决定居留":城市外来人口居留模式分析[J]. 中国人口科学. 2006(3).

[76] 杨绪松、靳小怡、肖群鹰等. 农民工社会支持与社会融合的现状及政策研究—以深圳市为例[J]. 中国软科学. 2006(12).

[77] 陈晓敏. 农民工城市融入中的企业社会责任. 企业研究. 2011(6).

[78] 任远、乔楠. 城市流动人口社会融合的过程、测量及影响因素. 人口研究. 2010(2).

[79] 陈威. 公共文化服务体系研究[M]. 深圳:深圳报业集团出版社,2006.

[80] 王京生. 把公共文化服务体系建设作为民生大事抓紧抓好[J]. 求是. 2007(24).

[81] 陈鸣、谭梅. 当代西方国家公共文化服务制度改革中的若干问题[A]. 中国公共文化发展服务报告(2007)[C]. 社会科学文献出版社. 2007.

[82] 曾岩. 当前公共文化服务体系构建的几个基本问题[J]. 2008(6).

[83] 齐勇锋、王家新. 建构公共文化服务体系的探索[A]. 2006年:中国文化产业发展报告[C]. 社会科学文献出版社. 2006.

[84] 周晓丽、毛寿龙. 论我国公共文化服务及其模式选择[J]. 江苏省社会科学. 2008(1).

[85] 牛华."内生、外包、合作"——我国公共文化服务机制创新的类型及其经验分析[J]. 内蒙古财经学院学报(综合版). 2010(1).

[86] 王建华. 论农村地区公共文化服务体系建设[D]. 华东理工大学. 2011.

[87] 杨永、朱春雷. 公共文化服务均等化三维视角分析[J]. 理论月刊. 2008(9).

[88] 牛华."内生、外包、合作"——我国公共文化服务机制创新的类型及其

经验分析[J].内蒙古财经学院学报(综合版).2010(1).

　　[89] 崔吉磊、李少惠.公共文化服务均等化视角下政府主体角色的重塑[J].商业时代.2011(32).

　　[90] 李少惠.公共文化服务体系建设的主体构成及其功能分析[J].社科纵横.2007(2).

　　[91] 刘文杰、何伟.从创新公共文化服务体系入手 整体推进统筹城乡一体化进程[J].成都行政学院学报[J].2008(3).

　　[92] 牛华."内生、外包、合作"——我国公共文化服务机制创新的类型及其经验分析[J].内蒙古财经学院学报(综合版).2010(1).

　　[93] 刘俊生.公共文化服务组织体系及其变迁研究——从旧思维到新思维的转变[J].探索与争鸣.2010(1).

　　[94] 陈威.公共文化服务体系研究[M].深圳:深圳报业集团出版社,2006

　　[95] 蒋建梅.政府公共文化服务体系绩效评价研究[J].上海行政学院学报.2008(7).

　　[96] 向勇、喻文益.公共文化服务绩效评估的模型研究与政策建议[J].现代经济探讨.2008(1).

　　[97] 李少惠、余君萍.公共治理视野下我国农村公共文化服务绩效评估研究[J].图书与情报.2009(6).

　　[98] 李郁香.大庆市公共文化服务体系建设研究[J].大庆社会科学.2011(4).

　　[99] 倪传明、祝东红.把农民工纳入到主流文化视野之中——论公共图书馆如何为农民工提供文化服务[J].图书情报知识.2005(2).

　　[100] 孙仲魁.探索适合农民工的文化服务形式[N].北京日报.2007 年 8 月 28 日第 008 版.

　　[101] 刘文玉、刘先春.农民工公共文化服务的缺失及其原因探析[J].兰州学刊.2011(5).

　　[102] 蔡武.文化"双轮驱动"文化大发展大繁荣[J].中国社会科学报.2011 年 1 月 4 日第 2 版.

　　[103] 陈霞.公共图书馆应履行好为农民工服务的职责[J].求实.2011(1).

　　[104] 夏国锋.城市文化空间的再造与农民工的社会融入——以深圳市农民工公共图书馆建设为例[J].江西师范大学学报(哲学社会科学版).2011(4).

[105] 文建东. 公共选择学派[M]. 武汉：武汉出版社,1996:9,18.

[106] 蒋寒迪. 公共选择理论方法论的创新价值及其启示. 消费导刊[J]. 2007(8).

[107] Dennis C, Mueller. Public Choice Ⅱ [M]. Cambridge：University Press,1989：1.

[108] Patrick A. McNutt . The Economics of Public Choice. 〔M〕. 2002, Edward Elgar.

[109] Niskanan, William A. Bureaucracy and Representative Government. Chicago：Aldine-Atherton,1971. 4,38.

[110] 布坎南、戈登·塔洛克. 同意的计算——立宪民主的逻辑基础[M]. 北京：中国社会科学出版社,2000.

[111] 金太军. 新公共管理：当代西方公共行政的新趋势[J]. 国外社会科学. 1997(5).

[112] 李治. 从新公共管理到新公共服务的理论发展[J]. 湖北社会科学. 2008(5).

[113] Pollitt Christopher. Managerialism and the Public Services：The Anglo American Experience. Oxford：Basil Blackwell. 1990.

[114] Hood，Christopher. A public management for all seasons[J]. Public Administration 1991 69:4－5.

[115] Holmes，M. and Shand，D. Management Reform：Some Practitioner Perspectives on the Past Ten Years[J]. Governance,1995，(5)：551－578.

[116] 戴维·奥斯本、特德·盖布勒. 改革政府：企业精神如何改革着公共部门[M]. 上海译文出版社,1996.

[117] Savas，E. S. Privatization：The Key to Better Government[M]. Chatham，NJ：Chatham House,1987.

[118] Ewan Ferlie et. al The New Public Management In Action[M]. Oxford：Oxford University Press,1996.

[119] 李治. 从新公共管理到新公共服务的理论发展[J]. 湖北社会科学. 2008(5).

[120] 金太军. 新公共管理：当代西方公共行政的新趋势[J]. 国外社会科学. 1997(5).

[121] 黄小勇.新公共管理理论及其借鉴意义[J].中共中央党校学报.2004(8).

[122] 李景源、陈威.公共文化服务体系研究综述:2004~2007 年[M].社会科学文献出版社出版,2007.

[123] 王丽莉."新公共服务"评析——一种对新公共管理的替代[J].理论与改革.2004(3).

[124] 珍妮特·V·登哈特、罗伯特·B·登哈特.新公共服务:服务而不是掌舵[M].丁煌译.北京:中国人民大学出版社,2004.

[125] 朱满良、高轩.从新公共管理到新公共服务:缘起、争辩及启示[J].中共中央党校学报.2010(8).

[126] 顾丽梅.新公共服务理论及其对我国公共服务改革之启示[J].南京社会科学.2005(1).

[127] 宋煌萍.西方公共管理理论的发展及其对我国的启示[J].学术界.2009(2).

[128] 朱满良、高轩.从新公共管理到新公共服务:缘起、争辩及启示[J].中共中央党校学报.2010(8).

[129] 赵景来.关于治理理论若干问题讨论综述[J].学术动态.2002(3).

[130] 罗西瑙.没有政府统治的治理[M].剑桥大学出版社,1995(5).

[131] 全球治理委员会.我们的全球伙伴关系[M].牛津大学出版社.1995年版.

[132] 格里·斯托克.作为理论的治理:五个论点.国际社会科学杂志(中文版)[J].1999(2).

[133] [美]埃莉诺.奥斯特罗姆.公共事务的治理之道[M].余逊达、陈旭东译.上海:上海三联书店,2002.

[134] 毛寿龙.西方政府的治道变革[M].中国人民大学出版社.1998.

[135] 俞可平."全球治理引论".政治学(人大复印报刊资料)[J].2002(3).

[136] 胡正昌.公共治理理论及其政府治理模式的转变[J].前沿.2008(5).

[137] 陈广胜.走向善治—中国地方政府的模式创新[M].浙江大学出版社,2007.

[138] 张璋.20 世纪 80 年代以来的全球行政改革:背景、理论、举措与经验[J].北京行政学院学报,2002(4).

[139] 滕世华. 公共治理理论及其引发的变革[J]. 国家行政学院学报. 2003(1).

[140] 颜佳华、王升平. 论善治理论在我国地方公共管理中的适用性——基于善治理论缺失的考察[J]. 北京行政学院学报. 2008(1).

[141] 国家发展和改革委员会. 关于 2004 年经济体制改革的意见[EB/OL]. http://www. cnr. cn/news/200404140298. html.

[142] 国务院. 关于 2005 年深化经济体制改革的意见[EB/OL]. http://news. xinhuanet. com/newscenter/2005 - 04/17/content_2841603. htm.

[143] 中共中央. 关于制定"十一五"规划的建议[EB/OL]. http://news. xinhuanet. com/politics/2005 - 10/18/content_3640318. htm.

[144] 中共中央办公厅、国务院办公厅. 关于加强公共文化服务体系建设的若干意见[EB/OL]. http://testcnci. cnci. gov. cn/2009/6/15/law - 0102040000 - 548. shtml.

[145] 中共中央党校出版社. 十一届三中全会以来党和国家重要文献选编[M]. 北京:中共中央党校出版社,2008.

[146] 国务院. 关于印发国家基本公共服务体系"十二五"规划的通知. [EB/OL]. http://www. gov. cn/zwgk/2012 - 07/20/content_2187242. htm.

[147] 胡锦涛. 坚定不移沿着中国特色社会主义道路前进 为全面建成小康社会而奋斗——在中国共产党第十八次全国代表大会上的报告[R]. 北京:人民出版社,2012.

[148] 中国共产党第十八届中央委员会第三次全体会议文件汇编[M]. 北京:人民出版社,2013.

[149] 方健宏. 公共文化服务法制化是必然要求[N]. 南京日报. 2012 - 5 - 3 A06 版.

[150] 应妮. 文化部 2013 年文化发展统计公报首次发布[EB/OL]. http://www. chinanews. com/gn/2014/05 - 15/6174212. shtml.

[151] 文化部. 中华人民共和国文化部 2013 年文化发展统计公报[EB/OL]. http://news. xinhuanet. com/culture/2014 - 05/20/c_126525007. htm.

[152] 王珏. 中国县以上公共图书馆达 3076 个[N]. 人民日报海外版. 2013 - 8 - 14 第 5 版.

［153］张玉玲. 文化发展统计公报透露了啥信息［N］. 光明日报. 2014－6－10 第 5 版.

［154］卫宁、仝晰晰. 让文化与艺术不再遥远［EB/OL］. http：//gb. cri. cn/42071/2014/03/19/6871s4469907. htm.

［155］文化部. 关于全国文化信息资源共享工程暨公共电子阅览室建设试点工作督导情况的通报.［EB/OL］. http：//www. ndcnc. gov. cn/wenhuasf/201212/t20121212_496099. htm.

［156］上海市文化广播影视管理局. 上海市"中国民间文化艺术之乡"建设工作情况.［EB/OL］. http：//www. mcprc. gov. cn/sjzz/ggwhsnew_sjzz/ggwhsnew_qzwh. /ggwhsnew_zgmjwhyszx/201404/t20140414_432219. htm.

［157］江畅、孙伟平、戴贸强. 中国文化发展报告(2013)［M］. 社会科学文献出版社,2014.

［158］易运文. 深圳公共文化服务多元供给［N］. 光明日报. 2010－4－3 第 1 版.

［159］苏闻. 公共文化服务体系建设看南京［N］. 中国文化报. 2014－4－21 第 4 版.

［160］彭科. 回应性治理：公共行政的第三种类型［J］. 天水行政学院学报. 2007(1).

［161］于群,李国新. 中国公共文化服务发展报告(2012 版)［M］. 社会科学文献出版社,2012.

［162］徐京跃、周英峰. 习近平：建设高素质干部队伍 再不能简单以 GDP 论英雄.［EB/OL］. http：//www. hb. xinhuanet. com/2013－06/30/c_116342267. htm.

［163］广东省人大常委会. 广东省公共文化促进条例［EB/OL］. http：//www. cpcss. org/_d272851367. htm.

［164］文化部. 文化部关于三馆一站免费开放督查工作情况的通报［EB/OL］. http：//www. gov. cn/gzdt/2012－10/16/content_2244537. htm.

［165］文化部. 关于通报表扬 2012 年农民工文化服务示范项目的决定［EB/OL］. http：//www. mcprc. gov. cn/preview/special/3641/3651/201205/t20120509_244072. html.

［166］国家统计局. 2012 年全国农民工调查报告［EB/OL］. http：//www.

stats. gov. cn/tjsj/zxfb/201305/t20130527_12978. html.

［167］国家统计局. 中华人民共和国 2012 年国民经济和社会发展统计公报［EB/OL］. http：//www. stats. gov. cn/tjsj/tjgb/ndtjgb/qgndtjgb/201302/t20130221_30027. html.

［168］于思瑶. 公共文化服务体系研究综述［J］. 对外经贸，2012(6).

［169］王列生、郭全中、肖庆. 国家公共文化服务体系论［M］. 北京：文化艺术出版社，2009.

［170］鲍宗豪. 国际大都市文化导论［M］. 上海：学林出版社，2010：170.

［171］方晓彤. 西方公共文化发展的理论视界与实践模式［J］. 重庆工商大学学报(社会科学版). 2014(2).

［172］陆晓曦. 英国文化管理机制："一臂之距"［J］. 山东图书馆学刊. 2012(6).

［173］吴泓、张震. 法国借鉴及中国公共文化服务体系构建路径—从法国音乐节和巴黎沙滩节说起［J］. 现代经济探讨. 2012(9).

［174］赵迎芳. 国外公共文化服务体系建设及其对山东的启示［J］. 东岳论丛. 2014(4).

［175］张丽. 法国公共文化发展政策研究［J］. 山东图书馆学刊. 2013(5).

［176］朱慧. 英法促进公共文化事业发展政策及经验借鉴［J］. 对外经贸. 2013(10).

［177］俞静月. 昆明市公共文化服务体系建设与对策研究［D］. 云南大学. 2011：22.

［178］方晓彤. 西方公共文化发展的理论视界与实践模式［J］. 重庆工商大学学报(社会科学版). 2014(2).

［179］张丽. 法国公共文化发展政策研究［J］. 山东图书馆学刊，2013(5).

［180］刘轶. 他山之石美、英、法、韩等国的文化政策［J］. 社会观察，2004(4).

［181］朱慧. 英法促进公共文化事业发展政策及经验借鉴［J］. 对外经贸，2013(10).

［182］俞静月. 昆明市公共文化服务体系建设与对策研究［D］. 云南大学. 2011 年 4 月：23.

［183］俞静月. 昆明市公共文化服务体系建设与对策研究［D］. 云南大学.

2011 年 4 月:24.

[184] 厦门市文广新局. 厦门市文广新局出台公共文化服务相关制度[EB/OL]. http://www.cnwhtv.cn/show－58128－1.html.

[185] 易运文. 深圳公共文化服务多元供给[N]. 光明日报. 2010－4－3 第 1 版.

[186] 蒋淑媛. 九台市:建立反馈机制 满足群众文化需求[N]. 长春晚报. 2013－6－6,第 4 版.

[187] 宾阳、毕中林. 生动和谐的公共文化景象-广东省东莞市镇街公共文化服务体系建设一瞥[N]. 中国文化报,2011－03－30 第 5 版.

[188] 王荣华. 上海文化发展报告——构建公共文化服务体系[M]. 社会科学文献出版社,2007.

[189] 王海荣. 长安文化学堂 庆祝五岁生日[N]. 深圳商报,2013－12－03.

[190] 宾阳、毕中林. 生动和谐的公共文化景象—广东省东莞市镇街公共文化服务体系建设一瞥[J]. 中国文化报. 2011－03－30 第 5 版.

[191] 陈彪. 浙江省基本公共文化服务均等化研究[D]. 浙江大学硕士论文. 2009 年 6 月:27.

[192] 孔令春、娄海波. 让公共文化服务的阳光洒满城乡大地——从国内外模式和国内经验的视野来看文化公共服务均等化[J]. 中共石家庄市委党校学报. 2012(1).

[193] 俞静月. 昆明市公共文化服务体系建设与对策研究[D]. 云南大学. 2011 年 4 月:14.

[194] 范应力. 苏州公共文化服务体系构建的成就、问题与对策研究[D]. 苏州大学. 2010.4:13.

[195] 广东省文化厅. 广东省公共文化服务促进条例解读[N]. 中国文化报. 2011－12－19 第 7 版.

[196] 宾阳、毕仲林. 生动和谐的公共文化景象——广东省东莞市镇街公共文化服务体系建设一瞥[N]. 中国文化报,2011－03－30,第 5 版.

[197] 于萍. 江苏吴江推动农民工文化建设纵深发展[N]. 中国文化报. 2012－7－13 第 8 版.

[198] 福州人民政府. 福州市文化事业发展"十二五"专项规划[EB/OL]. http://www.fujian.gov.cn/zwgk/zxwj/sqswj/fz/201203/t20120331_463171.htm.

[199] 陈彪.浙江省基本公共文化服务均等化研究[D].浙江大学硕士论文.2009.

[200] 宾阳、毕仲林.生动和谐的公共文化景象—广东省东莞市镇街公共文化服务体系建设一瞥[N].中国文化报,2011-03-30 第 5 版.

[201] 陈立旭,潘捷军等.乡风文明:新农村文化建设—基于浙江实践的研究网[M].北京:科学出版社,2009.

[202] 初新刚.国内外公共文化设施建设的经验对黑龙江的启示[J].商业经济,2014(1).

[203] 李婷.苏州 4 年培训 3000 名基层文化从业人员[N].姑苏晚报,2012-12-7 第 8 版.

[204] 叶成伟、孙勤明.浙江省公共文化服务体系建设的经验、问题、对策[J].观察与思考,2012(11).

[205] 卢华东.政府构建农村公共文化服务体系的原则与任务[J].社科纵横,2009(7).

[206] 陈亚亚.论政府公共文化服务绩效评估模式的改革—基于上海公共文化服务体系绩效评估的实践经验[J].上海文化,2013(2).

[207] 孔令春、娄海波.让公共文化服务的阳光洒满城乡大地—从国内外模式和国内经验的视野来看文化公共服务均等化[J].中共石家庄市委党校学报,2012(1).

[208] 刘轶.他山之石:美、英、法、韩等国的文化政策[J].社会观察,2004(4).

[209] 习近平.在中央党校建校 80 周年庆祝大会暨 2013 年春季学期开学典礼上的讲话.[EB/OL].http://cpc.people.com.cn/n/2013/0303/c64094-20656845.html.

[210] 童世骏.提高国家文化软实力[J].求是.2008(3).

[211] 李景源、陈威,中国公共文化服务发展报告[M],北京:社会科学文献出版社,2007.

[212] 蔡武.我国正在建立公共文化服务"底线标准"[EB/OL].http://news.sina.com.cn/o/2014-03-07/043029643645.shtml.

[213] 蒯大申.现代公共文化服务体系的内涵与基本特征[N].文汇报.2014-2-24 第 5 版.

［214］常修泽．中国现阶段基本公共服务均等化研究［J］．中国天津市委党校学报，2007(2)．

［215］王列生．开放性构建现代公共文化服务体系［N］．人民日报．2013－11－22 第 12 版．

［216］中国共产党第十八届中央委员会第三次全体会议文件汇编［M］．北京：人民出版社，2013．

［217］王学敏，朱星星．农民工公共文化需求调研［J］．江苏省社会主义学院学报，2011(3)．

［218］国家统计局，2015 年全国 1％人口抽样调查主要数据公报［EB/OL］，http：//www．stats．gov．cn/tjsj/zxfb/201604/t20160420_1346151．html．

［219］刘俊彦，吕鹏，郗杰英．中国新生代农民工发展状况及代际对比研究报告［R］．中国青少年研究中心"专题研究报告"2007 年第 9 号，2007．06．

［220］深圳市总工会、深圳大学劳动法和社会保障法研究所．深圳新生代农民工生存状况调查报告［R］．http：//acftu．people．com．cn/GB/67582/12154737．html．

［221］国家公共文化发展中心．全国文化信息资源共享工程介绍［EB/OL］．http：//www．cpcss．org/_d270611585．htm．

［222］杜洁芳．文化部将实施公共电子阅览室建设计划［EB/OL］．http：//www．cpcss．org/_d270680259．htm．

［223］国家图书馆研究院．2015 年中央财政支持构建现代公共文化服务体系建设的重点经费安排公布［J］．国家图书馆学刊，2015(5)．

［224］文化．《全国地市级公共文化设施建设规划》印发［N］．中国文化报．2012－2－7 第 1 版．

［225］中国互联网信息中心．第 38 次中国互联网络发展状况统计报告［R］．http：//news．china．com．cn/node_7240520．htm．

［226］尼尔森．2013 年移动消费者报告：中国智能手机普及率达 66％［EB/OL］．http：//www．199it．com/archives/96690．html．

［227］齐中熙，崔文毅．2012 年中国基本实现企业依法普遍建立工会［EB/OL］．http：//news．xinhuanet．com/fortune/2010－08/30/c_13469491．htm．

［228］陈梦阳，樊曦．我国将推动更多农民工和劳务派遣工加入工会［EB/OL］，http：//news．xinhuanet．com/fortune/2012－07/19/c_112478723．htm．

［229］关宇，品牌团队助推群众文化繁荣［N］，北京日报，2007－11－06 第

20 版.

[230] 吴素雄,杨华. 政府对社区社会组织培育的制度结构与政策选择—以浙江省杭州市为表述对象[J]. 湖北行政学院学报. 2012(2).

[231] 耿玲,李涛,燕少红. 农民工精神的时代内涵[N]. 人民日报,2012 - 9 - 12 第 23 版.

[232] 刘悦笛. 公共文化服务的"嘉兴模式"[M]. 社会科学文献出版社,2012.

[233] 李晓芳. 山西首次将公共文化服务体系建设纳入政府考核[N]. 山西日报,2008 - 3 - 23 第 3 版.

[234] 应妮. 中国将建立较完善基本公共文化服务标准体系框架[EB/OL]. http://www. chinanews. com/cul/2014/03 - 19/5971118. shtml.

[235] 李珊珊. 结合实际 多策并举—江苏省苏州市着力加强文化人才队伍建设[N]. 中国文化报,2012 - 03 - 21 第 2 版.

[236] 王爱学. 公共产品政府供给绩效评括理论与实证分析[D]. 中国科学技术大学,2008.

[237] 金家厚. 公共文化机构绩效评估及其机制优化[J]. 重庆社会科学,2011(11).

[238] 杨锡春. 公共投资项目绩效评价研究[D]. 西南财经大学,2012.

[239] 文化部. 关于全国文化信息资源共享工程暨公共电子阅览室建设试点工作督导情况的通报[EB/OL]. http://www. ndcnc. gov. cn/wenhuasf/201212/t20121212_496099. htm.

附件1 新市民公共文化服务
问卷（A卷）

尊敬的先生/女士：您好！为了更好地了解您与城市的融合状况，保护您的合法权益，调查结果只用于学术研究，请放心作答。您只需根据自己的真实情况，在合适的序号上打"√"，或在横线填上您的真实情况。衷心感谢您的支持与配合！

第一部分

1. 性别　①男　②女

2. 您的民族？　①汉族　②少数民族

3. 您今年_____岁？

4. 您的政治面貌？①中共党员　②共青团员　③普通群众　④民主党派

5. 您的受教育程度？①小学及以下　②初中　③高中（含中专）　④大学及以上

6. 您目前在_____省_____市务工或经商，您的户籍所在地_____省_____市

7. 您的婚姻状况？①未婚　②已婚（在一起住）　③已婚（两地分居）④离婚　⑤丧偶

8. 您在城市的时间？①不足1年　②1—3年　③4—5年　④6—10年⑤10年以上

9. 您居住的地方？①工棚　②单位提供的宿舍　③寄住亲友家　④自己买的房子　⑤自己租的房子　⑥政府提供的廉租房或经济适用房　⑦宾馆⑧其他

10. 您的技术等级? ① 无技术等级　② 初级工　③ 中级工　④ 高级工　⑤ 技师　⑥高级技师

11. 您的工作性质? ① 管理人员　② 技术人员　③ 生产操作人员　④ 营销人员　⑤ 行政人员　⑥ 企业主　⑦ 其他

12. 您所在的行业是:① 建筑业　② 纺织、服装业　③ 电子、机械制造业　④ 餐饮住宿行业　⑤ 商业　⑥ 个体工商户　⑦ 交通运输业　⑧ 环境卫生　⑨ 家政服务　⑩ 政府机关　⑪ 事业单位　⑫ 其他

13. 您目前的工作单位性质? ① 国有　② 集体　③ 外资　④ 合资　⑤ 私营　⑥ 个体工商户

第二部分

1. 您是如何获得目前工作的?　① 政府组织的劳务输出　② 亲朋好友介绍　③ 街头劳务市场　④ 城市职业介绍所　⑤ 人力资源市场　⑥ 各类招聘广告　⑦ 社区招聘信息　⑧ 招聘会　⑨ 其他

2. 您是否和单位签订了劳动合同?　① 不知道　② 没签劳动合同　③ 不正规的劳动合同　④ 非固定期限劳动合同　⑤ 固定期限正规合同

3. 您通常每星期工作＿＿＿＿天,每天工作＿＿＿＿小时。

4. 您目前每月收入大概是＿＿＿＿元? 您希望每月收入达到＿＿＿＿元?

5. 您对自己的收入是否满意? ① 非常不满意　② 不满意　③ 一般　④ 满意　⑤ 非常满意

6. 您对自己的工作环境是否满意?　① 非常不满意　② 不满意　③ 一般　④ 满意　⑤ 非常满意

7. 您平均一个月大概花费＿＿＿＿元?

8. 您在城市参加的社会保险?(可多选)　① 什么也没参加　② 养老保险　③ 失业保险　④ 生育保险　⑤ 工伤保险　⑥医疗保险　⑦ 商业保险　⑧ 住房公积金　⑨ 不清楚

9. 您在城市参加了＿＿＿＿年社会保险?(没参加填0)

10. 您在城市接受过哪些培训?(可多选)① 无　② 职业技能和职业资格　③ 心理健康　④ 职业安全　⑤ 社会公德和城市生活常识　⑥ 维权方法和法律常识　⑦ 创业知识　⑧ 学历　⑨ 驾照

11. 如果参加过上述培训,是谁组织的?(可多选)　① 私人培训机构

② 政府部门　③ 工作单位　④ 非政府组织　⑤ 其他　⑥不清楚

第三部分

1. 您到城市的原因?(多选)　① 挣钱　② 寻找发展机会　③ 增长见识和经验　④ 为孩子提供更好的教育　⑤ 提高个人素质　⑥ 学习技术　⑦ 就是出来找个事干　⑧ 没有什么目的　⑨ 其他

2. 您认为自己现在的"身份"属于?　① 农村人　② 说不清楚　③ 半个城市人半个农村人　④ 城市人

3. 您认为城市人对自己的态度?　① 很不友好　② 说不清楚　③ 一般　④ 友好　⑤ 非常友好

4. 在目前工作的城市,您有几个好朋友:① 0 个　② 1~5 个　③ 6~10 个　④ 11~20 个　⑤ 20 个以上

5. 您有几个城市朋友?　① 0 个　② 1~5 个　③ 6~10 个　④ 11~20 个　⑤ 20 个以上

6. 您想获得城市户口吗?　① 坚决不要　② 不想　③ 无所谓　④ 想　⑤ 非常想

7. 您的子女在城市上学遇到的主要困难?(多选)(无子女者不填)　① 城市学费太贵　② 担心孩子将来失学　③ 公办学校进不去　④ 附近没有合适学校　⑤ 孩子跟不上班　⑥ 自己缺乏教育孩子的知识和技巧　⑦ 孩子不愿意上　⑧ 其他

8. 下列哪些因素会影响您融入城市?(多选)　① 收入　② 工作性质　③ 个人素质　④ 户籍　⑤ 工作时间　⑥ 来城市的时间长短　⑦ 城市教育、就业、社保政策的均等程度　⑧ 自有住房　⑨ 学历证书

第四部分

1. 您与城市人的交往愿意?　① 非常不愿意　② 不太愿意　③ 无所谓　④ 愿意　⑤ 非常愿意

2. 您与城市居民的交往情况?　① 从来没有　② 很少　③ 偶尔　④ 经常　⑤ 每天

3. 您遇到困难时会向谁求助?(多选)　① 家人　② 同事、亲友或老乡　③ 政府部门　④ 工作单位　⑤ 社区

4. 您所在工作单位是否有工会：① 有　② 无　③ 不清楚

您是不是工会会员？① 是　② 不是

5. 您是否愿意加入工会？① 坚决不加入　② 不愿意　③ 无所谓　④ 愿意　⑤ 非常愿意

6. 您孩子目前的情况？（无子女者不选）① 在老家　② 在城市，没上学③ 城市民办学校（含幼儿园）上学　④ 在城市公办学校（含幼儿园）上学　⑤ 和我在一个城市工作

7. 您在目前城市接受过哪些服务和管理？（可多选）　① 办理证件　② 缴纳费用　③ 求职就业　④ 子女就学　⑤ 社会保险　⑥ 看病就医　⑦ 计划生育　⑧ 解决纠纷　⑨ 没接受过服务管理　⑩ 其他

8. 您最希望政府帮您解决的问题？（最多选三项）　① 开展职业技能培训　② 提供法律援助　③ 提供就业信息　④ 解决孩子上学问题　⑤ 方便看病就医　⑥ 提供廉租房或经济适用房　⑦ 完善社会保障制度　⑧ 增加文化活动　⑨ 其他

第五部分

1. 您是否有电脑？① 有　② 没有；

2. 您是否经常上网？① 不上网　② 很少上网　③ 经常上网

3. 您上网的主要目的是什么？（多选）　① 查阅信息　② 收发邮件　③ 下载软件　④ 聊天休闲　⑤ 玩网络游戏　⑥学习充电　⑦ 浏览新闻　⑧ 找工作，投简历　⑨ 网上购物

4. 您是否熟悉目前城市的风俗习惯？　① 一点都不知道　② 知道一点③ 熟悉一小部分　④ 熟悉大部分　⑤ 非常熟悉

5. 您普通话的熟练程度？　① 非常不熟练　② 不熟练　③ 一般　④ 熟练　⑤ 非常熟练

6. 您参加过所在城市的哪些活动？（多选）　① 没参加过任何活动　② 防火活动　③ 治安巡逻　④ 选举活动　⑤ 文体娱乐活动　⑥ 志愿者活动⑦ 募捐活动　⑧ 献血活动　⑨ 其他

7. 您为什么没参加过上述活动？　① 社区不邀请我　② 不知道社区有活动　③ 没时间　④ 没兴趣

8. 你觉得自己适应城市生活吗？　① 很不适应　② 不太适应　③ 一般

④ 适应　⑤ 很适应

9. 您在城市买房意愿?　① 买不起　② 5 年后考虑买房　③ 3—5 年考虑买房　④ 1—2 年考虑　⑤ 已买房

10. 您认为自己与城市的融合程度?　① 完全不融合　② 不融合　③ 一般　④ 融合　⑤ 完全融合

11. 您今后的打算是什么?　① 回农村务农　② 回老家打工或经商　③ 干一天算一天　④ 还没想过　⑤ 不知道　⑥ 准备到其他城市　⑦ 继续在目前城市发展

第六部分

1. 您平时的业余活动主要有哪些?（可多选）　① 看电视/电影　② 聊天逛街/逛公园　③ 听广播　④ 下棋/打牌/打麻将　⑤ 参加社区活动　⑥ 上网/玩游戏　⑦ 参加培训或学习　⑧ 看书、报、杂志等　⑨ 观看文艺演出　⑩ 参观展览　⑪ 参加体育健身活动　⑫ 其他

2. 去年用于以上活动的费用大约＿＿＿＿元?（没花钱的填 0 元）

3. 您在文化活动方面的花费占收入的比例?　① 没花钱　② 10％以下　③ 11—30％　④ 31—50％　⑤ 50％以上

4. 您平时每天看＿＿＿＿个小时电视?（没时间看的填 0）

5. 您喜欢看的电视节目是?（可多选）　① 影视剧　② 访谈节目　③ 科普　④ 新闻　⑤ 体育　⑥ 综艺(音乐、小品、戏曲)　⑦ 教育　⑧ 法律　⑨ 经济　⑩ 其他

6. 您上次去电影院看电影是什么时候?　① 最近　② 1 个月前　③ 半年前　④ 1 年前　⑤ 没去过

7. 您平常主要通过什么方式看电影?（可多选）　① 自己去电影院　② 购买影碟　③ 电视的电影频道　④ 网上下载或在线观看　⑤ 工作地公开放映　⑥ 周边社区公开放映　⑦ 单位包场　⑧ 没看过电影

8. 您上次看报纸的时间?　① 最近　② 1 个月前　③ 半年前　④ 1 年前　⑤ 没看过

9. 您一般通过什么途径看报纸?（可多选）　① 自己买　② 在工作单位看　③ 阅报栏　④ 别人买的　⑤ 到图书馆　⑥ 很少看报纸

10. 您平时是否经常读书?　① 是　② 否

11. 您一般通过什么渠道读书？（可多选）　① 自己买　② 同事朋友间互相借　③ 在地摊上看　④ 到图书馆（室）　⑤ 社区文化室　⑥上网　⑦ 用手机　⑧ 其他　⑨ 很少读书

12. 您平常是否听收音机？　① 是　② 否,如果听,每天听收音机的时间大约是_____个小时？

13. 您最喜欢收听哪类广播节目？　① 音乐　② 综艺　③ 生活服务　④ 专题　⑤ 新闻时事　⑥ 其他节目

14. 您在现场看过哪些文艺演出？（可多选）　① 大型演唱会　② 音乐会　③ 相声小品　④ 综艺类演出　⑤ 公益性文艺演出　⑥ 戏曲　⑦ 其他

15. 以下场馆,哪些是您经常去的？（可多选）　① 图书馆　② 文化馆　③ 博物馆　④ 影剧院　⑤ 体育馆　⑥展览馆　⑦ 纪念馆和名人故居　⑧ 公园或广场　⑨ 上述场馆都没去过

16. 您去上述公共文化场馆的频率？　① 从来不去　② 很少去　③ 偶尔去　④ 经常去　⑤ 每天去

17. 您曾经参观的展览有哪些？（多选）　① 科技展　② 汽车展　③ 摄影展　④ 革命历史展　⑤ 文物展　⑥ 书画展　⑦ 雕塑展　⑧ 建设成就展　⑨ 没参观过展览

18. 您参加过城市社区组织的哪些文体活动？（多选）　① 文艺演出　② 广场健身活动　③ 戏曲　④ 公园、广场文化活动　⑤ 各类体育比赛　⑥ 放电影　⑦ 书画展、花展等展览活动　⑧ 其他　⑨ 都没参加过

19. 您如果没有参加过上述活动,原因是？（多选）　① 工作太忙,没有时间精力　② 没兴趣　③ 不够实用　④ 距离太远或交通不便　⑤ 不知道　⑥ 太贵了　⑦ 水平低　⑧ 人气不够　⑨ 服务差　⑩ 不舒服

20. 您参加社区文化活动的频率？　① 从来没参加过　② 每年参加一次　③ 每半年参加一次　④ 每周参加　⑤ 每天参加

21. 您目前的工作单位举办过哪些活动？（多选）　① 球类比赛　② 歌唱比赛　③ 话剧或戏曲演出等　④ 展览活动　⑤ 各类健身活动　⑥ 扑克比赛　⑦ 舞蹈比赛　⑧ 摄影比赛　⑨ 不知道　⑩ 都没有

22. 您是否参加过工作单位的上述活动？　① 是　② 否

23. 您若没参加过单位的活动,原因是？（多选）　① 没有这方面的特长　② 单位没通知参加　③ 不感兴趣　④ 不好意思　⑤ 工作太忙,没时间　⑥工

作太累,没精力　⑦ 单位没活动　⑧ 我没单位

第七部分

1. 您将来愿意花更多的时间或钱在哪些业余活动上?(可多选)　① 看电视电影　② 阅读书报杂志　③ 上网　④ 体育健身　⑤ 社区活动　⑥ 学习培训　⑦ 文艺活动　⑧ 其他

2. 您愿意花收入的多大比例的在文化活动上?　① 不愿花钱　② 收入的5％以下　③ 6％—10％　④ 11％—20％　⑤ 21％—30％　⑥ 31％—50％　⑦ 50％以上

3. 您认为城市增加哪些设施最有必要?(多选)　① 图书馆　② 文化馆　③ 体育馆(体育健身场所)　④ 各类展览馆　⑤ 博物馆　⑥影剧院　⑦ 广场和公园　⑧ 阅报栏　⑨ 民俗馆　⑩ 其他

4. 您希望参加哪些文化活动?(多选)　① 各类展览　② 体育健身活动　③ 戏曲、文艺演出　④ 专题知识讲座　⑤ 职业技能培训　⑥ 看电视、电影　⑦ 公园、广场文化活动　⑧ 读书看报　⑨ 其他

5. 您希望参加哪些部门组织的活动?(可多选)　① 政府部门　② 居委会　③ 居民群众　④ 民间组织　⑤ 用人单位　⑥ 其他　⑦ 无所谓

6. 您是否希望专门为外来务工人员组织文化活动?　① 非常希望　② 希望　③ 无所谓　④ 不太希望　⑤ 不希望

7. 如果大学或中学图书馆向公众免费开放,您会去吗?　① 会　② 不会　③ 不一定

8. 您最希望政府提供的文化服务内容?(多选)　① 就业信息服务　② 书报阅读场地　③ 培训教育　④ 团体活动　⑤ 休闲娱乐　⑥展览展示　⑦ 体育健身　⑧ 其他

9. 您认为城市文化活动需要改革的是?(多选)　① 增加活动的多样化　② 增加图书馆、体育馆等　③ 多宣传　④ 多组织送文化进社区活动　⑤ 加强社区文化团队的建设　⑥ 增加场馆开放时间　⑦ 其他

10. 您最希望参加的文化活动(可多选)?　① 文体竞赛　② 游戏娱乐　③ 文艺表演　④ 知识讲座、技能培训　⑤ 科普宣传　⑥ 兴趣参与　⑦ 其他

11. 您想参加哪些培训?(可多选)　① 不想参加　② 职业技能和职业资格　③ 心理健康　④ 职业安全　⑤ 健康常识　⑥ 维权方法和法律常识

⑦ 创业知识　 ⑧ 学历　 ⑨ 驾照

12. 您觉得文化活动对您生活的重要性?（单选）　 ① 非常不重要　 ② 不重要　 ③ 一般　 ④ 重要　 ⑤ 非常重要

13. 请对所在城市的以下内容的满意度进行评价(请在相应数字上打√,如果不了解,就选 6)

项　　目	非常不满意	不满意	一般	满意	非常满意	不清楚
1. 您对图书馆的分布和数量	1	2	3	4	5	6
2. 您对图书馆提供的服务内容	1	2	3	4	5	6
3. 您对图书馆工作人员的服务态度	1	2	3	4	5	6
4. 您对文化馆的分布和数量	1	2	3	4	5	6
5. 您对文化馆提供的服务内容	1	2	3	4	5	6
6. 您对文化馆工作人员的服务态度	1	2	3	4	5	6
7. 您对博物馆、纪念馆、展览馆的分布和数量	1	2	3	4	5	6
8. 您对博物馆、纪念馆、展览馆的服务内容	1	2	3	4	5	6
9. 您对博物馆、纪念馆、展览馆人员的服务态度	1	2	3	4	5	6
10. 您对社区活动中心的组织的文体活动数量	1	2	3	4	5	6
11. 您对社区活动中心的组织的文体活动内容	1	2	3	4	5	6
12. 您对体育健身器材的分布和数量	1	2	3	4	5	6
13. 您对所在城市的公园或广场的数量	1	2	3	4	5	6
14. 您对工作单位组织的文化活动的数量	1	2	3	4	5	6
15. 您对工作单位组织的文化活动的内容	1	2	3	4	5	6

续表

项　　目	非常 不满意	不满意	一般	满意	非常 满意	不清楚
16. 您对群众自己组织的文化活动的 数量	1	2	3	4	5	6
17. 您对群众自己组织的文化活动的 内容	1	2	3	4	5	6
18. 您对所在地提供的群众文化培训活 动的评价	1	2	3	4	5	6
19. 您对自己的文化生活的总体评价	1	2	3	4	5	6
20. 您对自己享受到的公共文化服务的 总体评价	1	2	3	4	5	6

附件2　城市居民公共文化服务问卷(B卷)

尊敬的先生/女士:您好! 为了更好地了解新市民与城市的融合状况,调查结果只用于学术研究,请放心作答。您只需根据自己的真实情况,在合适的序号上打"√",或在横线填上您的真实情况。衷心感谢您的支持与配合!

第一部分

1. 性别　① 男　② 女

2. 您的民族?　① 汉族　② 少数民族

3. 您今年_____岁?

4. 您的政治面貌?　① 中共党员　② 共青团员　③ 普通群众　④ 民主党派

5. 您的受教育程度?　① 小学及以下　② 初中　③ 高中(含中专)④ 大学及以上

6. 您的户籍所在地_____省_____市

7. 您的婚姻状况?　① 未婚　② 已婚(在一起住)　③ 已婚(两地分居)④ 离婚　⑤ 其他

8. 您在目前城市的工作时间?　① 不足1年　② 1—3年　③ 3—5年④ 5—10年　⑤ 10年以上

9. 您居住的地方? ① 工棚　② 单位提供的宿舍　③ 寄住亲友家　④ 自己买的房子　⑤ 自己租的房子　⑥ 政府提供的廉租房或经济适用房　⑦ 宾馆⑧ 其他

10. 您的技术等级? ① 无技术等级　② 初级工　③ 中级工　④ 高级工⑤ 技师　⑥ 高级技师

11. 您的工作性质？① 管理人员　② 技术人员　③ 生产操作人员　④ 营销人员　⑤ 行政人员　⑥ 企业主　⑦ 其他

12. 您所在的行业是：① 建筑业　② 纺织、服装业　③ 电子、机械制造业　④ 餐饮住宿行业　⑤ 商业　⑥ 个体工商户　⑦ 交通运输业　⑧ 环境卫生　⑨ 家政服务　⑩ 政府机关　⑪ 事业单位　⑫ 其他

13. 您目前的工作单位性质？① 国有　② 集体　③ 外资　④ 合资　⑤ 私营　⑥ 个体

第二部分

1. 您是如何获得目前工作的？① 家乡政府组织的劳务输出　② 亲朋好友介绍　③ 街头劳务市场　④ 城市职业介绍所　⑤ 人力资源市场　⑥ 报纸、电视、路牌广告　⑦ 社区　⑧ 其他

2. 您是否和单位签订了劳动合同？　① 不知道　② 没签劳动合同　③ 不正规的劳动合同　④ 非固定期限劳动合同　⑤ 固定期限正规合同

3. 您通常每星期工作_____天，每天工作_____小时。

4. 您目前每月收入大概是_____元？您希望每月收入是_____元？

5. 您对自己的收入是否满意？　① 非常不满意　② 不满意　③ 一般　④ 满意　⑤ 非常满意

6. 您对自己的工作环境是否满意？　① 非常不满意　② 不满意　③ 一般　④ 满意　⑤ 非常满意

7. 您平均一个月大概花费_____元？

8. 您在城市参加的社会保险？（多选）　① 什么也没参加　② 养老保险　③ 失业保险　④ 生育保险　⑤ 工伤保险　⑥ 医疗保险　⑦ 商业保险　⑧ 住房公积金　⑨ 以上所提到的内容都缴纳了

9. 如果您在城市参加了社会保险，参加了_____年？（没参加填 0）

10. 您在城市接受过_____次培训（没参加过填 0）

11. 您在城市接受过哪些培训？　① 无　② 理论知识　③ 专业技能和职业资格培训　④ 心理健康　⑤ 职业安全卫生　⑥ 社会公德和城市生活常识　⑦ 维权方法和法律常识　⑧ 创业知识　⑨ 其他

12. 如果参加过上述培训，是谁组织的？　① 私人培训机构　② 政府部门　③ 工作单位　④ 非政府组织　⑤ 其他　⑥ 说不清楚

第三部分

1. 您对新市民进城打工怎么看？

① 是好事 ② 好坏参半 ③ 基本是一件坏事 ④ 难以判断

2. 您认为新市民属于？ ① 农村人 ② 说不清楚 ③ 半个城市人半个农村人 ④ 城市人

3. 您对新市民的态度？ ① 很不友好 ② 说不清楚 ③ 一般 ④ 友好 ⑤ 非常友好

4. 在城市,您有几个关系密切的朋友：① 0 个 ② 1～5 个 ③ 6～10 个 ④ 11～20 个 ⑤ 20 个以上

5. 您有几个新市民朋友？① 0 个 ② 1～5 个 ③ 6～10 个 ④ 11～20 个 ⑤ 20 个以上

6. 您认为新市民是否应该获得城市户籍？ ① 绝对不应该 ② 不应该 ③ 不知道 ④ 应该 ⑤ 非常应该

7. 您对新市民孩子和自己的孩子在一起上学的态度？ ① 完全不同意 ② 不同意 ③ 无所谓 ④ 同意 ⑤ 非常同意

8. 您认为哪些因素会影响新市民融入城市？ ① 收入 ② 工作性质 ③ 个人素质 ④ 户籍 ⑤ 城市的教育、民政、社保政策等 ⑥ 来城市的时间长短 ⑦ 工作时间 ⑧ 自有住房 ⑨ 学历证书 ⑩ 其他

第四部分

1. 您与新市民的交往情况？ ① 从来没有交往过 ② 偶尔,只说过几句话 ③ 经常打交道；

2. 您是否愿意与新市民交往？ ① 非常不愿意 ② 不太愿意 ③ 无所谓 ④ 比较愿意 ⑤ 非常愿意

3. 您遇到困难时会向谁求助？ ① 家人 ② 同事、亲友或老乡 ③ 政府部门 ④ 工作单位 ⑤ 社区

4. 当新市民有困难时,您会提供帮助吗？ ① 不会 ② 不知道 ③ 要看具体情况 ④ 会 ⑤ 没碰到过

5. 您是否愿意把家中不用的物品捐给困难的新市民？ ① 愿意捐给他们 ② 低价卖给他们 ③ 不愿意送给他们 ④ 不清楚 ⑤ 坚决不给他们

6. 您所在工作单位是否有工会：① 有　② 无　③ 不清楚

您是不是工会会员？① 是　② 不是

7. 您是否愿意加入工会？① 坚决不愿意　② 不愿意　③ 无所谓　④ 比较愿意　⑤ 非常愿意

8. 您在目前城市接受过哪些服务和管理？　① 办理证件　② 缴纳费用　③ 求职就业　④ 子女就学　⑤ 社会保险　⑥看病就医　⑦ 查环查孕　⑧ 解决纠纷　⑨ 没有接受过任何服务和管理　⑩ 其他

9. 您最希望政府帮您解决的问题？　① 开展职业技能培训　② 提供法律援助　③ 提供就业信息　④ 解决孩子上学问题　⑤ 方便看病就医　⑥提供廉租房或经济适用房　⑦ 完善社会保障制度　⑧ 增加文化活动　⑨ 其他

第五部分

1. 您是否有电脑？① 有　② 没有

2. 您是否经常上网？① 不上网　② 很少上网　③ 经常上网

3. 您上网的主要目的是什么？（多选）① 查阅信息　② 收发邮件　③ 下载软件　④ 聊天休闲　⑤ 玩网络游戏　⑥ 学习充电　⑦ 浏览新闻　⑧ 找工作, 投简历　⑨ 网上购物

4. 您是否熟悉目前城市的风俗习惯？　① 一点都不知道　② 知道一点　③ 熟悉一小部分　④ 熟悉大部分　⑤ 非常熟悉

5. 您参加过社区组织的哪些活动？（可多选）　① 没参加过任何活动　② 防火活动　③ 治安巡逻　④ 选举活动　⑤ 文体娱乐活动　⑥ 志愿者活动　⑦ 募捐活动　⑧ 献血活动　⑨ 其他

6. 您为什么没参加过社区活动？　① 社区不邀请我　② 不知道社区有活动　③ 没时间　④ 没兴趣

7. 你觉得自己适应城市生活吗？　① 很不适应　② 不太适应　③ 一般　④ 比较适应　⑤ 很适应

8. 您在城市买房意愿？　① 不打算买房　② 5 年后考虑买房　③ 3—5 年考虑买房　④ 1—2 年考虑　⑤ 已买房

9. 您认为自己与城市的融合程度？　① 完全不融合　② 不融合　③ 一般　④ 很融合　⑤ 完全融合

10. 您觉得应该怎样对待的新市民？　① 应该驱逐出去　② 采取措施加

以限制　③ 与他们保持一般关系　④ 政策上改善对他们的待遇　⑤ 与他们友好相处

11. 您是否愿意新市民和您享有同样待遇？　① 很不愿意　② 不愿意③ 无所谓　④ 愿意　⑤ 很愿意

第六部分

1. 您在城市的业余生活？(可多选)① 看电视/电影　② 聊天逛街/逛公园③ 下棋/打牌/打麻将　④ 听广播　⑤ 参加社区活动　⑥ 上网/玩游戏⑦ 参加培训或学习　⑧ 看书、报、杂志等　⑨ 观看文艺演出　⑩ 参观展览⑪ 参加体育健身活动　⑫ 睡觉　⑬ 其他

2. 去年用于以上文体活动的费用大约_____元？（没花钱的填 0 元）

3. 您平均每天看_____个小时电视？

4. 您喜欢看的电视节目是？① 影视剧　② 访谈节目　③ 科普　④ 新闻⑤ 体育　⑥ 综艺(音乐、小品、戏曲)　⑦ 教育　⑧ 法律　⑨ 经济　⑩ 其他

5. 您上次去电影院看电影是？　① 上周　② 半个月前　③ 1 个月前④ 半年前　⑤ 一年前　⑥ 想不起来

6. 您平常主要通过什么方式看电影？　① 自己去电影院　② 购买影碟③ 电视的电影频道　④ 网上下载或在线观看　⑤ 工作地　⑥ 周边社区公开放映　⑦ 单位包场　⑧ 其他

7. 您上次看报纸的时间？　① 上周　② 半个月前　③ 1 个月前　④ 半年前　⑤ 一年前　⑥ 想不起来

8. 您喜欢看报纸杂志的哪些内容？(可多选)　① 新闻　② 娱乐休闲③ 体育健康类　④ 科普知识　⑤ 文学艺术　⑥ 生活服务　⑦ 其他

9. 您上次看书是什么时候？　① 上周　② 半个月前　③ 1 个月前④ 半年前　⑤ 一年前　⑥ 想不起来

10. 您一般通过什么渠道看书？　① 自己买　② 同事朋友间互相借③ 在地摊上看　④ 到图书馆(室)　⑤ 社区文化室　⑥ 在线阅读或者下载电子书　⑦ 用手机上网　⑧ 其他

11. 您平常是否听广播？　① 是　② 否,如果听,每天听广播的时间大约是_____个小时？

12. 您最喜欢收听哪些节目？　① 音乐　② 综艺　③ 生活服务　④ 专题

⑤ 新闻时事　⑥ 其他节目

13. 您在现场看过哪些文艺演出?(可多选)　① 大型演唱会　② 音乐会　③ 相声小品　④ 综艺类演出　⑤ 公益性文艺演出　⑥ 戏曲　⑦ 其他

14. 以下场馆,哪些是您经常去的?(可多选)　① 图书馆　② 文化馆(包括青、少、老年活动中心)　③ 博物馆　④ 影剧院　⑤ 体育馆　⑥ 展览馆(包括科技、美术、规划馆等)　⑦ 纪念馆和名人故居　⑧ 文化广场和文化公园　⑨ 都不常去　⑩ 其他

15. 您曾经参观的展览有哪些?(可多选)　① 科技展　② 汽车展　③ 摄影展　④ 革命历史展　⑤ 文物展　⑥ 书画展　⑦ 雕塑展　⑧ 建设成就展　⑨ 建筑建材展

16. 您是否参加过城市社区组织的文体活动?(可多选)　① 文艺演出　② 广场健身活动　③ 戏曲　④ 公园、广场文化活动　⑤ 各类体育比赛　⑥ 放电影　⑦ 书画展、花展等展览活动　⑧ 其他　⑨ 都没参加过

17. 您如果没有参加过上述活动,原因是?(多选)　① 工作太忙,没有时间精力　② 没兴趣　③ 不够实用　④ 距离太远或交通不便　⑤ 不知道　⑥ 太贵了　⑦ 水平低　⑧ 人气不够　⑨ 服务差　⑩ 不舒服

18. 您目前的工作单位举办过哪些活动?(多选)① 球类比赛　② 歌唱比赛　③ 话剧或戏曲演出等　④ 展览活动　⑤ 各类健身活动　⑥ 扑克比赛　⑦ 舞蹈比赛　⑧ 摄影比赛　⑨ 不清楚　⑩ 都没有

19. 您是否参加过工作单位举办过的上述文化体育活动?　① 是　② 否

20. 您若没参加过单位的文体活动,原因是?(多选)　① 没有这方面的特长　② 单位没通知参加　③ 不感兴趣　④ 不好意思　⑤ 工作太忙,没时间　⑥ 工作太累,没精力　⑦ 单位没活动　⑧ 我没单位

第七部分

1. 您将来愿意花更多的时间或钱在哪些业余活动上?(可多选)
① 看电视、电影　② 阅读书报杂志　③ 上网　④ 体育健身　⑤ 社区活动　⑥ 学习培训　⑦ 文艺活动　⑧ 其他

2. 您愿意花多大比例的收入在文化活动上?　① 5%以下　② 6%—10%　③ 11%—20%　④ 21%—30%　⑤ 31%—50%　⑥ 50%以上　⑦ 不花钱

3. 您认为城市增加哪些设施最有必要?(多选)　① 图书馆　② 文化馆

③ 体育馆(体育健身场所) ④ 各类展览馆 ⑤ 博物馆 ⑥ 影剧院 ⑦ 广场和公园 ⑧ 阅报栏 ⑨ 民俗馆 ⑩ 其他

4. 您希望参加哪些文化活动?(多选) ① 各类展览 ② 体育健身活动 ③ 戏曲、文艺演出 ④ 专题知识讲座 ⑤ 职业技能培训 ⑥ 看电视、电影 ⑦ 公园、广场文化活动 ⑧ 读书看报 ⑨ 其他

5. 您希望参加哪些部门组织的活动?(可多选) ① 政府(街道、乡镇、社区) ② 居委会 ③ 居民群众 ④ 民间组织 ⑤ 企业等用人单位 ⑥ 其他 ⑦ 都可以 ⑧ 无所谓

6. 您是否会参加专门为新市民组织的文化活动? ① 一定不参加 ② 不参加 ③ 不知道 ④ 可能参加 ⑤ 一定参加

7. 如果大学图书馆向公众免费开放,您会去吗? ① 会 ② 不会 ③ 不一定

8. 您最希望政府提供的文化服务内容? ① 就业信息服务 ② 书报阅读场地 ③ 培训教育 ④ 团体活动 ⑤ 休闲娱乐 ⑥ 展览展示 ⑦ 体育健身 ⑧ 其他

9. 您认为城市文化活动需要改革的是?(多选)① 增加活动形式的多样化 ② 增加图书馆、体育馆等 ③ 多宣传 ④ 多组织送文化进社区活动 ⑤ 加强社区文化团队的建设 ⑥ 增加场馆开放时间 ⑦ 其他

10. 您最希望参加的文化活动(可多选)? ① 文体竞赛 ② 游戏娱乐 ③ 文艺表演 ④ 知识讲座、技能培训 ⑤ 科普宣传 ⑥ 兴趣参与 ⑦ 其他

11. 您想参加哪些培训?(可多选) ① 无 ② 理论知识 ③ 职业技能及创业培训 ④ 心理健康 ⑤ 职业安全卫生 ⑥ 社会公德和城市生活常识 ⑦ 维权方法和法律常识 ⑧ 学历培训 ⑨ 其他

12. 您觉得文化活动对您现在的生活是否重要?(单选) ① 非常重要 ② 重要 ③ 一般 ④ 不重要 ⑤ 非常不重要 ⑥ 不清楚

13. 你对所在城市的公共文化服务满意度的整体评价(请根据您的实际满意情况,请在相应数字上打√)

项　　目	非常 不满意	不满意	一般	满意	非常 满意	不清楚
1. 您对图书馆的分布和数量	1	2	3	4	5	6
2. 您对图书馆提供的服务内容	1	2	3	4	5	6
3. 您对图书馆工作人员的服务态度	1	2	3	4	5	6
4. 您对文化馆的分布和数量	1	2	3	4	5	6
5. 您对文化馆提供的服务内容	1	2	3	4	5	6
6. 您对文化馆工作人员的服务态度	1	2	3	4	5	6
7. 您对博物馆、纪念馆、展览馆的分布和数量	1	2	3	4	5	6
8. 您对博物馆、纪念馆、展览馆的服务内容	1	2	3	4	5	6
9. 您对博物馆、纪念馆、展览馆人员的服务态度	1	2	3	4	5	6
10. 您对社区活动中心的组织的文体活动数量	1	2	3	4	5	6
11. 您对社区活动中心的组织的文体活动内容	1	2	3	4	5	6
12. 您对体育健身器材的分布和数量	1	2	3	4	5	6
13. 您对所在城市的公园或广场的数量	1	2	3	4	5	6
14. 您对工作单位组织的文化活动的数量	1	2	3	4	5	6
15. 您对工作单位组织的文化活动的内容	1	2	3	4	5	6
16. 您对群众自己组织的文化活动	1	2	3	4	5	6
17. 您对所在地提供的群众文化培训活动的评价	1	2	3	4	5	6
18. 您对自己的文化生活的总体评价	1	2	3	4	5	6
19. 您对自己享受到的公共文化服务的总体评价	1	2	3	4	5	6

附件 3 新市民公共文化服务
访谈提纲(部门)

一、访谈对象

省、市、区(县、市)、乡镇(街道)新市民及公共文化的主管部门,文化部门、卫生计生部门、公安部门、民政部门、教育部门、人力资源和社会保障部门等主管领导及具体部门负责人

二、访谈方式

集体访谈,必要时采用个别面谈

三、具体问题

1. 本省、市、区(县、市)新市民现状及特点(流入、流出)。

2. 如何评价新市民对本市、区(县、市)的影响,对本地社会管理工作的影响?

3. 本省、市、区(县、市)新市民公共文化服务开展情况?

4. 本省、市、区(县、市)新市民公共文化服务管理面临的挑战和存在的问题?

5. 本省市、区(县、市)新市民公共文化服务建设有哪些比较成功的经验?进行了哪些创新?

6. 对本省、市、区(县、市)新市民公共文化服务管理未来有哪些展望?

四、所需资料清单

1. 本地五普、六普和 2005 年、2015 年抽样调查相关数据

2. 近五年来新市民公共文化服务管理的相关政策文件

3. 近五年来本地新市民公共文化服务管理的相关调查数据

4. 本地各级政府部门关于新市民公共文化服务的考核政策文件

5. 本地相关部门近五年来新市民工作总结报告和会议交流材料

6. 本地为新市民公共文化服务管理的成功做法或典型经验

附件4 新市民公共文化服务
访谈提纲(个人)

第一部分

1. 您找工作的最大困难是什么? 有没有被黑中介骗过?

2. 您换过几次工作? 您的这份工作干了多久? 和单位是否签过劳合同? 劳动合同未签的原因是什么? 您每月休息几天?

3. 您单位每年组织体检吗? 您近一年就医的次数? 养老保险、医疗保险、工伤保险是哪一年开始缴纳的? 您单位的劳动保护落实程度怎么样?

4. 您的收入是否达到当地最低工资标准? 收入稳定吗? 和同岗的本地人有差别吗? 如果有,差别有多大? 原因是什么? 您的加班工资怎么发放?

5. 您的单位有工会组织吗? 如果有,您是否参加了单位的工会?

6. 您和单位职工的关系融洽吗? 您对目前的工作状态和工作环境满意吗?

7. 您是否获得过流入地政府部门提供的免费或低价社会服务(生育、就业培训等)? 和户籍人口比是否有差异?

第二部分

1. 您的户籍在哪儿? 您是否打算将户籍迁入城市? 没迁入城市的原因是什么?

2. 您的婚配对象是同乡还是本地人? 您家有几个孩子? 男孩还是女孩?

3. 您的朋友圈内有当地人吗? 平时交往多不多? 经常来往的当地人有多少?

4. 您经常参与所住社区组织的各项活动吗? 如果参加,参加过哪些活动? 如果没参加,原因是什么?

5. 您与社区里其他家庭的关系怎么样？与邻居的关系怎么样？

6. 您经常回老家吗？一年平均回去几次？回去的原因是什么？

7. 您是否了解流动人口有自己的组织机构？您参加过这样的组织活动吗？

8. 您希望政府部门在推进流动人口融入社会方面应该有哪些作为？

第三部分

1. 您懂当地的方言吗？您会说当地的方言吗？

2. 您在当地居住多长时间？习惯当地的饮食和风俗吗？

3. 您关注当地的新闻和民生问题吗？如果关注，原因是什么？如果不关注，原因是什么？

4. 您的孩子会说普通话吗？您的孩子是在公立学校还是民工子弟学校？如果在公立学校，是否受到当地学生的鄙视和歧视？

5. 您鼓励孩子和城市的孩子交往吗？自己的孩子是否适应当地的教育文化环境？

6. 您对孩子未来的期望是什么？

第四部分

1. 您喜欢现在居住的城市吗？您认为城市与农村最大的区别在哪儿？

2. 您愿意一直留在城市生活、工作和养老吗？

3. 您是否一直有自己是外乡人的感觉？为什么？

4. 您觉得当地人认同、接纳你们吗？是否有歧视和区别对待的地方？

5. 您认为作为进城务工人员，要想变成真正的城里人，需要具备哪些条件？

第五部分

1. 您参加过社区的公共文化活动吗？如果参加过，参加过哪些活动？如果没参加过，为什么没有参加？

2. 您经常去图书馆、博物馆、文化馆等地方吗？

2. 您参加过工作单位组织的公共文化活动吗？如果参加过，参加过哪些活动？如果没参加过，为什么没有参加？

3. 您参加过政府部门组织的公共文化活动吗？如果参加过，参加过哪些活动？如果没参加过，为什么没有参加？

4. 您认为所在城市的公共文化服务在哪些方面做得比较好？哪些地方做得不好？

5. 您最希望参加的公共文化活动是什么？

6. 您对所在城市的公共文化服务建设有哪些建议？